공인중개사 민법 5개년
기출문제 해설서

▌김태욱

중앙대학교 법학석사 과정을 졸업하였다.
부천고시원 원장을 역임하며 수험생 지도와 강의 현장을 경험하였고,
공인중개사·직업상담사·부동산자산관리사 자격을 보유하고 있다.
이론과 실무를 겸비한 시각으로 공인중개사시험 민법을 원론부터 이해 중심으로 풀어내는 데 주력하고 있다.

공인중개사 민법 5개년 기출문제 해설서

발행일	2026년 2월 25일
지은이	김태욱
펴낸이	손형국
펴낸곳	(주)북랩

출판등록 2004. 12. 1(제2012-000051호)
주소 서울특별시 금천구 가산디지털 1로 168, 우림라이온스밸리 B동 B111호, B113~115호
홈페이지 www.book.co.kr
전화번호 (02)2026-5777   팩스   (02)3159-9637

ISBN   979-11-7598-119-5 13320 (종이책)   979-11-7598-120-1 15320 (전자책)

작가 연락처 문의 ▶ ask.book.co.kr
전용 게시판에 문의를 남기시면 저자에게 직접 전달됩니다.

(주)북랩 성공출판의 파트너
북랩 홈페이지와 SNS에서 다양한 출판 솔루션을 만나 보세요!
홈페이지 book.co.kr   •   **블로그** blog.naver.com/essaybook   •   **출판문의** text@book.co.kr
카톡채널 북랩

암기에 지친 수험생에게 전하는
판례·조문 중심 민법 학습법

공인중개사
민법 5개년
기출문제
해설서

김태욱 지음

- 실제 강의와 같은
  이론적·논리적 해설

- **법조문·대법원 판례 중심**의
  정석 해설

- **출제 가능한 기본서 핵심 내용**을
  기준으로 구성

- 암기가 아닌
  이해와 구조 중심의 민법 학습

공인중개사시험
32~36회
(2021~2025년)

민법
기출문제
완전 수록!

북랩

머리말

본 서는 공인중개사시험을 준비하고 있는 모든 분들을 위해 기본서·법조문·대법원 판례의 내용을 이해하기 쉽게 해설한 기출문제 해설서입니다. 기본 해설의 내용은 공인중개사시험 출제위원 여러 교수님들의 교과서를 인용하기도 하였습니다.

본 해설서는 판례 중심으로 정석으로 해설하였으므로 조금 긴 해설이라도 수험생들은 차분하게 빠짐없이 공부해 주시기를 바랍니다. 그러한 공부 방법이 이해도와 기억력을 높이는 데 효과가 있으며, 또한 그 해설 문장에 과거 기출문제로 출제된 사례가 많이 있습니다. 민법은 방대하여 공부할 양이 많은 과목이지만, 본 해설서로써 이를 극복할 수 있도록 여러 관점에서 노력하여 집필하였습니다.

본 서의 특징은 다음과 같습니다.
첫째, 암기 방식이 아닌 이해 방식으로 해설하였습니다. 관련된 사례도 예를 들어가며 쉽게 이해할 수 있도록 하였습니다.
둘째, 지문과 관련된 대법원 판례를 중심으로 해설하였습니다. 지문과 관련이 없는 판례도 과거 기출문제로 출제된 내용과 출제가 예상될 내용들을 제시하였습니다.
셋째, 중요 판례의 내용을 반복 기재하여 반복학습 효과에 의한 이해도를 향상시켰습니다.
넷째, 본 시험에 많이 출제되고 있는 법조문을 해설에 인용해 놓았습니다. 이는 지문과 연결되어 이해하기 쉽게 하기 위해서이며, 법조문을 따로 찾는데 시간을 낭비하지 않도록 하기 위함입니다.
다섯째, 민사특별법은 주로 법전의 내용이 출제되므로 법전의 내용을 기본적으로 제시하였으며, 그와 관련된 중요한 최신 판례 내용도 제시하였습니다.

끝으로 바라는 것은 공부 방법에 있어 암기 위주가 아니라, 이해 위주로 본 해설서를 읽어 주기 바랍니다. 공인중개사시험 특성상 출제됐던 문제가 다음 회에 반복 출제되는 경우가 흔하고, 선다형 출제이기 때문입니다. 이해 위주의 학습은 반복학습을 활용하는 것이 좋습니다. 같은 문제가 응용되어 나오는 문제의 해결을 위해서도 마찬가지입니다. 응용력과 기억을 되살리는 반복학습이 되도록 본 서는 앞의 출제 문제에서 해설한 내용을 뒤의 출제 문제에서도 반복함으로써 기억과 이해가 동시에 되도록 하였습니다.

최근 공인중개사시험 출제 경향은 대법원 판례의 내용이 대부분이고, 민법 조문의 내용도 그대로 출제되고 있는 경향이므로 판례와 법조문에 많은 시간을 할애한다면 좋은 결과가 있으리라 생각합니다.

아무쪼록 수험생들이 본 해설서를 통해 좋은 결과가 있기를 기대합니다.
저자가 좋아하는 글 한 구절을 남겨 봅니다.

"남들보다 잘 하려고 고민하지 말라. 지금의 나보다 잘 하려고 애쓰는 것이 더 중요하다."

- 윌리엄 포크너

2026년 2월
김태욱

[일러 두기]

1. 이 책의 공인중개사 자격시험 기출문제는 1차 1교시 제2과목의 '민법 및 민사특별법 중 부동산 중개에 관련되는 법규' 각 회 40문항들로, 출제 문항번호 각 41~80의 순번을 이 책에서도 그대로 인용하여 각 회 문항번호의 시작을 41번부터로 하였음.

2. 법조문에서 별도의 법률명이 없는 것은 '민법'의 조문임.

3. 법률명은 별도의 기호 없이 붙여 쓰기로 하였음. 예: 집합건물의소유및관리에관한법률

4. 연도 표기의 생략 연·월·일은 붙여 썼음. 예: 대법원 2002.12.27.

5. 본문에서 인용은(저자명 출판 연도. [문단일련번호] 또는 참조 페이지 숫자)로 표기하였음.

[참고 문헌] (저자 가나다 순)

곽윤직·김재형 물권법 제9판, 박영사, 2024

김상용 채권각론 제4판, 화신미디어, 2021

김준호 민법강의 제31판 법문사, 2025

김준호 채권법 제16판, 법문사, 2025

송덕수 신민법강의 18판, 박영사, 2025

이영준 민법총칙, 개정증, 박영사, 2007

이영준 물권법, 전정신판, 박영사 2009

지원림 민법강의 제21판, 홍문사, 2024

지원림 민법강의 제22판, 홍문사, 2025

차례

2021년

제32회 공인중개사 민법 기출문제 해설

41. 상대방 있는 단독행위에 해당하지 <u>않는</u> 것은?(다툼이 있으면 판례에 의함)

① 공유지분의 포기
② 무권대리행위의 추인
③ 상계의 의사표시
④ 취득시효 이익의 포기
⑤ 재단법인의 설립행위

【해설】 ··

단독행위란 계약과 같이 두 개의 의사표시가 합치됨으로써 법률효과가 발생하는 것과는 달리 하나의 의사표시만으로도 그 효과가 발생하는 것을 말한다. 예컨대 단독행위란 상대방 있는 단독행위와 상대방 없는 단독행위로 나뉘는데 상대방이 있다는 것은 의사표시가 도달함으로써 효력이 발생하는 것으로 동의, 채무면제, 상계, 추인, 취소, 해제, 해지가 있고 상대방 없는 단독행위는 권리의 포기, 유언, 재단법인의 설립처럼 도달을 요하지 않는 것을 말한다. 여기서 '도달'이란 상대방이 있음을 의미하고, 상대방이 없다는 것은 상대방에게 도달되지 않아도 효력이 발생한다는 것으로, 즉 내가 사망하면 재산의 일부를 장남에게 주겠다고 했다면 장남한테 의사표시가 도달되지 않더라도 그 자체로 효력이 있으므로 상대방 없는 단독행위라고 표현한 것이다.

상대방 있는 단독행위: 상계, 추인, 취소, 해지, 해제, 동의, 채무면제
상대방 없는 단독행위: 유언, 재단법인 설립행위, 권리의 포기

①

대법원 2016. 10. 27. 선고 2015다52978 판결

민법 제267조는 "공유자가 그 지분을 포기하거나 상속인 없이 사망한 때에는 그 지분은 다른

공유자에게 각 지분의 비율로 귀속한다."라고 규정하고 있다. 여기서 공유지분의 포기는 법률행위로서 상대방 있는 단독행위에 해당하므로, 부동산 공유자의 공유지분 포기의 의사표시가 다른 공유자에게 도달하더라도 이로써 곧바로 공유지분 포기에 따른 물권변동의 효력이 발생하는 것은 아니고, 등기를 하여야 공유지분 포기에 따른 물권변동의 효력이 발생한다.(2019.2020.2021.2022.2025기)

② 대리권 없이 본인의 권리를 행사하는 것은 무권대리 행위로서 본인이 이를 취소하면 무효로 되나, 본인이 상대방에게 추인(취소할 수 있는 법률행위를 취소하지 않고 인정하는 것을 말함)의 의사표시를 하면 상대방 있는 단독행위로서(일방적인 의사표시로서) 유효로 된다.

③ 甲이 乙과 서로 상대방에 대하여 금전채무를 부담하는 경우에, 상계는 대등액에 관하여 양 채무를 소멸시키는 甲의 일방적인 의사표시인 상대방 있는 의사표시이다.

④ 취득시효 이익의 포기 역시 원 소유자에게 의사표시를 하여야 효력이 발생하므로 의사표시의 도달을 요하는 상대방 있는 단독행위인 것이다.

대법원 2011. 7. 14. 선고 2011다23200 판결

취득시효 이익의 포기와 같은 상대방 있는 단독행위는 그 의사표시로 인하여 권리에 직접적인 영향을 받는 상대방에게 도달하는 때에 효력이 발생한다.
취득시효 완성으로 인한 권리변동의 당사자는 시효취득자와 취득시효 완성 당시의 진정한 소유자이고, 원인무효인 등기의 등기부상 소유명의자에게 그와 같은 의사를 표시하였다고 하여 그 효력이 발생하는 것은 아니다.

⑤ 재단법인의 설립행위는 요식행위이며, 설립자가 생전행위로 할 수도 있고 유언으로 할 수도 있으므로 상대방 없는 단독행위이다.

42. 甲은 자기 소유 X토지를 매도하기 위해 乙에게 대리권을 수여하였다. 이후 乙은 丙을 복대리인으로 선임하였고, 丙은 甲을 대리하여 X토지를 매도하였다. 이에 관한 설명으로 옳은 것은?(다툼이 있으면 판례에 따름)

① 丙은 甲의 대리인임과 동시에 乙의 대리인이다.

② X토지의 매매계약이 갖는 성질상 乙에 의한 처리가 필요하지 않다면, 특별한 사정이 없는 한 丙의 선임에 관하여 묵시적 승낙이 있는 것으로 보는 것이 타당하다.

③ 乙이 甲의 승낙을 얻어 丙을 선임한 경우 乙은 甲에 대하여 그 선임감독에 관한 책임이 없다

④ 丙을 적법하게 선임한 후 X토지 매매계약 전에 甲이 사망한 경우, 특별한 사정이 없다면 丙의 대리권은 소멸하지 않는다.

⑤ 만일 대리권이 소멸된 乙이 丙을 선임하였다면, X토지매매에 대하여 민법 제 129조 의한 표현대리의 법리가 적용될 여지가 없다.

【해설】 ···

①

> **제123조(복대리인의 권한)** ① 복대리인은 그 권한 내에서 본인을 대리한다.
>   ② 복대리인은 본인이나 제삼자에 대하여 대리인과 동일한 권리의무가 있다.

丙은 본인 甲의 대리인이지 대리인 乙의 대리인이 아니다.

우리 민법상 복대리인이라 함은 대리인이 자신의 이름으로 선임한 본인의 대리인이다. 즉, 복대리인이 본인의 대리인으로서 선임된 경우와 대리인의 대리인으로 선임된 경우를 구별하지 아니하고 복대리인은 본인을 대리한다고 규정함으로써(제123조 제1항) 복대리인이 본인의 대리인임을 명백히 하였다. 다시 말하면 복대리인은 본인의 대리인이고(제123조 제1항), 대리인의 대리인은 아니다. (2010.2018.2019.2020.2022.2023기)

②

> **제120조(임의대리인의 복임권)** 대리권이 법률행위에 의하여 부여된 경우에는 대리인은 본인의 승낙이 있거나 부득이한 사유있는 때가 아니면 복대리인을 선임하지 못한다.

대법원 1996. 1. 26. 선고 94다30690 판결

대리의 목적인 법률행위의 성질상 대리인 자신에 의한 처리가 필요하지 아니한 경우에는 본인이 복대리 금지의 의사를 명시하지 아니하는 한 복대리인의 선임에 관하여 묵시적인 승낙이 있는 것으로 보는 것이 타당하다.

③ 민법 120조에 의해 대리인이 복대리인을 선임한 경우 본인에게 대하여 그 선임감독에 관한 책임을 져야 한다(제121조). **(2020,2022,2025기)**

④

> **제127조(대리권의 소멸사유)** 대리권은 다음 각 호의 어느 하나에 해당하는 사유가 있으면 소멸된다.
> 1. 본인의 사망
> 2. 대리인의 사망, 성년후견의 개시 또는 파산

복대리권은 대리권의 일반적인 소멸원인(제127조)**(2019기)** 및 대리인 본인 간의 기초법률관계의 종료 또는 대리인 복대리인 간의 기초법률관계의 종료(제128조1문) 또는 본인이나 대리인의 수권행위의 철회(제128조2문)에 의하여 소멸한다. 그 외에도 대리인의 대리권이 소멸하면 복대리권도 소멸한다. 본인의 사망은 대리권의 소멸사유에 해당하므로 복대리권은 대리권의 일반적인 소멸원인에 의해 소멸한다.

⑤ 대리인이 대리권 소멸 후 선임한 복대리인과 상대방 사이의 법률행위도 만법 제129조의 표현대리가 성립한다고 한다[대판 1998.5.29. 97다55317]

(2012,2023기)

대리인이 대리권 소멸 후 복대리인을 선임하여 복대리인으로 하여금 상대방과 사이에 대리행위를 하도록 한 경우에도, 상대방이 대리권 소멸 사실을 알지 못하여 복대리인에게 적법한 대리권이 있는 것으로 믿었고 그와 같이 믿은 데 과실이 없다면 민법 제129조에 의한 표현대리가 성립할 수 있다.

우리 신문보급소에서 근무하던 배달원 乙이 독자 丁에게 계속해서 신문대금을 수금해 오던 중 어느 날 보급소를 그만둔 후 잠시 수금업무를 자신을 대신하여 복대리인 丙에게 신문대금을 수령하게 하여 보급소에 입금처리하지 않았다면 표현대리가 적용되어 이를 알지 못하고 과실이 없는 구독자는 책임이 없을 것이다.

43. 행위능력자 乙은 대리권 없이 甲을 대리하여 甲이 보유하고 있던 매수인의 지위를 丙에게 양도하기로 약정하고, 이에 丙은 乙에게 계약금을 지급하였다. 乙은 그 계약금을 유흥비로 탕진하였다. 이에 관한 설명으로 틀린 것은?(단, 표현대리는 성립하지 않으며, 다툼이 있으면 판례에 따름)

① 매수인의 지위 양도계약 체결 당시 乙의 무권대리를 모른 丙은 甲의 추인이 있을 때까지 계약을 철회할 수 있다.

② 丙이 계약을 유효하게 철회하면, 무권대리행위는 확정적으로 무효가 된다.

③ 丙이 계약을 유효하게 철회하면, 丙은 甲을 상대로 계약금 상당의 부당이득반환을 청구할 수 있다.

④ 丙이 계약을 철회한 경우, 甲이 그 철회의 유효를 다투기 위해서는 乙에게 대리권이 없음을 丙이 알았다는 것에 대해 증명해야 한다.

⑤ 丙의 계약 철회 전 甲이 사망하고 乙이 단독상속인이 된 경우, 乙이 선의 무과실인 丙에게 추인을 거절하는 것은 신의칙에 반한다.

【해설】 ....

①

> **제134조(상대방의 철회권)** 대리권없는 자가 한 계약은 본인의 추인이 있을 때까지 상대방은 본인이
> 나 그 대리인에 대하여 이를 철회할 수 있다. 그러나 계약 당시에 상대방이 대리권 없음을 안 때
> 에는 그러하지 아니하다.

악의의 상대방에게도 인정되는 최고권과 달리, 철회권은 선의의 상대방에게만 인정된다. 따라서 상대방 丙은 선의이므로 본인 甲의 추인이 있을 때까지 乙의 무권대리행위에 대하여 철회할 수 있다.(2011,2016,2018,2023,2024기)

② ④ 철회는 본인의 추인이 있기 전에 하여야 한다. 다만 무권대리인에 대한 추인이 있었으나 상대방이 그 사실을 알지 못하였다면 본인이 추인의 효과를 주장하지 못하므로(제132조 단서), 추인을 알기 전에 상대방이 한 철회는 유효하다. 철회의 의사표시는 본인이나 무권대리인에 대하여 해야 한다. 무권대리 행위의 상대방은 본인의 추인이 있기 전에는 그 무권대리 행위를 철회할 수 있다. 상대방의 철회에 의하여 무권대리 행위는 확정적으로 무효로 된다. 철회는 본인이나 그 무권대리인에 대하여 한다. 다만 계약 당시에 무권대리 행위임을 안 상대방은 철회할 수 없다(제134조 단서).(2011,2016기) 알았느냐의 여부의 증명책임은 본인에게 있다고 할 것이다. 여기서 철회할 수 있는 선의란 대리인에게 대리권 없음을 알지 못하는 것이며, 철회가 있으면 무권대리행위가 확정적으로 무효로 된다.

③ 무권대리의 행위는 본인에게 영향을 미치지 아니하므로 상대방 丙이 계약을 유효하게 철회하면, 丙은 본인 甲을 상대로 계약금 상당의 부당이득반환을 청구할 수 있는 것이 아니라 乙에게 계약금을 지급하였으므로 무권대리인 乙에게 계약금 상당의 부당이득반환을 청구해야 할 것이다.

⑤ 무권대리인이 본인을 상속한 경우 본인의 자격에서 추인을 거절하는 것이 신의칙에 반하는 경우도 있을 것이다. 이는 지위가 혼동으로 인하여 소멸되었기 때문이 아니라 본인의 지위를

주장하는 것이 권리남용으로 되기 때문이다. **대판 1994.9.27. 94다20617**은 병존설을 전제로 무권대리인인 상속인이 상속 전에 행한 무권대리행위의 추인을 거절하는 것은 신의칙에 반한다는 입장을 취하고 있다.(2010,2011,2014,2017,2020,2023기)

44. 의사의 표시가 불일치하는 경우에 관한 설명으로 옳은 것은?(다툼이 있으면 판례에 따름)

① 통정허위표시의 무효로 대항할 수 없는 제3자에 해당하는지를 판단할 때, 파산관재인은 파산채권자 일부가 선의라면 선의로 다루어진다.

② 비진의 의사표시는 상대방이 표의자의 진의 아님을 알 수 있었을 경우 취소할 수 있다.

③ 비진의 의사표시는 상대방과 통정이 없었다는 점에서 착오와 구분된다.

④ 통정허위표시의 무효에 대항하려는 제3자는 자신이 선의라는 것을 증명하여야 한다.

⑤ 매수인의 채무불이행을 이유로 매도인이 계약을 적법하게 해제했다면, 착오를 이유로 한 매수인의 취소권은 소멸한다.

【해설】 ···

①

> 대법원 2006. 11. 10. 선고 2004다10299 판결 (2019,2020,2021,2023)

파산관재인이 민법 제108조 제2항의 경우 등에 있어 제3자에 해당하는 것은 파산관재인은 파산채권자 전체의 공동의 이익을 위하여 선량한 관리자의 주의로써 그 직무를 행하여야 하는 지위에 있기 때문이므로, 그 선의·악의도 파산관재인 개인의 선의·악의를 기준으로 할 수는 없고 총파산채권자를 기준으로 하여 파산채권자 모두가 악의로 되지 않는 한 파산관재인은 선의의 제3자라고 할 수밖에 없다.

② 비진의 의사표시는 상대방이 표의자의 진의 아님을 알 수 있었을 경우 그 상대방의 보호가

치가 부정되므로 취소사유가 아니라 무효 사유인 것이다. (제107조 제1항)(2011.2012.2016기)

③ 비진의 의사표시는 상대방과 통정이 없었다는 점에서 민법 제108조 통정한 허위의 의사표시와 구별되며, 표시가 진의와 다름을 표의자가 알고 있다는 점에서 착오와 구별된다.

④ 선의의 증명책임에 통설적 입장은 제3자의 선의가 추정되므로 무효를 주장하는 자가 제3자의 악의를 증명하여야 한다고 하면서 판례는 가장매매의 매수인으로부터 부동산 위의 권리를 취득한 제3자가 특별한 사정이 없는 한 선의로 추정되므로, 허위표시를 한 부동산 양도인이 제3자에 대하여 그 소유권을 주장하려면 제3자의 악의를 증명하여야 한다 하였다[대판 1978.12.26. 77다907].(2016.2024기)

⑤ 판례는 매도인이 매수인의 중도금 지급의무 불이행을 이유로 매매계약을 적법하게 해제한 후에라도, 매수인은 상대방이 한 계약해제의 효과로 발생하는 손해배상책임을 지거나 매매계약에 따른 계약금의 반환을 받을 수 없는 불이익을 면하기 위하여 착오를 이유로 한 취소권을 행사하여 위 매매계약 자체를 무효로 돌리게 할 수 있다고 하였다[대판 1996.12.6. 95다24982].(2011.2012.2015.2016.2018.2020.2025기)

45. 효력규정이 아닌 것을 모두 고른 것은?(다툼이 있으면 판례에 따름)

> ㄱ. 「부동산등기 특별조치법」상 중간생략등기를 금지하는 규정
> ㄴ. 「공인중개사법」상 개업공인중개사가 중개의뢰인과 직접 거래를 하는 행위를 금지하는 규정
> ㄷ. 「공인중개법」상 개업공인중개사가 법령에 규정된 중개보수 등을 초과하여 금품을 받는 행위를 금지하는 규정

① ㄱ   ② ㄴ   ③ ㄷ   ④ ㄱ, ㄴ   ⑤ ㄴ, ㄷ

ㄱ. 판례는 중간생략등기를 금지하는 부동산등기특별조치법 제2조 제2항[**대판** 1993.1.26. 92다39112](2010,2013기) 비실명금융거래를 금지하는 금융실명거래 및 비밀보장에 관한 법률 제3조 제1항[**대판** 2001.12.28. 2001다17565](2017기) 국민주택의 전매를 제한하는 주택건설촉진법 제38조3[**대판** 1992.2.25. 91다44544] 등을 단속규정으로 보았다. 개업공인중개사 등이 중개의뢰인과 직접 거래를 하는 행위를 금지하는 공인중개사법 제33조 제6호의 규정 취지 및 법적 성질(=단속규정)[**대판** 2017.2.3. 2016다259677](2022기) 농지매매에 있어서 농지취득증명이 없이 거래한 행위도 단속규정으로 보았다.(2013,2017기)

효력규정의 예로서 변호사 아닌 이의 법률상담 등의 행위를 금지하는 변호사법 제109조, 의료인이나 의료법인 등 비영리법인 아닌 이의 의료기관 개설을 금지하는 의료법 제33조 제2항, 공인중개사수수료의 상한을 정하는 공인중개사법의 관련규정[**대판** 2007.12.20. 2005다32159] **대판** 2010.12.23. 2005다75119는 중개수수료에 관한 규정으로, 공인중개사 자격이 없는 이가 중개사무소 개설 등록을 하지 아니한 채 부동산중개업을 한 경우에도 적용된다고 하였다. 또한 공인중개사가 중개대상물에 대한 계약이 완료되지 않았을 경우에도 중개행위에 상응하는 보수를 지급하기로 약정할 수 있는데, 이 경우에도 계약이 완료되면 적용되었을 부동산 중개보수의 한도를 초과할 수 없다고 한다[**대판** 2021.7.29. 2017다243725]. **대판** 2015.4.9. 20013다35788은 세무대리를 할 수 있는 자격을 가진 이로 제한하는 세무사법을 위반하여 세무사와 세무사 자격이 없는 사람 사이에 이루어진 세무대리의 동업 및 이익분배약정, 공공건설임대주택의 임대보증금과 임대료의 상한을 정한 규정[**대판** 2022.5.4. 2020다253515]등은 효력규정이다.

ㄴ.

대법원 2017. 2. 3. 선고 2016다259677 판결 (2003,2022기)

공인중개사법 제33조 규정에 위반하여 한 거래행위가 사법상의 효력까지도 부인하지 않으면 안 될 정도로 현저히 반사회성, 반도덕성을 지닌 것이라고 할 수 없을 뿐만 아니라 위 규정을 효력규정으로 보아 이에 위반한 거래행위를 일률적으로 무효라고 할 경우 중개의뢰인이 직접 거래임을 알면서도 자신의 이익을 위해 한 거래도 단지 직접 거래라는 이유로 효력이 부인되어 거래의 안전을 해칠 우려가 있으므로, 위 규정은 강행규정이 아니라 단속규정이다.

ㄷ. 대판(전) 2007.12.20. 2005다32159는 부동산중개업자의 공신력을 높이고 국민의 재산권 보호에 기여하고자 하는 구 부동산중개업법의 입법취지 등에 비추어 위와 같은 규정들은 중개수수료약정 중 소정의 한도를 초과하는 부분에 대한 사법상의 효력을 제한하는 이른바 강행법규에 해당하고, 따라서 구 부동산중개업법 등 관련법령에서 정한 한도를 초과하는 부동산중개수수료약정은 그 한도를 초과하는 범위 내에서 무효라고 판시함으로써 입장을 명확히 하였다.(2024기)

46. 부동산 이중매매에 관한 설명으로 틀린 것은?(다툼이 있으면 판례에 따름)

① 반사회적 법률행위에 해당하는 제2매매계약에 기초하여 제2매수인으로부터 그 부동산을 매수하여 등기한 선의의 제3자는 제2매매계약의 유효를 주장할 수 있다.
② 제2매수인이 이중매매사실을 알았다는 사정만으로 제2매매계약을 반사회적 법률 행위에 해당한다고 볼 수 없다.
③ 특별한 사정이 없는 한, 먼저 등기한 매수인이 목적 부동산의 소유권을 취득한다.
④ 반사회적 법률행위에 해당하는 이중매매의 경우, 제1매수인은 제2매수인에 대하여 직접 소유권이전등기말소를 청구할 수 없다.
⑤ 부동산이중매매의 법리는 이중으로 부동산임대차계약이 체결되는 경우에도 적용될 수 있다.

【해설】 ···

① 사회질서에 반함에 따른 무효는 절대적이어서, 선의의 제3자에게도 대항할 수 있다. 가령 부동산의 이중매매가 사회질서에 반하는 경우에 그 계약은 절대적으로 무효이므로, 그 부동

산을 제2매수인으로부터 다시 취득한 제3자는 설사 제2매수인이 당해 부동산의 소유권을 유효하게 취득한 것으로 믿었더라도, 이중매매계약이 유효라고 주장할 수 없다[대판 1996.10.25. 96다29151].(2013.2014.2015기) 이러한 경우에 그 제3자는 제2매수인에 대하여 타인의 권리를 매도한 자로서의 담보책임을 물을 수 있을 뿐이다.

② 일반적으로 판례는 이중양도의 행위태양을 기준으로 제2양수인이 양도인에게 이중으로 양도할 것을 권유하는 등 양도인의 배임행위에 적극 가담한 경우에, 이중양도는 무효라고 한다.(2014.2015.2020기) 즉, 이중매매가 무효가 되기 위하여는 제2매수인이 매도인의 이중매매라고 하는 배임행위에 적극 가담하는 것과 같은 비난가능성이 존재하여야 한다[대판 1969.11.25. 66다1565]. 따라서 제2매수인이 이중매매사실을 알았다는 사정만으로 제2매매계약을 반사회적 법률 행위에 해당한다고 볼 수 없다[대판 1994.3.11. 93다55289].(2014기)

③ 특별한 사정이 없는 한, 등기우선주의에 의하여 먼저 등기한 매수인이 목적 부동산의 소유권을 취득한다. 다만 이중매매가 반사회적 법률행위인 경우 매도인을 대위하여 등기말소를 청구할 수 있을 것이다. 여기서 특별한 사정은 매수인이 매도인의 배임 또는 횡령에 적극 가담한 사정을 말한다.

④ 한편 제1매수인은 등기를 갖추지 못하여 아직 소유자가 아니므로, 제2매수인에 대하여 직접 그 명의의 소유권이전등기의 말소를 구할 수 없다. 다만, 제1매수인을 보호하기 위하여 판례는 매도인을 대위하여 제2매수인에게 그 명의의 소유권이전등기의 말소를 청구할 수 있다고 한다[대판 1983.4.26. 83다카57].(2013.2014.2015기)

⑤ 이중양도로서 문제되는 것은 대부분 이중매매이지만, 그 밖에 매도된 부동산을 증여한 경우[대판 1962.2.9. 81다1134], 매도된 부동산 위에 근저당권을 설정한 경우[대판 1998.2.10. 97다26524] 등 이중으로 부동산임대차계약이 체결되는 경우에도 적용될 수 있다.

대법원 2013. 6. 27. 선고 2011다5813 판결

이중매매를 사회질서에 반하는 법률행위로서 무효라고 하기 위하여는, 매도인의 배임행위(또는 배신행위)를 유인, 교사하거나 이에 협력하는 등 적극적으로 가담하는 것이 필요하며, 이러한 법리는 이중으로 임대차계약을 체결한 경우에도 그대로 적용될 수 있다.

47. 법률행위의 취소에 관한 설명으로 틀린 것은?

① 취소권은 추인할 수 있는 날로부터 3년 내에 법률행위를 한 날로부터 10년 내에 행사해야 한다.
② 취소할 수 있는 법률행위에 관하여 법정추인이 되려면 취소권자가 취소권의 존재를 인식해야 한다.
③ 취소된 법률행위는 처음부터 무효인 것으로 본다.
④ 취소권의 법적 성질은 형성권이다.
⑤ 취소할 수 있는 법률행위의 상대방이 확정된 경우, 그 취소는 그 상대방에 대한 의사표시로 하여야 한다.

【해설】

①

> **제146조(취소권의 소멸)** 취소권은 추인할 수 있는 날로부터 3년 내에 법률행위를 한 날로부터 10년 내에 행사하여야 한다. (2016, 2018, 2022, 2024, 2025기)

② 법정추인(제145조)인 경우 추인에 대한 의사의 유무 또는 취소권의 존재에 대한 인식 여부는 묻지 않는다. 예컨대 甲의 아들 乙은 아버지 인감도장과 위임장을 몰래 훔쳐 지참하고, 丙에게 甲의 대리인이라고 말하고 甲 소유 아파트를 丙과 매매계약을 체결하였다. 이 사안에서 丙은 인감증명서도 지참하지 않은 乙에게 대리권이 없다는 것을 충분히 알고 있었을 것이므로 결과적으로 무권대리와 매매계약을 체결한 것이다. 이에 본인 甲은 시세보다 좋은 가격으로 乙이 매매계약을 체결하였으므로 丙에게 계약금을 지급받았다(일부이행). 이러한 경우 법정

추인이 되는데 본인 甲이 취소권의 존재에 대한 인식여부는 문제되지 않는다.

③

> **제141조(취소의 효과)** 취소된 법률행위는 처음부터 무효인 것으로 본다. 다만, 제한능력자는 그 행위로 인하여 받은 이익이 현존하는 한도에서 상환(償還)할 책임이 있다.

취소가 있으면 그 법률행위는 처음부터 무효인 것으로 본다.(2018.2022기) 다만 취소한 후라도 무효행위의 추인의 요건에 따라 다시 추인하는 것은 가능하다[대판 1997.12.12. 95다38240].(2013기)

④ 취소할 수 있는 지위를 하나의 권리로 보아 취소권이라 하는데 형성권은 이미 완성된 권리로서 아래와 같다.
형성권: 동의, 취소, 추인, 해제,해지, 상계, 매매의 일방예약완결권, 상속포기권
형성권인 단독행위: 상계, 추인, 취소, 해지, 해제, 철회, 유언

⑤

> **제142조(취소의 상대방)** 취소할 수 있는 법률행위의 상대방이 확정한 경우에는 그 취소는 그 상대방에 대한 의사표시로 하여야 한다.(2018기)

취소할 수 있는 행위의 상대방이 그 행위로 취득한 권리를 양도한 경우에도 양수인이 아니라 원래의 상대방에 대하여 취소해야 한다.(2024기)

48. 표현대리에 관한 설명으로 옳은 것은?(다툼이 있으면 판례에 따름)

① 본인이 타인에게 대리권을 수여하지 않았지만 수여하였다고 상대방에게 통보한 경우, 그 타인이 통보받은 상대방 외의 자와 본인을 대리하여 행위를 한 때에는 민법 제125조의 표현대리가 적용된다.

② 표현대리가 성립하는 경우, 과실상계의 법리를 유추적용하여 본인의 책임을 경감할 수 있다.

③ 민법 제129조의 표현대리를 기본대리권으로 하는 민법 제126조의 표현대리는 성립될 수 없다.

④ 대리행위가 강행법규에 위반하여 무효인 경우에는 표현대리의 법리가 적용되지 않는다.

⑤ 유권대리의 주장 속에는 표현대리의 주장이 포함되어 있다.

【해설】

① 대리행위의 상대방은 대리권 수여표시를 받은 자이어야 한다. 즉, 타인(대리인)이 통보받은 상대방 외의 자와 본인을 대리하여 행위를 한 때에는 민법 제125조 대리권수여의 표시에 의한 표현대리가 적용되지 아니한다. 다시 말하면 통지를 특정인에게 한 경우에 그 특정인만이 제125조의 보호를 받으며, 그러한 통지가 있음을 우연히 알게 된 제3자와의 사이에 대리행위가 행하여졌더라도 제125조의 적용은 없다.

② 과실상계는 본래 채무불이행 또는 불법행위로 인한 손해배상책임에 관한 것이고, 채무내용에 따른 본래의 급부의 이행을 구하는 경우에 적용될 것이 아니다[대판 1996.5.10. 96다8468]. 따라서 표현대리가 성립하여 본인이 이행책임을 부담하는 경우에, 상대방에게 과실이 있더라도 과실상계의 법리를 적용할 수 없다[대판 1996.7.12. 95다49554].(2018기)

③ 판례는 "제129조에 의하여 표현대리로 인정되는 경우에 그 표현대리의 권한을 넘는 대리행위가 있을 때에도, 민법 제126조 소정의 표현대리가 성립할 수 있다"고 하여[대판 1970.2.10. 69다2149. 대판 1979.3.27. 79다234] 긍정설을 취하고 있다.(2015.2018기)

④ 강행법규에 위반되는 행위에 대하여 표현대리의 법리가 적용될 여지가 없다[대판 1996.8.23. 94다38199]. 대리권이 있다고 하더라도 강행법규 위반행위가 유효로 될 수는 없기 때문이다. 같은 취지에서 사회질서에 위반되는 경우에도 표현대리가 성립할 수 없다.(2017.2018.2020.2021기)

⑤

대법원(전) 1983.12.13. 83다카1489 판결 (2019.2020기)

대리권이 있다는 것과 표현대리가 성립한다는 것은 그 요건 사실이 다르므로 유권대리에 관한 주장 가운데 무권대리에 속하는 표현대리의 주장이 포함되어 있다고 볼 수 없으며, 또한 무권대리행위에 대하여 본인이 그 직후에 그것이 자기에게 효력이 없다고 이의를 제기하지 아니하고 이를 장시간에 걸쳐 방치하였다고 하여 무권대리행위를 추인하였다고 볼 수 없다.

49. 법률행위의 조건과 기한에 관한 설명으로 틀린 것은?(다툼이 있으면 판례에 따름)

① 법정조건은 법률행위의 부관으로서의 조건이 아니다.
② 조건이 선량한 풍속 기타 사회질서에 위반한 것이면 그 법률행위는 무효이다.
③ 조건부 법률행위는 조건이 성취되었을 때에 비로소 그 법률행위가 성립한다.
④ 조건부 법률행위에서 불능조건이 정지조건이면 그 법률행위는 무효이다
⑤ 과거의 사실은 법률행위의 부관으로서의 조건으로 되지 못한다.

【해설】 ··

① 조건은 당사자가 임의로 부가한 것이어야 한다. 따라서 법정조건은 조건이 아니다. 예컨대 법인의 설립에서 주무관청의 허가나 유언에서 유언자의 사망 또는 수유자의 생존과 같이 법률행위의 효력이 발생하기 위하여 법률이 명문으로 요구하는 요건이 법정조건이다. 이러한 사

실을 법률행위의 조건으로 하였더라도 조건으로서의 의미를 가지지 않는다.

② 조건부 법률행위에서 조건의 내용 자체가 불법적인 것이어서 무효인 경우 또는 조건을 붙이는 것이 허용되지 않는 법률행위에 조건을 붙인 경우에, 그 조건만을 분리하여 무효로 할 수는 없고 그 법률행위 전부가 무효로 된다[대결 2005.11.8. 2005마 541].(2022.2025기)

③

> **제147조(조건성취의 효과)** ① 정지조건있는 법률행위는 조건이 성취한 때로부터 그 효력이 생긴다.
> ② 해제조건있는 법률행위는 조건이 성취한 때로부터 그 효력을 잃는다.
> ③ 당사자가 조건성취의 효력을 그 성취전에 소급하게 할 의사를 표시한 때에는 그 의사에 의한다.

부관은 법률행위의 효력의 발생 또는 소멸에 관한 것이지 법률행위의 성립에 관한 것이 아니라는 점이다. 즉, 정지조건부 법률행위에서 조건이 성취되면 법률행위는 그 효력이 발생하고, 불성취로 확정되면 무효로 된다.(2014.2017.2018기)

④ **민법 제151조 제3항 참조**
조건이 법률행위의 당시에 이미 성취할 수 없는 것인 경우에는 그 조건이 해제조건이면 조건없는 법률행위로 하고 정지조건이면 그 법률행위는 무효로 한다. 예컨대 달나라에 있는 토끼를 잡아오면 무상임대차계약을 해제하겠다고(해제조건) 하면 조건없는 법률행위가 되고, 토끼를 잡아오지 못하면 무상임차계약을 정지하겠다고 하면 그 법률행위는 무효인 것이다.

⑤ 조건이 되는 사실은 발생할 것인지 여부가 객관적으로 불확실한 장래의 사실이어야 한다. 장래에 반드시 실현되는 사실(가령 사망)은 기한이지 조건으로 되지 못한다. 그리고 과거의 사실은 당사자가 알지 못하더라도, 조건으로 되지 못한다. 즉, 조건이란 법률행위 효력의 발생 또는 소멸을 장래의 불확실한 사실의 성부에 의존케 하는 법률행위의 부관을 말하기 때문이다.

50. 법률행위의 무효에 관한 설명으로 옳은 것은?(다툼이 있으면 판례에따름)

① 무효인 법률행위의 추인은 그 무효의 원인이 소멸한 후에 하여야 그 효력이 인정된다.

② 무효인 법률행위는 무효임을 안 날로부터 3년이 지나면 추인할 수 없다.

③ 법률행위의 일부분이 무효일 때, 그 나머지 부분의 유효성을 판단함에 있어 나머지 부분을 유효로 하려는 당사자의 가정적 의사는 고려되지 않는다.

④ 무효인 법률행위의 추인은 묵시적인 방법으로 할 수는 없다.

⑤ 강행법규 위반으로 무효인 법률행위를 추인한 때에는 다른 정함이 없으 그 법률행위는 처음부터 유효한 법률행위가 된다.

【해설】 ....

①

> **제139조(무효행위의 추인)** 무효인 법률행위는 추인하여도 그 효력이 생기지 아니한다. 그러나 당사자가 그 무효임을 알고 추인한 때에는 새로운 법률행위로 본다.

법률행위가 무효임을 알고 추인하여야 한다. 추인의 의사표시는 묵시적으로 행하여질 수 있다 그런데 무효행위의 추인은 무효사유가 종료된 후에 하여야 한다[대판 1997.12.12. 95다38240] (2013.2025기). 그 밖에 새로운 법률행위가 유효이어야 함은 당연하다. 따라서 사회질서에 반하는 법률행위로서 무효인 경우에, 추인에 의하여 유효로 될 수 없다[대판 2002.3.15. 2001다77352.77369].

대법원 1997. 12. 12. 선고 95다38240 판결

취소한 법률행위는 처음부터 무효인 것으로 간주되므로 취소할 수 있는 법률행위가 일단 취소된 이상 그 후에는 취소할 수 있는 법률행위의 추인에 의하여 이미 취소되어 무효인 것으로 간주된 당초의 의사표시를 다시 확정적으로 유효하게 할 수는 없고, 다만 무효인 법률행위의 추인의 요건과 효력으로서 추인할 수는 있으나, 무효행위의 추인은 그 무효 원인이 소멸한 후에 하여야 그 효력이 있고, 결국 무효 원인이 소멸한 후란 것은 당초의 의사표시의 성립 과정에 존재하였던 취소의 원인이 종료된 후, 즉 강박 상태에서 벗어난 후라고 보아야 한다.

②

> **제146조(취소권의 소멸)** 취소권은 추인할 수 있는 날로부터 3년내에 법률행위를 한 날로부터 10년 내에 행사하여야 한다.

취소는 그 존속기간 내에 취소권을 행사하지 않으면 더 이상 취소할 수 없게 되나, 무효인 경우에는 시간의 경과에 의하여 소멸시효에 걸리지 않는다.

③

대법원 1996. 2. 27. 선고 95다38875 판결

복수의 당사자 사이에 중간생략등기의 합의를 한 경우 그 합의는 전체로서 일체성을 가지는 것이므로, 그 중 한 당사자의 의사표시가 무효인 것으로 판명된 경우 나머지 당사자 사이의 합의가 유효한지의 여부는 민법 제137조에 정한 바에 따라 당사자가 그 무효 부분이 없더라도 법률행위를 하였을 것이라고 인정되는지의 여부에 의하여 판정되어야 할 것이고, 그 당사자의 의사는 실재하는 의사가 아니라 법률행위의 일부분이 무효임을 법률행위 당시에 알았다면 당사자 쌍방이 이에 대비하여 의욕하였을 가정적 의사를 말한다.

④

대법원 2014. 3. 27. 선고 2012다106607 판결 (2025기)

무효인 법률행위를 추인에 의하여 새로운 법률행위로 보기 위하여서는 당사자가 이전의 법률행위가 무효임을 알고 그 행위에 대하여 추인하여야 한다. 한편 추인은 묵시적으로도 가능하나, 묵시적 추인을 인정하기 위해서는 이전의 법률행위가 무효임을 알거나 적어도 무효임을 의심하면서도 그 행위의 효과를 자기에게 귀속시키도록 하는 의사로 후속행위를 하였음이 인정되어야 할 것이다.

⑤ 사회질서에 반하는 법률행위로서 무효인 경우 추인에 의해 유효로 될 수 없다.

대판 2002.3.15. 2001다77352 판례는 "취득시효 완성 후 경료된 무효인 제3자 명의의 등기에 대하여 시효완성 당시의 소유자가 무효행위를 추인하여도 그 제3자 명의의 등기는 그 소유자의 불법행위에 제3자가 적극 가담하여 경료된 것으로서 사회질서에 반하여 무효라고" 하였다.

51. 물권에 관한 설명으로 틀린 것은?(다툼이 있으면 판례에 따름)

① 민법 제185조에서의 '법률'은 국회가 제정한 형식적 의미의 법률을 의미한다.
② 사용 · 수익 권능을 대세적 · 영구적으로 포기한 소유권도 존재한다.
③ 처분권능이 없는 소유권은 인정되지 않는다.
④ 근린공원을 자유롭게 이용한 사정만으로 공원이용권이라는 배타적 권리를 취득하였다고 볼 수는 없다
⑤ 온천에 관한 권리를 관습법상의 물권이라고 볼 수는 없다.

【해설】 ......

①

> **제185조(물권의 종류)** 물권은 법률 또는 관습법에 의하는 외에는 임의로 창설하지 못한다.

민법 제185조에서의 '법률'은 국회가 제정한 형식적 의미의 법률을 말한다.

②

대법원 2013. 8. 22. 선고 2012다54133 판결

물건에 대한 배타적인 사용·수익권은 소유권의 핵심적 권능이므로, 소유자가 제3자와의 채권관계에서 소유물에 대한 사용·수익의 권능을 포기하거나 사용·수익권의 행사에 제한을 설정하는 것을 넘어 이를 대세적, 영구적으로 포기하는 것은 법률에 의하지 않고 새로운 물권을 창설하는 것과 다를 바 없어 허용되지 않는다.

③ 소유권이란 사용 수익 처분할 수 있는 대세적 권리로 처분권능이 없는 소유권은 인정할 수 없는 것이다.

대법원 2014. 3. 13. 선고 2009다105215 판결

소유자에게 소유권의 핵심적 내용에 속하는 처분권능이 없다고 하면(민법 제211조 참조), 이는 결국 민법이 알지 못하는 새로운 유형의 소유권 내지 물권을 창출하는 것으로서, 객체에 대한 전면적 지배권인 소유권을 핵심으로 하여 구축되어 있고, 또한 물권의 존재 및 내용에 관하여 일정한 공시수단을 요구하는 물권법의 체계를 현저히 교란하게 된다.

④

대법원 1995. 5. 23. 선고 94마2218 결정 (2015.2025기)

도시공원법상 근린공원으로 지정된 공원은 일반 주민들이 다른 사람의 공동 사용을 방해하지 않는 한 자유로이 이용할 수 있지만 그러한 사정만으로 인근 주민들이 누구에게나 주장할 수 있는 공원이용권이라는 배타적인 권리를 취득하였다고는 할 수 없다.

⑤

대법원 1972. 8. 29. 선고 72다1243 판결 (2015.2025기)

온천에 관한 권리는 관습상의 물권이나 준물권이라 할 수 없고 온천수는 공용수 또는 생활상 필요한 용수에 해당되지 않는다.

52. 물권적 청구권에 관한 설명으로 옳은 것은?(다툼이 있으면 판례에 따름)

① 소유권을 양도한 전소유자가 물권적 청구권만을 분리, 유보하여 불법점유자에 대해 그 물권적 청구권에 의한 방해배제를 할 수 있다.

② 물권적 청구권을 행사하기 위해서는 그 상대방에게 귀책사유가 있어야 한다.

③ 소유권에 기한 방해배제청구권에 있어서 방해에는 과거에 이미 종결된 손해가 포함된다.

④ 소유권에 기한 물권적 청구권은 그 소유권과 분리하여 별도의 소멸시효의 대상이 된다.

⑤ 소유권에 기한 물권적 청구권은 그 소유자가 소유권을 상실하면 더 이상 인정되지 않는다.

【해설】

①

대법원 1969. 5. 27. 선고 68다725 전원합의체 판결

소유권을 양도함에 있어 소유권에 의하여 발생되는 물상청구권을 소유권과 분리, 소유권 없는 전소유자에게 유보하여 제3자에게 대하여 이를 행사케 한다는 것은 소유권의 절대적 권리인 점에 비추어 허용될 수 없는 것이라 할 것으로서, 일단 소유권을 상실한 전소유자는 제3자인 불법점유자에 대하여 물권적청구권에 의한 방해배제를 청구할 수 없다.

② 예컨대 태풍이 불어 甲 소유 나무가 이웃집 담을 넘어 乙 소유 토지로 넘어 갔을 경우 乙은 甲에게 방해제거 청구권을 행사할 수 있으므로 상대방 甲의 귀책사유를 요하지 않는다.

③

대판 2003.3.28. 선고 2003다5917 판결 (2018,2023기)

소유권에 기한 방해배제청구권은 방해 결과의 제거를 내용으로 하는 것이 되어서는 아니 되며(이는 손해배상의 영역에 해당한다 할 것이다) 현재 계속되고 있는 방해의 원인을 제거하는 것을 내용으로 한다.

④ 판례는 소유권에 기한 물권적 청구권이 소멸시효의 대상이 아니라고 하였다[대판 1982.7.27. 80다2968]. 실체적 진정한 소유자의 권리를 보존해 준다는 의미에서 소유권에 기한 물권적 청구권은 소멸시효의 대상이 아니다. 소유권 그 실체로 주어지는 권리로 소유권과 분리하여 별도의 소멸시효의 대상이 되지 않는다.

⑤ 물권적 청구권자는 침해당하고 있거나 침해당할 염려가 있는 물권을 현재 정당하게 가지는 자이다. "소유권을 상실한 전 소유자는 물권적 청구권을 행사할 수 없"다[대판(전) 1969.5.27. 68다725].(2022기)

53. 등기청구권에 관한 설명으로 옳은 것을 모두 고른 것은?(다툼이 있으면 판례에 따름)

> ㄱ. 등기청구권이란 등기권리자와 등기의무자가 함께 국가에 등기를 신청하는 공법상의 권리이다.
> ㄴ. 부동산 매수인이 그 목적물을 인도받아 이를 사용수익하고 있는 이상 그 매수인의 등기청구권은 시효로 소멸하지 않는다.
> ㄷ. 취득시효완성으로 인한 소유권이전등기청구권은 시효완성 당시의 등기명의인이 동의해야만 양도할 수 있다.

① ㄱ   ② ㄴ   ③ ㄷ   ④ ㄱ, ㄴ   ⑤ ㄴ, ㄷ

【해설】 ··

ㄱ. 등기권리자와 등기의무자 중 일방이 등기신청에 협력하지 않는 경우에, 타방이 등기에 협력하여 줄 것을 청구할 수 있는 실체법상의 권리를 등기청구권이라고 말하며, 등기신청권은 등기를 신청할 수 있는 절차법상의 권리로 등기권리자와 등기의무자가 함께 국가에 등기를 신청하는 공법상의 권리이다.

ㄴ. 대판(전) 1976.11.6. 76다148과 대판(전) 1999.3.18. 98다32175는 부동산매수인이 그 목적물을 인도받아 사용·수익하고 있거나 이를 타에 처분한 경우에 소멸시효에 걸리지 않는다고 한다.(2019기)

ㄷ. 취득시효는 기타 법률규정에 의한 물권변동이므로 원 등기명의인의 동의를 요하지 않는 법률규정에 의한 물권변동으로 소유권이전등기청구권은 시효완성 당시의 등기명의인이 동의해야만 양도할 수 있는 것이 아니다.

대법원 2018. 7. 12. 선고 2015다36167 판결

취득시효완성으로 인한 소유권이전등기청구권은 채권자와 채무자 사이에 아무런 계약관계나 신뢰관계가 없고, 그에 따라 채권자가 채무자에게 반대급부로 부담하여야 하는 의무도 없다. 따라서 취득시효완성으로 인한 소유권이전등기청구권의 양도의 경우에는 매매로 인한 소유권이전등기청구권에 관한 양도제한의 법리가 적용되지 않는다.

54. 청구권보전을 위한 가등기에 관한 설명으로 틀린 것은?(다툼이 있으면 판례에 따름)

① 가등기된 소유권이전청구권은 가등기에 대한 부기등기의 방법으로 타인에게 양도 될 수 있다.
② 정지조건부 청구권을 보전하기 위한 가등기도 허용된다.
③ 가등기에 기한 본등기 절차에 의하지 않고 별도의 본등기를 경료받은 경우, 제3자 명의로 중간처분의 등기가 있어도 가등기에 기한 본등기 절차의 이행을 구할 수 없다.
④ 가등기는 물권적 청구권을 보전하기 위해서는 할 수 없다.
⑤ 소유권이전청구권을 보전하기 위한 가등기에 기한 본등기를 청구하는 경우, 가등기 후 소유자가 변경되더라도 가등기 당시의 등기명의인을 상대로 하여야 한다.

【해설】 ....

①

(2010기)

가등기는 원래 순위를 확보하는 데에 그 목적이 있으나, 순위 보전의 대상이 되는 물권변동의 청구권은 그 성질상 양도될 수 있는 재산권일 뿐만 아니라 가등기로 인하여 그 권리가 공시되어 결과적으로 공시방법까지 마련된 셈이므로, 이를 양도한 경우에는 양도인과 양수인의 공동신청으로 그 가등기상의 권리의 이전등기를 가등기에 대한 부기등기의 형식으로 경료할 수 있다고 보아야 한다.

② 가등기란 종국등기를 할 만한(즉 물권변동을 일으킬 만한) 실체법적 또는 절차법적 요건을 구비하지 못한 경우에, 장차 행하여질 본등기의 순위를 보존해 주는 효력을 가지는 등기를 말하며 부동산물권 또는 부동산임차권의 변동을 목적으로 하는 청구권을 보존하기 위하여 또는 이들 청구권이 시기부 내지 정지조건부이거나 기타 장래에 확정될 것인 경우에 할 수 있다(부동산등기법 제88조).

③ 가등기에 기한 본등기 절차에 의하지 않고 별도의 본등기를 경료받은 경우, 제3자 명의로 중간처분의 등기가 있어도 가등기에 기한 본등기 절차의 이행을 구할 수 있다. 소유권이전의 본등기가 경료되면 등기관은 동법 제175조 제1항, 제55조 제2호에 의하여 가등기 후에 경료된 제3자의 본등기를 직권말소 할 수 있다.

④

부동산등기법상의 가등기는 청구권을 보전하기 위해서만 가능하고 이 같은 청구권이 아닌 물권적 청구권을 보존하기 위해서는 할 수 없다.

⑤ 가등기 후 제3자에게 소유권이전의 본등기가 경료된 경우에, 가등기권리자는 본등기를 경료하지 않은 채 가등기 후의 제3자의 등기의 말소를 청구할 수 없지만, 가등기권리자는 가등기의무자인 전 소유자를 상대로 본등기청구권을 행사할 것이고 제3자를 상대로 할 것이 아니며, 소유권이전의 본등기가 경료되면 등기관은 가등기 후에 경료된 제3자의 본등기를 직권말소 할 수 있다.

55. 甲, 乙, 丙은 X토지를 각 1/2, 1/4, 1/4의 지분으로 공유하고 있다. 이에 관한 설명으로 옳은 것은?(단, 구분소유적 공유관계는 아니며, 다툼이 있으면 판례에 따름)

① 乙은 X토지에 대한 자신의 지분을 포기한 경우, 乙의 지분은 甲, 丙에게 균등한 비율로 귀속된다.

② 당사자 간의 특약이 없는 경우, 甲은 단독으로 X토지를 제3자에게 임대할 수 있다.

③ 甲, 乙은 X토지의 관리에 관한 관리방법으로 X토지에 건물을 신축할 수 있다.

④ 甲, 乙, 丙이 X토지의 관리에 관한 특약을 한 경우, 그 특약은 특별한 사정이 없는 한 그들의 특정승계인에게도 효력이 미친다.

⑤ 丙이 甲, 乙과의 협의없이 X토지를 배타적 · 독점적으로 점유하고 있는 경우, 乙은 공유물에 대한 보존행위로 X토지의 인도를 청구할 수 있다.

【해설】 ··

①

> **제267조(지분포기 등의 경우의 귀속)** 공유자가 그 지분을 포기하거나 상속인없이 사망한 때에는 그 지분은 다른 공유자에게 각 지분의 비율로 귀속한다.

대법원 2016. 10. 27. 선고 2015다52978 판결 (2019.2020.2022.2025기)

민법 제267조는 "공유자가 그 지분을 포기하거나 상속인 없이 사망한 때에는 그 지분은 다른 공유자에게 각 지분의 비율로 귀속한다."라고 규정하고 있다. 여기서 공유지분의 포기는 법률행위로서 상대방 있는 단독행위에 해당하므로, 부동산 공유자의 공유지분 포기의 의사표시가 다른 공유자에게 도달하더라도 이로써 곧바로 공유지분 포기에 따른 물권변동의 효력이 발생하는 것은 아니고, 다른 공유자는 자신에게 귀속될 공유지분에 관하여 소유권이전등기청구권을 취득하며, 이후 민법 제186조에 의하여 등기를 하여야 공유지분 포기에 따른 물권변동의 효력이 발생한다.

②

> **제265조(공유물의 관리, 보존)** 공유물의 관리에 관한 사항은 공유자의 지분의 과반수로써 결정한다. 그러나 보존행위는 각자가 할 수 있다.

대판 2010.9.9. 2010다37905는 "공유자가 공유물을 타인에게 임대하는 행위 및 그 임대차계약을 해지하는 행위는 공유물의 관리행위에 해당하므로 민법 제265조 본문에 의하여 공유자의 지분의 과반수로써 결정하여야 한다."(2017.2019.2025기) 따라서 당사자 간의 특약이 없는 경우, 甲은 지분이 과반수를 넘지 않으므로(1/2은 반수이지 과반수를 넘지 않으므로) 단독으로 X토지를 제3자에게 임대할 수 없다.

③ 공유물의 관리에 관한 사항은 지분의 과반수로 결정한다(제265조 본문). 공유자 사이에 공유물을 사용 수익할 구체적 방법을 정하는 것은 공유물의 관리에 관한 사항이지만, 그 사용 수익의 내용이 공유물의 기존의 모습에 본질적 변화를 일으켜 '관리' 아닌 '처분'이나 '변경'의 정도에 이르는 것이어서는 안 될 것이고, 예컨대 다수지분권자라 하여 나대지에 새로이 건물을 신축한다든지 하는 것은 '관리'의 범위를 넘는 것이 될 것이다[대판 2001.11.27. 2000다33638].
지문에서 甲과 乙의 지분을 합치면 3/4 지분으로 과반수 지분권이 확보되므로 관리에 관한 사항은 결정할 수 있으나, 판례는 다수지분권자라 하여 나대지에 새로이 건물을 신축한다든지 하는 것은 '관리'의 범위를 넘는 것이 될 것이다 하였으므로 甲과 乙의 지분 합이 과반수가 넘는다 하더라도 X토지에 건물을 신축하기로 한 것은 공유물 관리방법으로 부적법하다.

④

(2016기)

공유물의 관리에 관한 사항은 공유자의 지분의 과반수로써 결정하고, 공유자간의 공유물에 대한 사용수익·관리에 관한 특약은 공유자의 특정승계인에 대하여도 당연히 승계된다고 할 것이다. 공유물에 관한 특약이 지분권자로서의 사용수익권을 사실상 포기하는 등으로 공유지분권의 본질적 부분을 침해한다고 볼 수 있는 경우에는 특정승계인에게 당연히 승계되는 것으로 볼 수는 없다.

본 지문에서는 甲, 乙, 丙 전원이 X토지의 관리에 관한 특약이 지분권자의 본질적 부분을 침해한다는 언급이 없으므로 특별한 사정이 없는 한 그들의 특정승계인에게도 효력이 미친다 할 것이다.

⑤

(2020,2025기)

민법 제263조에 의하면 공유자는 공유물 전부를 지분의 비율로 사용·수익할 수 있도록 규정되어 있으므로, 그 자신이 소유하고 있는 지분의 범위 내에서는, 공유물 전부를 사용·수익할 권한이 있어서 그 권한에 기하여 공유물을 점유하고 있는 것으로 인정되기 때문에 적법한 것이고, 그 지분의 비율을 초과하는 한도 내에서만 위법하게 점유(사용·수익)하고 있는 것으로 보아야 할 것이다. 따라서 공유물인 건물 등을 점유하고 있는 소수지분권자에 대하여 다른 소수지분권자가 그 건물 등의 명도를 청구하는 것이 공유물의 보존행위에 속한다고 볼 수 없다.

56. 소유권에 관한 설명으로 **틀린** 것은?(다툼이 있으면 판례에 따름)

① 기술적 착오로 지적도상의 경계선이 진실한 경계선과 다르게 작성된 경우, 그 토지의 경계는 실제의 경계에 따른다.

② 토지가 포락되어 원상복구가 불가능한 경우, 그 토지에 대한 종전 소유권은 소멸한다.

③ 타인의 토지를 통과하지 않으면 필요한 수도를 설치할 수 없는 토지의 소유자는 그 타인의 승낙 없이도 수도를 설치할 수 있다.

④ 포위된 토지가 공로에 접하게 되어 주위토지통행권을 인정할 필요성이 없어진 경우에도 그 통행권은 존속한다.

⑤ 증축된 부분이 기존의 건물과 구조상·이용상 독립성이 없는 경우, 그 부분은 기존의 건물에 부합한다.

【해설】 ....

①

> 대법원 1993. 11. 9. 선고 93다22845 판결 (2023기)

지적도를 작성함에 있어서 기점을 잘못 선택하는 등 기술적인 착오로 말미암아 지적도상의 경계선이 진실한 경계선과 다르게 작성되었기 때문에 경계와 지적이 실제의 것과 일치하지 않게 되었고, 그 토지들이 전전매도 되면서도 당사자들이 사실상의 경계대로의 토지를 매매할 의사를 가지고 거래를 한 경우 등과 같은 특별한 사정이 있는 경우에 그 토지의 경계는 실제의 경계에 의하여야 할 것이다.

②

> 대법원 1992. 9. 25. 선고 92다24677 판결

한번 포락되어 해면 아래에 잠김으로써 복구가 심히 곤란하여 토지로서의 효용을 상실하면 종전의 소유권이 영구히 소멸되고, 그 후 포락된 토지가 다시 성토되어도 종전의 소유자가 다

시 소유권을 취득할 수는 없다.

③ 상린관계의 규정인 민법 제218조는 강행규정이므로 지문에서 토지의 소유자는 그 타인의 승낙 없이도 수도를 설치할 수 있다.

대법원 2016. 12. 15. 선고 2015다247325 판결

민법 제218조 제1항 본문은 "토지 소유자는 타인의 토지를 통과하지 아니하면 필요한 수도, 소수관, 까스관, 전선 등을 시설할 수 없거나 과다한 비용을 요하는 경우에는 타인의 토지를 통과하여 이를 시설할 수 있다."라고 규정하고 있는데, 이와 같은 수도 등 시설권은 법정의 요건을 갖추면 당연히 인정되는 것이고, 시설권에 근거하여 수도 등 시설공사를 시행하기 위해 따로 수도 등이 통과하는 토지 소유자의 동의나 승낙을 받아야 하는 것이 아니다.

④ 통행권이 발생한 후에 그 토지에 접하는 공로가 개설됨으로써 통행권을 인정할 필요가 없어지면 그 통행권은 소멸한다[대판 1998.3.10. 97다47118].

대법원 1998. 3. 10. 선고 97다47118 판결   (2013기)

주위토지통행권은 어느 토지와 공로 사이에 그 토지의 용도에 필요한 통로가 없어서 주위의 토지를 통행하거나 통로를 개설하지 않고서는 공로에 출입할 수 없는 경우 또는 통로가 있더라도 당해 토지의 이용에 부적합하여 실제로 통로로서의 충분한 기능을 하지 못하는 경우에 인정되는 것이므로, 일단 주위토지통행권이 발생하였다고 하더라도 나중에 그 토지에 접하는 공로가 개설됨으로써 주위토지통행권을 인정할 필요성이 없어진 때에는 그 통행권은 소멸한다.

⑤

> **제256조(부동산에의 부합)** 부동산의 소유자는 그 부동산에 부합한 물건의 소유권을 취득한다. 그러나 타인의 권원에 의하여 부속된 것은 그러하지 아니하다.

임차인이 권원에 기하여 증, 개축한 부분이 독립성을 가지면 증축한 자의 소유에 속하지만,

그 부분이 독립성을 가지지 않아서 기존 건물의 구성 부분이 되면 기존 건물에 부합하여 기존 건물의 소유자가 그 부분의 소유권을 취득한다.

대법원 2008. 5. 8. 선고 2007다36933,36940 판결 (2017,2019,2021기)

부동산에 부합된 물건이 사실상 분리복구가 불가능하여 거래상 독립한 권리의 객체성을 상실하고 그 부동산과 일체를 이루는 부동산의 구성부분이 된 경우에는 타인이 권원에 의하여 이를 부합시켰더라도 그 물건의 소유권은 부동산의 소유자에게 귀속된다.

57. 부동산의 점유취득시효에 관한 설명으로 **틀린** 것은?(다툼이 있으면 판례에 따름)

① 성명불상자(姓名不詳子)의 소유물에 대하여 시효취득을 인정할 수 있다.
② 국유재산도 취득시효기간 동안 계속하여 일반재산인 경우 취득시효의 대상이 된다.
③ 점유자가 자주점유의 권원을 주장하였으나 이것이 인정되지 않는 경우, 특별한 사정이 없는 한 자주점유의 추정은 번복된다.
④ 점유의 승계가 있는 경우 시효이익을 받으려는 자는 자기 또는 전(前)점유자의 점유개시일 중 임의로 점유기산점을 선택할 수 있다.
⑤ 취득시효완성 후 소유권이전등기를 마치지 않은 시효완성자는 소유자에 대하여 취득시효 기간 중의 점유로 발생한 부당이득의 반환의무가 없다.

【해설】 ……

①

대법원 1992. 2. 25. 선고 91다9312 판결 (2015기)

"시효로 인한 부동산 소유권의 취득은 원시취득으로서 취득시효의 요건을 갖추면 곧 등기청구권을 취득하는 것이고 또 타인의 소유권을 승계취득하는 것이 아니어서 시효취득의 대상이 반드시 타인의 소유물이어야 하거나 그 타인이 특정되어 있어야만 하는 것은 아니므로 성명 불상자의 소유물에 대하여 시효취득을 인정할 수 있다."고 하였다.

②

대법원 2010. 11. 25. 선고 2010다58957 판결 (2013.2020.2023기)

"국유재산법 제7조 제2항은 "행정재산은 민법 제245조에도 불구하고 시효취득의 대상이 되지 아니한다."라고 규정하고 있으므로, 국유재산에 대한 취득시효가 완성되기 위해서는 그 국유 재산이 취득시효기간 동안 계속하여 행정재산이 아닌 시효취득의 대상이 될 수 있는 일반재 산이어야 한다. 그런데 잡종재산에 대하여 취득시효가 완성된 후 그 잡종재산이 행정재산으 로 되면 시효완성을 이유로 소유권이전등기를 청구할 수 없다[대판 1997.11.14. 96다10782]. 반면 행정재산이라도 공용폐지에 의하여 잡종재산으로 되면, 시효취득의 대상이 된다.

③

대법원 1983.7.12. 선고 82다708, 82다카1792 전원합의체 판결

점유자가 스스로 매매 또는 증여와 같은 자주점유의 권원을 주장하였으나 이것이 인정되지 않는 경우에도 원래 이와 같은 자주점유의 권원에 관한 입증책임이 점유자에게 있지 아니한 이상 그 점유권원이 인정되지 않는다는 사유만으로 자주점유의 추정이 번복된다거나 또는 점 유권원의 성질상 타주점유라고는 볼 수 없다. 또한 민법 제197조 제1항에 의하여 점유자는 소 유의 의사로 점유한 것으로 추정되므로 점유자가 스스로 그 점유권원의 성질에 의하여 자주 점유임을 입증할 책임이 없고, 점유자의 점유가 소유의 의사없는 타주점유임을 주장하는 상 대방에게 타주점유에 대한 입증책임이 있다.

④

> **제199조(점유의 승계의 주장과 그 효과)** ① 점유자의 승계인은 자기의 점유만을 주장하거나 자기의 점유와 전점유자의 점유를 아울러 주장할 수 있다.
>
> ② 전점유자의 점유를 아울러 주장하는 경우에는 그 하자도 계승한다.

⑤ 시효가 완성됨에 따라 시효권리자에게 등기를 해 줄 의무를 지는 소유자는 시효완성자에 대하여 불법점유임을 이유로 건물의 철거 및 또는 대지의 인도를 청구할 수 없고**[대판 1988.5.10. 87다카1979]**, 점유로 인한 부당이득의 반환청구도 할 수 없다**[대판 1993.5.25. 92 다51820]**. 이는 취득시효를 인정하는 법률의 규정이 법률상 원인을 이루기 때문이다.

대법원 1993. 5. 25. 선고 92다51280 판결 (2012.2023.2025기)

부동산에 대한 취득시효가 완성되면 점유자는 소유명의자에 대하여 취득시효 완성을 원인으로 한 소유권이전등기 절차의 이행을 청구할 수 있고 소유명의자는 이에 응할 의무가 있으므로 점유자가 그 명의로 소유권이전등기를 경료하지 아니하여 아직 소유권을 취득하지 못하였다고 하더라도 소유명의자는 점유자에 대하여 점유로 인한 부당이득반환청구를 할 수 없다.

58. 점유권에 관한 설명으로 **틀린** 것은?(다툼이 있으면 판례에 따름)

① 특별한 사정이 없는 한, 건물의 부지가 된 토지는 그 건물의 소유자가 점유하는 것으로 보아야 한다.

② 전후 양 시점의 점유자가 다른 경우 점유승계가 증명되면 점유계속은 추정된다.

③ 적법하게 과실을 취득한 선의의 점유자는 회복자에게 통상의 필요비의 상환을 청구하지 못한다.

④ 점유자가 상대방의 사기에 의해 물건을 인도한 경우 점유침탈을 이유로 한 점유물반환청구권은 발생하지 않는다.

⑤ 선의의 점유자가 본권의 소에서 패소하면 패소 확정시부터 악의의 점유자로 본다.

【해설】 ....

①

사회통념상 건물은 그 부지를 떠나서는 존재할 수 없는 것이므로 건물의 부지가 된 토지는 그 건물의 소유자가 점유하는 것으로 볼 것이고, 건물의 소유권이 양도된 경우에는 건물의 종전의 소유자가 건물의 소유권을 상실하였음에도 불구하고 그 부지를 계속 점유할 별도의 독립된 권원이 있는 등의 특별한 사정이 없는 한 그 부지에 대한 점유도 함께 상실하는 것으로 보아야 한다.

②

제198조(점유계속의 추정) 전후양시에 점유한 사실이 있는 때에는 그 점유는 계속한 것으로 추정한다.

민법 제198조 소정의 점유계속추정은 동일인이 전후 양 시점에 점유한 것이 증명된 때에만 적용되는 것이 아니고 전후 양 시점의 점유자가 다른 경우에도 점유의 승계가 입증되는 한 점유계속은 추정된다.

③

제203조(점유자의 상환청구권) ① 점유자가 점유물을 반환할 때에는 회복자에 대하여 점유물을 보존하기 위하여 지출한 금액 기타 필요비의 상환을 청구할 수 있다. 그러나 점유자가 과실을 취득한 경우에는 통상의 필요비는 청구하지 못한다.
② 점유자가 점유물을 개량하기 위하여 지출한 금액 기타 유익비에 관하여는 그 가액의 증가가 현존한 경우에 한하여 회복자의 선택에 좇아 그 지출금액이나 증가액의 상환을 청구할 수 있다.
③ 전항의 경우에 법원은 회복자의 청구에 의하여 상당한 상환기간을 허여할 수 있다.

점유자는 그가 지출한 필요비 전액을 청구할 수 있지만, 과실을 취득하였다면 통상필요비(예: 보존 또는 수선비용)를 청구할 수 없고, 임시 또는 특별필요비(가령 태풍으로 인한 대수선에 따른 비용)만을 청구할 수 있다(제203조 제1항 단서).

대법원 1964. 7. 14. 선고 63다1119 판결 (2016.2018.2020.2023기)

점유자가 점유물을 이용한 경우에는 본조 제1항 후단 규정의 정신에 비추어 점유자는 회복자에 대하여 통상의 필요비를 청구하지 못한다 할 것이다.

④ **제204조** 제1항에서 점유자가 점유의 침탈을 당한 때에는 그 물건의 반환 및 손해의 배상을 청구할 수 있다 하였으므로 점유의 침탈이 있어야한다. 즉 점유자의 의사에 기하지 않은 채 점유를 상실하였어야 한다(예: 위법한 강제집행에 의하여 인도받은 경우). 따라서 사기에 의하여 점유를 이전한 경우에는 점유를 침탈당한 것이 아니므로 점유회수청구권에 의해 행사할 수 없다.

대법원 1992. 2. 28. 선고 91다17443 (2010기)

사기의 의사표시에 의해 건물을 명도해 준 것이라면 건물의 점유를 침탈당한 것이 아니므로 피해자는 점유회수의 소권을 가진다고 할 수 없다.

⑤

제197조(점유의 태양) ① 점유자는 소유의 의사로 선의, 평온 및 공연하게 점유한 것으로 추정한다.
② 선의의 점유자라도 본권에 관한 소에 패소한 때에는 그 소가 제기된 때로 부터 악의의 점유자로 본다.(2022기)

59. 지상권에 관한 설명으로 <u>틀린</u> 것을 모두 고른 것은?(다툼이 있으면 판례에 따름)

> ㄱ. 담보목적의 지상권이 설정된 경우 피담보채권이 변제로 소멸하면 그 지상권도 소멸한다.
> ㄴ. 지상권자의 지료지급 연체가 토지소유권의 양도 전후에 걸쳐 이루어진 경우, 토지양수인은 자신에 대한 연체기간이 2년 미만이더라도 지상권의 소멸을 청구할 수 있다.
> ㄷ. 분묘기지권을 시효취득한 자는 토지소유자가 지료를 청구한 날부터의 지료를 지급할 의무가 있다.

① ㄱ   ② ㄴ   ③ ㄷ   ④ ㄱ, ㄴ   ⑤ ㄴ, ㄷ

【해설】 ···

ㄱ.

> **대법원 2011. 4. 14. 선고 2011다6342 판결** (2025기)

근저당권 등 담보권 설정의 당사자들이 그 목적이 된 토지 위에 차후 용익권이 설정되거나 건물 또는 공작물이 축조·설치되는 등으로써 그 목적물의 담보가치가 저감하는 것을 막는 것을 주요한 목적으로 하여 채권자 앞으로 아울러 지상권을 설정하였다면, 그 피담보채권이 변제 등으로 만족을 얻어 소멸한 경우는 물론이고 시효 소멸한 경우에도 그 지상권은 피담보채권에 부종하여 소멸한다.

ㄴ.

> **제287조(지상권소멸청구권)** 지상권자가 2년 이상의 지료를 지급하지 아니한 때에는 지상권설정자는 지상권의 소멸을 청구할 수 있다.

> **대법원 2001. 3. 13. 선고 99다17142 판결** (2012,2015,2018,2023기)

지상권자가 그 권리의 목적이 된 토지의 특정한 소유자에 대하여 2년분 이상의 지료를 지불하지 아니한 경우에 그 특정의 소유자는 선택에 따라 지상권의 소멸을 청구할 수 있으나, 지상권자의 지료 지급 연체가 토지소유권의 양도 전후에 걸쳐 이루어진 경우 토지양수인에 대한 연체기간이 2년이 되지 않는다면 양수인은 지상권소멸청구를 할 수 없다.

ㄷ.

대법원 2021. 4. 29. 선고 2017다228007 전원합의체 판결

타인의 토지에 분묘를 설치한 다음 20년간 평온·공연하게 분묘의 기지(基地)를 점유함으로써 분묘기지권을 시효로 취득하였더라도, 분묘기지권자는 토지소유자가 분묘기지에 관한 지료를 청구하면 그 청구한 날부터의 지료를 지급할 의무가 있다고 보아야 한다.

60. 지역권에 관한 설명으로 틀린 것은?

① 지역권은 요역지와 분리하여 따로 양도하거나 다른 권리의 목적으로 하지 못한다.
② 1필의 토지의 일부에는 지역권을 설정할 수 없다.
③ 요역지의 공유자 중 1인이 지역권을 취득한 경우, 요역지의 다른 공유자도 지역권을 취득한다.
④ 지역권에 기한 승역지 반환청구권은 인정되지 않는다.
⑤ 계속되고 표현된 지역권 시효취득의 대상이 될 수 있다.

【해설】

①

292조(부종성) ① 지역권은 요역지소유권에 부종하여 이전하며 또는 요역지에 대한 소유권이외의 권리의 목적이 된다. 그러나 다른 약정이 있는 때에는 그 약정에 의한다.
② 지역권은 요역지와 분리하여 양도하거나 다른 권리의 목적으로 하지 못한다.

지역권은 요역지소유권의 내용이 아니라 별개의 권리이지만, 요역지소유권으로부터 독립된 권리가 아니라 종된 권리이다. 따라서 요역지로부터 분리하여 양도하거나 다른 권리(담보)의 목

적으로 하지 못한다.(2012.2015.2016.2017.2018.2023기)

② 지역권이란 설정행위에서 정한 일정한 목적을 위하여 타인의 토지를 자기 토지의 편익에 이용하는 용익물권을 말한다(제291조). 지역권이 성립하기 위하여 편익을 받는 토지, 즉 요역지와 편익을 제공하는 토지, 즉 승역지가 있어야 하는바, 지역권의 설정으로 요역지의 이용가치가 증가되는 반면, 승역지의 이용이 제한된다. 요역지는 1필의 토지여야 하지만, 승역지는 1필 토지의 일부라도 가능하다.(2012.2013.2015.2019.2020.2022기)

③

> **제295조(취득과 불가분성)** ① 공유자의 1인이 지역권을 취득한 때에는 다른 공유자도 이를 취득한다.
> ② 점유로 인한 지역권취득기간의 중단은 지역권을 행사하는 모든 공유자에 대한 사유가 아니면 그 효력이 없다.

공유자 1인이 지역권을 취득하면 다른 공유자도 그 지역권을 취득하는 반면, 취득시효의 중단은 지역권을 행사하고 있는 공유자 전원에 대하여 하여야 한다.(2012.2013.2015.2019.2020.2023기)

④ 물권으로서 지역권의 실현이 방해당하는 경우에 그 배제를 청구할 수 있는 물권적 청구권이 발생하나, 성질상 민법 제213조는 적용이 될 수 없다 왜냐하면 지역권은 사용 수익할 수 있는 권리이므로 민법 제213조 소유물 반환청구권은 준용할 수 없다.

⑤

> **제294조(지역권취득기간)** 지역권은 계속되고 표현된 것에 한하여 제245조의 규정을 준용한다.

지역권은 "계속되고 표현된 것에 한하여" 시효취득의 대상이 될 수 있다. 즉 요역지의 소유자가 승역지를 일상적으로 사용하고 있다는 객관적 상태가 제245조 소정의 기간 동안 계속되어야 한다. 즉, 지역권은 일정한 목적을 위하여 타인의 토지를 자기 토지의 편익에 이용하는 권리로서 통행지역권은 요역지의 소유자가 승역지 위에 도로를 설치하여 요역지의 편익을 위하여 승역지를 늘 사용하는 객관적 상태가 민법 제245조에 규정된 기간 계속된 경우에 한하여 그 시효취득을 인정할 수 있다

대법원 2001. 4. 13. 선고 2001다8493 판결 (2015,2016,2019,2023기)

지역권은 계속되고 표현된 것에 한하여 민법 제245조의 규정을 준용하도록 되어 있으므로, 통행지역권은 요역지의 소유자가 승역지 위에 도로를 설치하여 승역지를 사용하는 객관적 상태가 민법 제245조에 규정된 기간 계속된 경우에 한하여 그 시효취득을 인정할 수 있다.

61. 전세권에 관한 설명으로 **틀린** 것은?(다툼이 있으면 판례에 따름)

① 전세금의 지급은 전세권 성립의 요소이다.
② 당사자가 주로 채권담보의 목적을 갖는 전세권을 설정하였더라도 장차 전세권자의 목적물에 대한 사용수익권을 완전히 배제하는 것이 아니라면 그 효력은 인정된다.
③ 건물전세권이 법정갱신 된 경우 전세권자는 전세권갱신에 관한 등기 없이도 제3자에게 전세권을 주장할 할 수 있다.
④ 전세권의 존속기간 중 전세목적물의 소유권이 양도되면, 그 양수인이 전세권설정자의 지위를 승계한다.
⑤ 건물의 일부에 대한 전세에서 전세권설정자가 전세금의 반환을 지체하는 경우, 전세권자는 전세권에 기하여 건물 전부에 대해서 경매청구 할 수 있다.

【해설】 ....

① 다수설과 판례 **대판 2002.8.23. 2001다69122**는 전세금이 전세권의 요소이며, 전세금의 지급이 있어야 전세권이 유효하게 성립한다고 한다. 예컨대 **대판 1995.2.10. 94다18508**은 "전세금의 지급은 전세권 성립요소가 되는 것이지만 그렇나고 하여 전세금의 지급이 반드시 현실적으로 수수 되어야만 하는 것은 아니고 기존의 채권으로 전세금의 지급에 갈음할 수도 있다"

고 하였다.(2010,2016,2017,2020기)

대법원 2002. 8. 23. 선고 2001다69122 판결

전세권은 전세금을 지급하고 타인의 부동산을 그 용도에 따라 사용·수익하는 권리로서 전세금의 지급이 없으면 전세권은 성립하지 아니하는 등으로 전세금은 전세권과 분리될 수 없는 요소일 뿐 아니라, 전세금반환채권만을 전세권과 분리하여 확정적으로 양도하는 것은 허용되지 않는 것이며, 다만 전세권 존속 중에는 장래에 그 전세권이 소멸하는 경우에 전세금 반환채권이 발생하는 것을 조건으로 그 장래의 조건부 채권을 양도할 수 있을 뿐이라 할 것이다.

②

대법원 1995. 2. 10. 선고 94다18508 판결

[1] 당사자가 주로 채권담보의 목적으로 전세권을 설정하였고, 그 설정과 동시에 목적물을 인도하지 아니한 경우라 하더라도, 장차 전세권자가 목적물을 사용·수익하는 것을 완전히 배제하는 것이 아니라면, 그 전세권의 효력을 부인할 수는 없다.(2010,2016,2017,2018기)

[2] 전세금의 지급은 전세권 성립의 요소가 되는 것이지만 그렇다고 하여 전세금의 지급이 반드시 현실적으로 수수되어야만 하는 것은 아니고 기존의 채권으로 전세금의 지급에 갈음할 수도 있다.

[3] 채권담보를 위하여 담보권을 설정하는 경우 채권자와 채무자 및 제3자 사이에 합의가 있으면 채권자가 그 담보권의 명의를 제3자로 하는 것도 가능하고, 이와 같은 경우에는 채무자와 담보권명의자인 제3자 사이에 담보계약 관계가 성립하는 것으로 그 담보권 명의자는 그 피담보채권을 수령하고 그 담보권을 실행하는 등의 담보계약상의 권한을 가진다.

③ 법정갱신은 법률의 규정에 의한 물권변동(제187조)이므로 변경등기를 하지 않아도 효력이 발생하고, 처분할 때에만 등기를 요한다고 할 것이다.

대법원 1989. 7. 11. 선고 88다카21029 판결

전세권의 법정갱신(민법 제312조 제4항)은 법률의 규정에 의한 부동산에 관한 물권의 변동이므로 전세권갱신에 관한 등기를 필요로 하지 아니하고 전세권자는 그 등기 없이도 전세권설정자나 그 목적물을 취득한 제3자에 대하여 그 권리를 주장할 수 있다.(2014.2015.2016.2017. 2020.2023기)

④

> **제307조(전세권양도의 효력)** 전세권양수인은 전세권설정자에 대하여 전세권양도인과 동일한 권리 의무가 있다.

전세권의 존속기간 중 전세목적물의 소유권이 양도되면, 그 양수인이 민법 제307조에 의해 전세권설정자의 지위를 승계한다.(2010.2011.2021기)

대법원 2000. 6. 9. 선고 99다15122 판결

전세권은 전세권자와 목적물의 소유권을 취득한 신 소유자 사이에서 계속 동일한 내용으로 존속하게 된다고 보아야 할 것이고, 따라서 목적물의 신 소유자는 구 소유자와 전세권자 사이에 성립한 전세권의 내용에 따른 권리의무의 직접적인 당사자가 되어 전세권이 소멸하는 때에 전세권자에 대하여 전세권설정자의 지위에서 전세금반환의무를 부담하게 되고, 구 소유자는 전세권설정자의 지위를 상실하여 전세금반환의무를 면하게 된다고 보아야 하고, 전세금은 당연히 신 소유자에게 이전되었다고 보는 것이 옳다.

⑤

대법원 2001. 7. 2. 2001마212 결정 (2010.2011.2016기)

민법 제318조의 규정에 의하여 전세권설정자가 전세금의 반환을 지체한 때에는 전세권의 목적물의 경매를 청구할 수 있는 것이나, 전세권의 목적물이 아닌 나머지 건물 부분에 대하여는 우선변제권은 별론으로 하고 경매신청권은 없으므로, 위와 같은 경우 전세권자는 전세권의 목적이 된 부분을 초과하여 건물 전부의 경매를 청구할 수 없다고 할 것이고, 그 전세권의 목적이 된 부분이 구조상 또는 이용상 독립성이 없어 독립한 소유권의 객체로 분할할 수 없고 따라서 그 부분만의 경매신청이 불가능하다고 하여 달리 볼 것은 아니다.

62. 저당부동산의 제3취득자에 관한 설명으로 옳은 것을 모두 고른 것은?(다툼이 있으면 판례에 따름)

> ㄱ. 저당부동산에 대한 후순위저당권자는 저당부동산의 피담보채권을 변제하고 그 저당권의 소멸을 청구할 수 있는 제3취득자에 해당하지 않는다.
> ㄴ. 저당부동산의 제3취득자는 부동산의 보존·개량을 위해 지출한 비용을 그 부동산의 경매대가에서 우선상환을 받을 수 없다.
> ㄷ. 저당부동산의 제3취득자는 저당권을 실행하는 경매에 참가하여 매수인이 될 수 있다.
> ㄹ. 피담보채권을 변제하고 저당권의 소멸을 청구할 수 있는 제3취득자에는 경매신청 후에 소유권, 지상권 또는 전세권을 취득한 자도 포함된다.

① ㄱ, ㄴ   ② ㄱ, ㄹ   ③ ㄴ, ㄷ   ④ ㄱ, ㄷ, ㄹ   ⑤ ㄴ, ㄷ, ㄹ

【해설】 ....

ㄱ.

> **제364조(제삼취득자의 변제)** 저당부동산에 대하여 소유권, 지상권 또는 전세권을 취득한 제삼자는 저당권자에게 그 부동산으로 담보된 채권을 변제하고 저당권의 소멸을 청구할 수 있다.

제364조에 따라 저당권의 피담보채무를 변제하고 저당권의 소멸을 청구할 수 있는 자는 동조에 규정된 자, 즉 저당부동산에 대하여 소유권, 지상권 또는 전세권을 취득한 제3자에 한정되는 바, 근저당부동산에 대하여 후순위근저당권을 취득한 자는 동조에서 정한 권리를 행사할 수 있는 제3취득자에 해당하지 않으므로, 제364조의 규정에 따라 선순위근저당권의 소멸을 청구할 수 있는 사유로는 삼을 수 없다[대판 2006.1.26. 2005다17341].(2011.2012.2015.2021기)

ㄴ.

> **제367조(제삼취득자의 비용상환청구권)** 저당물의 제삼취득자가 그 부동산의 보존, 개량을 위하여 필요비 또는 유익비를 지출한 때에는 제203조 제1항, 제2항의 규정에 의하여 저당물의 경매대가에서 우선상환을 받을 수 있다.

제3취득자가 그 부동산의 보전, 개량을 위하여 필요비 또는 유익비를 지출한 경우에, 그는 점유자의 비용 상환청구권의 규정에 의하여 저당물의 매각대금에서 그 비용의 우선상환을 받을 수 있다.(2015.2017.2018.2023기)

ㄷ.

> **제363조(저당권자의 경매청구권, 경매인)** ① 저당권자는 그 채권의 변제를 받기 위하여 저당물의 경매를 청구할 수 있다.
> ② 저당물의 소유권을 취득한 제삼자도 경매인이 될 수 있다.(2018기)

저당부동산의 제3취득자는 채무자와 달리 물적 책임을 부담할 뿐이므로, 그들이 경매절차에서 매수인이 될 수 있다. 저당부동산의 제3취득자도 경매인이 될 수 있다.

ㄹ. 피담보채권을 변제하고 저당권의 소멸을 청구할 수 있는 제3취득자에는 경매 신청 후에 소유권, 지상권 또는 전세권을 취득한 자도 포함된다. 즉 제3취득자의 변제는 경매신청이 있은 후라도 매각 전이라면 허용된다고 할 것이다[대결 1974.10.26. 자74마440 결정].

63. 저당권의 효력이 미치는 목적물의 범위에 관한 설명으로 **틀린** 것은?(다툼이 있으면 판례에 따름)

① 당사자는 설정계약으로 저당권의 효력이 종물에 미치지 않는 것으로 정할 수 있다.

② 저당권의 목적토지가 「공익사업을 위한 토지 등의 취득 및 보상에 관한 법률」에 따라 협의취득된 경우, 저당권자는 그 보상금청구권에 대해 물상대위권을 행사할 수 없다.

③ 건물 소유를 목적으로 토지를 임차한 자가 그 토지 위에 소유하는 건물에 저당권을 설정한 경우 건물 소유를 목적으로 한 토지 임차권에도 저당권의 효력이 미친다.

④ 저당목적물의 변형물인 금전에 대해 이미 제3자가 압류한 경우 저당권자는 물상대위권을 행사할 수 없다.

⑤ 저당부동산에 대한 압류 이후의 저당권설정자의 저당부동산에 관한 차임채권에도 저당권의 효력이 미친다.

【해설】 ··

①

> **제358조(저당권의 효력의 범위)** 저당권의 효력은 저당부동산에 부합된 물건과 종물에 미친다. 그러나 법률에 특별한 규정 또는 설정행위에 다른 약정이 있으면 그러하지 아니하다.

설정행위에 다른 약정을 한 경우에(제358조 단서), 그 특약이 등기되어 있으면 저당권의 효력이 종물이나 부합물에 미치지 않는다. 종물의 의미는 제100조에서와 동일하다[대판 2007.12.13. 2007도7247]. 가령 건물에 설치된 보일러 또는 주유소의 주유기 등에 대해서도 저당권의 효력이 미친다. 따라서 저당권의 실행으로 개시된 경매절차에서 부동산을 경락받은 자와 그 승계인은 종물의 소유권을 취득하고, 저당권이 설정된 후에 종물에 대하여 강제집행을 한 자는 위와 같은 경락인과 그 승계인에게 강제집행의 효력을 주장할 수 없다[대판 1993.8.13. 92다43142].

② 저당권이 설정된 토지가 공익사업을 위한 토지 등의 취득 및 보상에 관한 법률에 따라 협의 취득된 경우는 사법상 매매와 성질이 같으므로 저당권자는 그 보상금에 대하여 물상대위권을 행사할 수 없다.

저당권이 설정된 토지의 취득에 관하여 토지소유자와 사업시행자 사이에 협의가 성립된 경우에 동 토지의 저당권자는 토지소유자가 수령할 보상금에 대하여 민법 제370조 제342조에 의한 물상대위를 할 수 없다. 그 이유는 본건 토지에 관한 위 특례법에 따른 협의취득은 사법상의 매매계약과 같은 성질을 가진 것에 불과하여 토지수용법상의 공용징수에 해당되지 아니하므로 본건 토지의 소유권이 피고에 이전된다 할지라도 저당권자인 원고는 저당권으로서 본건 토지에 추급할 수 있다 할 것이니 위 소외인이 협의에 따라 지급받을 보상금(실질은 매매대금)에 대하여 물상대위권을 행사할 수 없다고 할 것이다.

위 판례에 내용은 저당권자는 물상대위권을 행사하지 않더라도 협의취득으로 수령한 보상금(실질은 매매대금)에서 추급할 수 있으므로(즉 협의취득한 보상금에서 변제받을 수 있으므로) 물상대위권을 행사할 수 없다고 한 것이다.

③ 종된 권리도 종물에 준하여 다루어야 하는가에 대해 예컨대 임차권에 기하여 건물을 소유하는 자가 그 건물에 저당권을 설정한 경우에 그 임차권에도 저당권의 효력이 미친다고 할 것이다. 판례는 제358조 본문을 유추하여 지상권에도 저당권의 효력이 미친다고 한다고 하였으므로 건물 소유를 목적으로 토지를 임차한 자가 그 토지 위에 소유하는 건물에 저당권을 설정한 경우 건물 소유를 목적으로 한 토지 임차권에도 저당권의 효력이 미친다 할 것이다.(2013,2016기)

건물의 소유를 목적으로 하여 토지를 임차한 사람이 그 토지 위에 소유하는 건물에 저당권을 설정한 때에는 민법 제358조 본문에 따라서 저당권의 효력이 건물뿐만 아니라 건물의 소유를 목적으로 한 토지의 임차권에도 미친다고 보아야 할 것이므로, 건물에 대한 저당권이 실행되어 경락인이 건물의 소유권을 취득한 때에는 특별한 다른 사정이 없는 한 건물의 소유를 목적으로 한 토지의 임차권도 건물의 소유권과 함께 경락인에게 이전된다.

건물에 대한 저당권의 효력은 그 건물에 종된 권리인 건물의 소유를 목적으로 하는 지상권에도 미치게 되므로, 건물에 대한 저당권이 실행되어 경락인이 그 건물의 소유권을 취득하였다면 경락인은 건물 소유를 위한 지상권도 민법 제187조의 규정에 따라 등기 없이 당연히 취득하게 되고, 한편 이 경우에 경락인이 건물을 제3자에게 양도한 때에는, 특별한 사정이 없는 한 민법 제100조 제2항의 유추적용에 의하여 건물과 함께 종된 권리인 지상권도 양도하기로 한 것으로 봄이 상당하다. (나아가 전유부분 만에 대하여 저당권이 설정된 경우에 그와 일체관계에 있는 대지사용권에도 저당권의 효력이 미친다)

④ 저당목적물의 변형물인 금전 기타 물건에 대하여 다른 채권자(일반채권자 또는 후순위 저당권자)가 이미 압류한 경우에도 특정성은 유지되므로, 반드시 저당권자 자신의 압류를 요하는 것은 아니다[대판 1996.7.12. 96다21058].(2012.2016기)

대법원 1996. 7. 12. 선고 96다21058 판결

"저당권자가 물상대위권을 행사하기 위하여서는 저당권 설정자가 지급받을 금전 기타 물건의 지급 또는 인도 전에 압류하여야 한다."라고 규정한 취지는, 물상대위의 목적이 되는 금전 기타 물건의 특정성을 유지하여 제3자에게 불측의 손해를 입히지 아니하려는 데 있는 것이므로, 저당목적물의 변형물인 금전 기타 물건에 대하여 이미 제3자가 압류하여 그 금전 또는 물건이 특정된 이상 저당권자는 스스로 이를 압류하지 않고서도 물상대위권을 행사할 수 있다.

⑤

대법원 2016. 7. 27. 선고 2015다230020 판결

민법 제359조 전문은 "저당권의 효력은 저당부동산에 대한 압류가 있은 후에 저당권설정자가 그 부동산으로부터 수취한 과실 또는 수취할 수 있는 과실에 미친다."라고 규정하고 있는데, 위 규정상 '과실'에는 천연과실뿐만 아니라 법정과실도 포함되므로, 저당부동산에 대한 압류가 있으면 압류 이후의 저당권설정자의 저당부동산에 관한 차임채권 등에도 저당권의 효력이 미친다.

64. 유치권 성립을 위한 견련관계가 인정되는 경우를 모두 고른 것은?(다툼이 있으면 판례에 따름)

> ㄱ. 임대인과 임차인 사이에 건물명도시 권리금을 반환하기로 약정을 한 때, 권리금 반환청구권을 가지고 건물에 대한 유치권을 주장하는 경우
> ㄴ. 건물의 임대차에서 임차인의 임차보증금반환청구권으로써 임차인이 그 건물에 유치권을 주장하는 경우
> ㄷ. 가축이 타인의 농작물을 먹어 발생한 손해에 관한 배상청구권에 기해 그 타인이 그 가축에 대한 유치권을 주장하는 경우

① ㄱ ② ㄴ ③ ㄷ ④ ㄱ, ㄷ ⑤ ㄴ,

【해설】 ···

ㄱ.

> 대법원 1994. 10. 14. 선고 93다62119 판결 (2016,2020기)

임차인이 약정에 기한 권리금반환청구권을 가지고 임차물에 대해 유치권을 행사할 수 있는지 여부에서 판례는 "임대인과 임차인 사이에 건물명도시 권리금을 반환하기로 하는 약정이 있었다 하더라도 그와 같은 권리금반환청구권은 건물에 관하여 생긴 채권이라 할 수 없으므로 그와 같은 채권을 가지고 건물에 대한 유치권을 행사할 수 없다"고 하였다.

ㄴ.

> 대법원 1976. 5. 11. 선고 75다1305 판결 (2011,2016기)

임차인의 임차보증금반환청구권이나 손해배상청구권이 민법 제320조 소정 그 건물에 관하여 생긴 채권이라 할 수 있는지 여부에서 판례는 "건물의 임대차에 있어서 임차인의 임대인에게 지급한 임차보증금반환청구권이나 임대인이 건물시설을 아니하기 때문에 임차인에게 건물을 임차목적대로 사용 못한 것을 이유로 하는 손해배상청구권은 모두 민법 제320조 소정 소위

그 건물에 관하여 생긴 채권이라 할 수 없다"고 하였다.

ㄷ.

대법원 1969. 11. 25. 선고 69다1592 판결 (2010, 2020기)

가축이 타인의 농작물을 먹어 발생한 손해에 관한 배상청구권은 농작물에 관하여 생긴 채권이므로 농작물에 대해 피해보상이 있을 때까지 그 가축을 돌려주지 않고 유치권을 주장할 수 있다.

65. 동시이행관계에 있는 것을 모두 고른 것은?(다, 이에 관한 특약은 없으며, 다툼이 있으면 판례에 따름)

ㄱ. 부동산의 매매계약이 체결된 경우 매도인의 소유권이전등기의무와 매수인의 잔대금지급의무
ㄴ. 임대차 종료 시 임대인의 임차보증금 반환의무와 임차인의 임차물 반환의무
ㄷ. 매도인의 토지거래허가 신청절차에 협력할 의무와 매수인의 매매대금지급의무

① ㄱ　　② ㄴ　　③ ㄷ　　④ ㄱ, ㄴ　　⑤ ㄴ, ㄷ

【해설】 ···

ㄱ.

대법원 2006. 2. 24. 선고 2005다58656,58663 판결

부동산 매매계약에 있어 매수인이 부가가치세를 부담하기로 약정한 경우, 부가가치세를 매매대금과 별도로 지급하기로 했다는 등의 특별한 사정이 없는 한 부가가치세를 포함한 매매대금 전부와 부동산의 소유권이전등기의무가 동시이행의 관계에 있다고 봄이 상당하다.

ㄴ. 임대차계약의 기간이 만료된 경우에, 임차인이 임차목적물을 명도할 의무와 임대인이 보증금 중 연체차임 등 당해 임대차에 관하여 명도 시까지 생긴 모든 채무를 청산한 나머지를 반환할 의무는 동시이행관계에 있다[대판(전) 1977.9.28. 77다1241.1242].

대법원 1977. 9. 28. 선고 77다1241. 전원합의체 판결 (2010.2020.2021.2022기)

임대차계약이 종료된 경우의 건물명도의무와 보증금 반환의무의 상호 관계에서 "임대차계약의 기간이 만료된 경우에 임차인이 임차목적물을 명도할 의무와 임대인이 보증금 중 연체차임 등 당해 임대차에 관하여 명도시까지 생긴 모든 채무를 청산한 나머지를 반환할 의무는 동시이행의 관계가 있다"고 하였다.

ㄷ. 매도인의 토지거래허가 신청절차에 협력할 의무와 매수인의 매매대금 지급의무는 동시이행에 관계에 있지 않고, 매수인의 매매계약상의 의무와 매도인의 신고필증 제공의무는 동시이행의 관계에 있다고 볼 것이다.

대법원 1993. 8. 24. 선고 92다56490 판결 (2011.2012.2020기)

토지거래신고구역 내에 있는 토지에 대한 소유권이전등기를 함에 있어서는 토지거래계약 신고필증이 첨부되어야 하는 것이므로, 매수인의 매매계약상의 의무와 매도인의 신고필증 제공의무는 동시이행의 관계에 있다고 볼 것이다.

66. 제3자를 위한 계약에 관한 설명으로 틀린 것은?(다툼이 있으면 판례에 따름)

① 제3자의 권리는 그 제3자가 채무자에 대해 수익의 의사표시를 하면 계약의 성립시에 소급하여 발생한다.

② 제3자는 채무자의 채무불이행을 이유로 그 계약을 해제할 수 없다.

③ 채무자에게 수익의 의사표시를 한 제3자는 그 채무자에게 그 채무의 이행을 직접 청구할 수 있다.

④ 채무자는 상당한 기간을 정하여 계약이익의 향수 여부의 확답을 제3자에게 최고 할 수 있다.

⑤ 채무자와 인수인의 계약으로 체결되는 병존적 채무인수는 제3자를 위한 계약으로 볼 수 있다.

【해설】 ....

①

> **제539조(제삼자를 위한 계약)** ① 계약에 의하여 당사자 일방이 제삼자에게 이행할 것을 약정한 때에는 그 제삼자는 채무자에게 직접 그 이행을 청구할 수 있다.
> ② 전항의 경우에 제삼자의 권리는 그 제삼자가 채무자에 대하여 계약의 이익을 받을 의사를 표시한 때에 생긴다.

제3자의 권리는 그 제3자가 채무자에 대해 수익의 의사표시를 하면 의사표시를 한 때에 그 효력이 생긴다.(2021기)

② 수익자는 계약당사가가 아니므로 계약당사자에게 주어지는 해제권이나 취소권을 행사할 수 없으며, 선·악의나 과실의 유무 등은 요약자를 기준으로 판단된다. 따라서 수익자 丙은 계약을 해제할 권한이 없다. 그리고 수익자 丙의 권리는 요약자 甲과 낙약자 乙 사이의 계약에 기하여 직접 발생하므로, 그는 선의의 제3자로서 보호받지 못한다.(2010.2011.2013.2016. 2022.2023기)

대법원 1994. 8. 12. 선고 92다41559 판결

[1] 제3자를 위한 계약의 당사자가 아닌 수익자는 계약의 해제권이나 해제를 원인으로 한 원상회복청구권이 있다고 볼 수 없다.

[2] 제3자를 위한 계약에 있어서 수익의 의사표시를 한 수익자는 낙약자에게 직접 그 이행을 청구할 수 있을 뿐만 아니라 요약자가 계약을 해제한 경우에는 낙약자에게 자기가 입은 손해의 배상을 청구할 수 있는 것이므로, 수익자가 완성된 목적물의 하자로 인하여 손해를 입었다면 수급인은 손해를 배상할 의무가 있다.

③

> **제539조(제삼자를 위한 계약)** ① 계약에 의하여 당사자 일방이 제삼자에게 이행할 것을 약정한 때에는 그 제삼자는 채무자에게 직접 그 이행을 청구할 수 있다.
> ② 전항의 경우에 제삼자의 권리는 그 제삼자가 채무자에 대하여 계약의 이익을 받을 의사를 표시한 때에 생긴다.

낙약자(채무자)에게 수익의 의사표시를 한 제3자는 그 낙약자에게 그 채무의 이행을 직접 청구할 수 있다. 즉, 제3자 수익자는 낙약자에 대하여 급부청구권을 가지므로 낙약자에게 직접 그 이행을 청구할 수 있다.

④

> **제540조(채무자의 제삼자에 대한 최고권)** 전조의 경우에 채무자는 상당한 기간을 정하여 계약의 이익의 향수여부의 확답을 제삼자에게 최고할 수 있다. 채무자가 그 기간내에 확답을 받지 못한 때에는 제삼자가 계약의 이익을 받을 것을 거절한 것으로본다.(2021기)

⑤ 채무자와 인수인의 계약으로 체결되는 병존적 채무인수도 그에 의하여 채권자가 인수인에 대하여 새로운 권리를 취득하게 되므로 제3자를 위한 계약에 속한다.

> **대법원 1997. 10. 24. 선고 97다28698 판결** (2017,2021기)

부동산을 매매하면서 매도인과 매수인 사이에 중도금 및 잔금은 매도인의 채권자에게 직접 지급하기로 약정한 경우, 그 약정은 매도인의 채권자로 하여금 매수인에 대하여 그 중도금 및 잔금에 대한 직접청구권을 행사할 권리를 취득케 하는 제3자를 위한 계약에 해당하고 동시에 매수인이 매도인의 그 제3자에 대한 채무를 인수하는 병존적 채무인수에도 해당한다고 본 사례.

67. 합의 해제에 관한 설명으로 <u>틀린</u> 것은?(다툼이 있으면 판례에 따름)

① 부동산매매계약이 합의해제 된 경우, 다른 약정이 없는 한 매도인은 수령한 대금에 이자를 붙여 반환할 필요가 없다.

② 당사자 쌍방은 자기 채무의 이행제공 없이 합의에 의해 계약을 해제할 수 있다.

③ 합의해제의 소급효는 법정해제의 경우와 같이 제3자의 권리를 해하지 못한다.

④ 계약이 합의해제 된 경우 다른 사정이 없는 한, 합의해제 시에 채무불이행으로 인한 손해배상을 청구할 수 있다.

⑤ 매도인이 잔금기일 경과 후 해제를 주장하며 수령한 대금을 공탁하고 매수인이 이의 없이 수령한 경우, 특별한 사정이 없는 한 합의해제 된 것으로 본다.

【해설】 ···

① **대판 2003.1.24. 2000다5336**은 합의해지의 효력은 그 합의의 내용에 의하여 결정되고 여기에는 해제·해지에 관한 제548조 제2항은 적용되지 않으므로 당사자 사이에 약정이 없는 이상 합의해제로 인하여 반환한 날 금전에 그 받은 날로부터의 이자를 가하여야 할 의무가 있는 것은 아니라고 하였다.(2015.2016.2018.2019.2020기)

②

> **대법원 1991. 7. 12. 선고 90다8343 판결**

계약의 합의해제에 있어서는 쌍방의 자기 채무의 이행제공이 없이도 합의에 의하여 해제를 할수 있음은 계약자유의 원칙상 당연하고, 묵시적 합의해제의 경우에도 마찬가지라고 할 것이다.

③ **대판 2005.6.9. 2005다6341**은 "계약의 합의해제에 있어서도(법정해제도 물론) 민법 제548조의 계약해제의 경우와 같이 이로써 제3자의 권리를 해할 수 없다"고 하면서, 계약해제 시 계약은 소급하여 소멸하게 되어 해약당사자는 각 원상회복의 의무를 부담하게 되나 이때 계약해제로 인한 원상회복등기 등이 이루어지기 이전에 해약당사자와 양립되지 않는 법률관계를 가지게 되었고 계약해제 사실을 몰랐던 제3자에 대하여는 계약해제를 주장할 수 없고, 제3자가 악의라는 사실의 주장 입증책임은 계약해제를 주장하는 자에게 있다고 하였다.(2019.2020.2025기)

④ **대판 1989.4.25. 86다카1147.1148**은 계약이 합의해제 된 경우에 그 해제 시에 당사자 일방이 상대방에게 손해배상을 하기로 특약하거나 손해배상청구를 유보하는 의사표시를 하는 등 다른 사정이 없는 한 채무불이행으로 인한 손해배상을 청구할 수 없다고 하였다.(2013.2018.2019.2020.2025기)

⑤

> **대법원 1979. 10. 10. 선고 79다1457 판결**

매도인이 잔대금 지급기일 경과 후 계약해제를 주장하여 이미 지급받은 계약금과 중도금을 반환하는 공탁을 하였을 때, 매수인이 이의없이 그 공탁금을 수령하였다면 위 매매계약은 특단의 사정이 없는 한 합의해제된 것으로 봄이 상당하다.

68. 청약에 관한 설명으로 옳은 것은?(단, 특별한 사정은 없으며, 다툼이 있으면 판례에 따름)

① 불특정다수인에 대한 청약은 효력이 없다.

② 청약이 상대방에게 도달하여 그 효력이 발생하더라도 청약자는 이를 철회할 수 있다.

③ 당사자 간에 동일한 내용의 청약이 상호교차 된 경우, 양 청약이 상대방에게 발송된 때에 계약이 성립한다.

④ 계약내용이 제시되지 않은 광고는 청약에 해당한다.

⑤ 하도급계약을 체결하려는 교섭당사자가 견적서를 제출하는 하는 행위는 청약의 유인에 해당한다.

【해설】 ....

① 청약은 상대방 있는 의사표시이지만, 그 상대방은 특정인이 아니더라도 상관없다. 즉 불특정 다수인에 대한 것도 유효하다(예: 자동판매기의 설치). 이러한 경우에 청약은 장래 계약의 당사자로 될 수 있는 자에 대해서만 효력을 가진다.(2012.2014.2015.2016.2018기)

②

> **제527조(계약의 청약의 구속력)** 계약의 청약은 이를 철회하지 못한다.

청약이 상대방에게 도달하여 그 효력이 발생하면, 청약자가 이를 마음대로 철회하지 못한다.(2015.2018.2022기)

위 규정은 임의규정이므로, 청약자가 미리 청약에 덧붙여 철회할지도 모른다는 뜻을 표시하여 둔 경우(묵시적인 표시를 포함한다)에, 청약의 구속력은 처음부터 발생하지 않는다. 청약의 구속력은 격지자간의 청약에 인정되며, 대화자간의 청약에는 인정되지 아니한다. 왜냐하면 대화자간의 청약에 있어서, 상대방은 즉시 승낙을 하거나, 거절을 하거나 유예기간을 요청할 수 있기 때문이다.

③

> **제533조(교차청약)** 당사자간에 동일한 내용의 청약이 상호교차된 경우에는 양청약이 상대방에게 도달한 때에 계약이 성립한다.

당사자들이 같은 내용을 가진 청약을 서로 행한 경우를 교차청약이라고 한다. 가령 A가 B에게 컴퓨터를 50만 원에 팔겠다고 청약하였는데, A의 청약이 B에게 도달하기 전 B가 사겠다고, 서로 교차하여 청약을 하였는데 그 청약의 내용이 완전히 일치하고 있는 경우가 교차청약이다. 따라서 두 청약이 동시에 도달하지 않았다면, 나중에 상대방에게 도달한 청약이 도달하는 때 계약은 성립한다고 보아야 한다.(2013.2017.2021기)

④ 청약은 계약의 내용을 결정할 수 있을 정도의 사항을 포함시키는 것이 필요하므로 계약내용이 제시되지 않은 광고는 청약의 유인이다.

대법원 2003. 4. 11. 선고 2001다53059 판결 (2016기)

계약이 성립하기 위한 법률요건인 청약은 그에 응하는 승낙만 있으면 곧 계약이 성립하는 구체적, 확정적 의사표시여야 하므로, 청약은 계약의 내용을 결정할 수 있을 정도의 사항을 포함시키는 것이 필요하다.

단순히 주택을 팔겠다는 의사만을 표시하고 대금을 확정하지 않은 경우에서처럼 타인을 꾀어 자기에게 청약하게 하려는 행위(의사의 통지에 해당한다)를 청약의 유인이라고 한다. 즉 청약의 유인에 의하여 꾀임을 받은 자가 의사표시를 하더라도 계약은 성립하지 않고, 유인한 자가 승낙의 의사표시를 함으로써 비로소 계약은 성립한다. 가령 상가나 아파트의 분양광고는 통상 청약의 유인에 해당하는데, 이러한 경우에 분양계약서가 작성된 때에 계약이 성립한다.

⑤ 청약에 대하여 승낙이 있으면 곧바로 계약은 성립하므로, 청약은 계약의 내용을 결정할 수 있을 정도의 사항을 포함하는 것이어야 한다[대판 2003.4.11. 2001다53059]. 따라서 하도급계약을 체결하려는 교섭당사자가 견적서를 제출하는 하는 행위는 승낙자가 승낙이 있어야만 계약이 성립되므로 청약의 유인에 해당한다[대판 2001.5.29. 99다55601].

69. 약관에 관한 설명으로 <u>틀린</u> 것은?(다툼이 있으면 판례에 의함)

① 고객에게 부당하게 과중한 지연 손해금 등의 손해배상의무를 부담시키는 약관 조항은 무효로 한다.

② 약관내용이 명백하지 못한 때에는 약관작성자에게 불리하게 제한 해석해야 한다.

③ 보통거래약관은 신의성실의 원칙에 따라 그 약관의 목적과 취지를 고려하여 공정하고 합리적으로 해석해야 한다.

④ 고객에게 부당하게 불리한 약관조항은 공정을 잃은 것으로 추정한다.

⑤ 보통거래약관의 내용은 개개 계약체결자의 의사나 구체적인 사정을 고려하여 구체적·주관적으로 해석해야 한다.

【해설】 ......

①

> **약관규제에 관한 법률 제8조(손해배상액의 예정)** 고객에게 부당하게 과중한 지연 손해금 등의 손해배상의무를 부담시키는 약관 조항은 무효로 한다.

②

> **약관규제에관한법률제5조(약관의 해석)** ① 약관은 신의성실의 원칙에 따라 공정하게 해석되어야 하며 고객에 따라 다르게 해석되어서는 아니 된다.
> ② 약관의 뜻이 명백하지 아니한 경우에는 고객에게 유리하게 해석되어야 한다.

약관내용이 명백하지 못하거나 의심스러운 경우에 그 조항은 약관작성자에게 불리하게 제한 해석 되어야 하고, 고객에게 불리한 조항은 축소해석 되어야 한다(동법 제5조 제2항).

③

> **약관규제에 관한 법률 제5조(약관의 해석)** ① 약관은 신의성실의 원칙에 따라 공정하게 해석되어야
> 하며 고객에 따라 다르게 해석되어서는 아니 된다.
> ② 약관의 뜻이 명백하지 아니한 경우에는 고객에게 유리하게 해석되어야 한다.

대판 2001.3.23. 2000다71555는 계약의 내용이 당사자 일방이 작성한 약관의 내용으로서 상대방의 법률상 지위에 중대한 영향을 미치게 되는 경우에, 약관규제법 제6조 제1항, 제7조 제2호의 취지에 비추어 더욱 엄격하게 해석하여야 한다고 한다.

④

> **약관규제에 관한 법률 제6조(일반원칙)** ① 신의성실의 원칙을 위반하여 공정성을 잃은 약관 조항은
> 무효이다.
> ② 약관의 내용 중 다음 각 호의 어느 하나에 해당하는 내용을 정하고 있는 조항은 공정성을
> 잃은 것으로 추정된다.
> 1. 고객에게 부당하게 불리한 조항
> 2. 고객이 계약의 거래형태 등 관련된 모든 사정에 비추어 예상하기 어려운 조항
> 3. 계약의 목적을 달성할 수 없을 정도로 계약에 따르는 본질적 권리를 제한하는 조항

⑤ 약관은 신의칙에 따라 공정하게 그리고 다수의 고객에게 동일하게 객관적으로 해석되어야 한다. 즉 약관은 사업자와 고객의 이익을 공평하게 고려하여 해석되어야 하며, 개개 계약체결자의 의사나 구체적인 사정을 고려하지 않고 평균적 고객의 이해 가능성을 기준으로 하여 객관적 획일적으로 해석되어야 한다.

70. 수량을 지정한 매매의 목적물의 일부가 멸실된 경우 매도인의 담보책임에 관한 설명으로 <u>틀린</u> 것은?(단, 이에 관한 특약은 없으며, 다툼이 있으면 판례에 따름)

① 수량을 지정한 매매란 특정물이 일정한 수량을 가지고 있다는 데 주안을 두고 대금도 그 수량을 기준으로 정한 경우를 말한다.

② 악의의 매수인은 대금감액과 손해배상을 청구할 수 있다.

③ 선의의 매수인은 멸실된 부분의 비율로 대금감액을 청구할 수 있다.

④ 잔존한 부분만이면 매수하지 아니하였을 때에는 선의의 매수인은 계약 전부를 해제할 수 있다.

⑤ 선의의 매수인은 일부 멸실의 사실을 안 날부터 1년 내에 매도인의 담보 책임에 따른 매수인의 권리를 행사해야 한다.

【해설】 ··

① "수량을 지정한 매매"란 당사자가 매매의 목적인 특정물의 일정한 수량을 확보하기 위하여 일정한 면적·용량·중량·척도 등을 계약에 표시하고 그 수량을 기초로 하여 대금을 정한 매매를 말한다. 예컨대 평당 10만 원으로 토지 100평을 팔았으나 실측한 결과 90평에 지나지 않는 경우를 말하는 것으로 특정물이 일정한 수량을 가지고 있다는 데에 주안을 두고 대금도 그 수량을 기준으로 하여 정한 경우에 속하므로 제574조에 정한 '수량을 지정한 매매'에 해당한다[대판 2001.4.10. 2001다12256]. 즉 매매목적물인 특정물이 일정한 수량을 가진다는 것이 계약의 기초로 되는 경우에 수량지정매매가 성립한다.

② 민법 제574조의 악의의 매수인은 민법제572조 제3항이 준용되므로 계약해제와, 손해배상을 청구할 수 없다.

③ 민법 제574조에 따라 민법 제572조 제1항이 준용되므로 선의의 매수인은 멸실된 부분의 비율로 대금감액을 청구할 수 있다.(2011.2021.22022기)

④ 민법 제574조에 따라 민법 제572조 제2항이 준용되므로 잔존한 부분만이면 매수하지 아니하였을 때에는 선의의 매수인은 계약 전부를 해제할 수 있다.

⑤

> **제573조(전조의 권리행사의 기간)** 전조의 권리는 매수인이 선의인 경우에는 사실을 안 날로부터, 악의인 경우에는 계약한 날로부터 1년내에 행사하여야 한다.(2015, 2025기)

민법 제574조는 민법 제573조가 준용되므로 선의의 매수인은 일부멸실의 사실을 안 날부터 1년 내에 매도인의 담보책임에 따른 매수인의 권리를 행사해야 한다.

71. 甲은 자기 소유 X토지를 3억원에 乙에게 매도하면서 동시에 환매할 권리를 보유하기로 약정하고 乙이 X토지에 대한 소유권 이전등기를 마쳤다. 이에 관한 설명으로 틀린 것은?(다툼이 있으면 판례에 따름)

① 특별한 약정이 없는 한, 甲은 환매기간 내에 그가 수령한 3억원과 乙이 부담한 매매비용을 반환하고 X토지를 환매할 수 있다.

② 甲과 乙이 환매기간을 정하지 아니한 경우 그 기간은 5년으로 한다.

③ 환매등기는 乙 명의의 소유권이전등기에 대한 부기등기의 형식으로 한다.

④ 만일 甲의 환매등기 후 丙이 乙로부터 X토지를 환매하였다면, 乙은 환매등기를 이유로 丙의 X토지에 대한 소유권이전등기청구를 거절할 수 있다.

⑤ 만일 甲의 환매등기 후 丁이 X토지에 乙에 대한 채권을 담보하기 위하여 저당권을 설정하였다면, 甲이 적법하게 환매권을 행사하여 X토지의 소유권이전등기를 마친 경우 丁의 저당권은 소멸한다.

【해설】 ....

①

> **제590조(환매의 의의)** ① 매도인이 매매계약과 동시에 환매할 권리를 보류한 때에는 그 영수한 대금 및 매수인이 부담한 매매비용을 반환하고 그 목적물을 환매할 수 있다.
> ② 전항의 환매대금에 관하여 특별한 약정이 있으면 그 약정에 의한다.
> ③ 전2항의 경우에 목적물의 과실과 대금의 이자는 특별한 약정이 없으면 이를 상계한 것으로 본다.

② 환매기간은 부동산의 경우에 5년, 동산의 경우에 3년을 넘지 못하며, 당사자가 이 기간보다 긴 기간을 정하더라도 위 기간으로 단축된다. 그리고 일단 정한 환매기간을 나중에 연장하지 못하며, 당초 환매기간을 정하지 않은 경우에 나중에 기간을 정하지 못하는데, 이때 환매기간은 위 기간으로 한다.(2006,2011,2019기)

③ 환매특약의 등기는 권리취득을 위한 소유권이전등기에 대한 부기등기의 형식으로 이루어진다(부동산등기법 제52조 제6호).(2019,2023기)

④

대법원 1994. 10. 25. 선고 94다35527 판결 (2011,2019기)

부동산에 관하여 매매등기와 아울러 환매특약의 등기가 경료된 이후 그 부동산 매수인으로부터 그 부동산을 전득한 제3자가 환매권자의 환매권 행사에 대항할 수 없으나, 환매특약의 등기가 부동산의 매수인의 처분권을 금지하는 효력을 가지는 것은 아니므로 그 매수인은 환매특약의 등기 이후 부동산을 전득한 제3자에 대하여 여전히 소유권이전등기절차의 이행의무를 부담하고, 부동산의 매수인은 전득자인 제3자에 대하여 환매특약의 등기 사실만으로 제3자의 소유권이전등기청구를 거절할 수 없다.

⑤ 대판 2002.9.27. 2000다27411은 "부동산의 매매계약에 있어 당사자 사이의 환매특약에 따라 소유권이전등기와 함께 민법 제592조에 따른 환매등기가 마쳐진 경우 매도인이 환매기간 내에 적법하게 환매권을 행사하면 환매등기 후에 마쳐진 제3자의 근저당권 등 제한물권은 소멸하는 것이므로"라고 하였으므로 지문에서 만일 甲의 환매등기 후 丁이 X토지에 乙에 대한 채권을 담보하기 위하여 저당권을 설정하였다면, 甲이 적법하게 환매권을 행사하여 X토지의 소유권이전등기를 마친 경우 丁의 저당권은 소멸한다.

72. 부동산의 교환계약에 관한 설명으로 옳은 것을 모두 고른 것은?(다툼이 있으면 판례에 따름)

> ㄱ. 유상·쌍무계약이다.
> ㄴ. 일방이 금전의 보충지급을 약정한 경우 그 금전에 대하여는 매매대금에 관한 규정을 준용한다.
> ㄷ. 다른 약정이 없는 한 각 당사자는 목적물의 하자에 대해 담보책임을 부담한다.
> ㄹ. 당사자가 자기 소유 목적물의 시가를 묵비하여 상대방에게 고지하지 않은 경우, 특별한 사정이 없는 한 상대방의 의사결정에 불법적인 간섭을 한 것이다.

① ㄱ, ㄴ ② ㄷ, ㄹ ③ ㄱ, ㄴ, ㄷ ④ ㄴ, ㄷ, ㄹ ⑤ ㄱ, ㄴ, ㄷ, ㄹ

【해설】 ··

ㄱ. 교환은 당사자 쌍방이 금전 외의 재산권을 서로 이전할 것을 약정함으로써 성립하는 계약이다(제596조). 교환은 목적물이 금전 외의 재산권에 한한다는 점에서 다르지만, 매매와 마찬가지로 낙성·쌍무·유상·불요식의 계약이다(2014, 2016기).

ㄴ.

> **제597조(금전의 보충지급의 경우)** 당사자 일방이 전조의 재산권이전과 금전의 보충지급을 약정한 때에는 그 금전에 대하여는 매매대금에 관한 규정을 준용한다.

보충금지급이란 매매당사자가 교환물의 부족금에 대해 금전을 보충하여 등가로 교환하는 방식으로 매매대금에 관한 규정을 준용한다고 규정하고 있다.(2013기)

ㄷ. 교환도 유상계약이기 때문에 매매에 관한 규정이 일반적으로 준용된다. 따라서 양 당사자는 담보책임 등을 부담한다. 즉 교환물에 대하여 하자 있는 물건을 교환물로 제공한 당사자는 하자에 대하여 담보책임을 진다.(2011,2013,2014,2016,2017,2020,2023기)

ㄹ. 교환계약에서 시가에 대한 묵비와 기망의 위법성에 관하여 **대판 2002.9.4. 2000다54406, 54413**은 "일반적으로 교환계약을 체결하려는 당사자는 서로 자기가 소유하는 교환목적물은 고가로 평가하고 상대방이 소유하는 목적물은 염가로 평가하여 보다 유리한 조건으로 교환계약을 체결하기를 희망하는 이해상반의 지위에 있고 일방 당사자가 자기가 소유하는 목적물의 시가를 묵비하여 상대방에게 고지하지 아니하거나 혹은 허위로 시가 보다 높은 가액을 시가라고 고지하였다 하더라도 이는 상대방의 의사결정에 불법적인 간섭을 한 것이라고 볼 수 없다"고 하였다.(2010,2013,2014,2017,2024,2025기)

73. 乙이 甲으로부터 건물의 소유를 목적으로 X토지를 10년간 임차하여 그 위에 자신의 건물을 신축한 경우에 관한 설명으로 **틀린** 것은?(다툼이 있으면 판례에 따름)

① 특별한 사정이 없는 한 甲이 X토지의 소유자가 아닌 경우에도 임대차계약은 유효하게 성립한다.

② 甲과 乙 사이에 반대약정이 없으면 乙은 甲에 대하여 임대차등기절차에 협력할 것을 청구할 수 있다.

③ 乙이 현존하는 지상건물을 등기해도 임대차를 등기하지 않은 때에는 제3자에 대해 임대차의 효력이 없다.

④ 10년의 임대차 기간이 경과한 때 乙의 지상건물이 현존하는 경우 乙은 임대차계약의 갱신을 청구할 수 있다.

⑤ 乙의 차임연체액이 2기의 차임액에 달하는 경우, 특약이 없는 한 甲은 임대차계약을 해지할 수 있다.

【해설】 ....

① 임대인이 임차목적물에 대한 소유권 기타 처분권을 가지고 있어야 하는 것은 아니다. 즉 권원 없는 자가 타인의 소유물을 자기 이름으로 임대하더라도 의무부담행위로서 임대차계약은 유효하게 성립한다.

> 대법원 2012. 1. 27. 선고 2010다59660 판결

임대차는 당사자 일방이 상대방에게 목적물을 사용·수익하게 할 것을 약정하고 상대방이 이에 대하여 차임을 지급할 것을 약정함으로써 성립하는 것으로서(민법 제618조 참조), 임대인이 그 목적물에 대한 소유권 기타 이를 임대할 권한이 없다고 하더라도 임대차계약은 유효하게 성립한다.

②

> **제621조(임대차의 등기)** ① 부동산임차인은 당사자간에 반대약정이 없으면 임대인에 대하여 그 임대차등기절차에 협력할 것을 청구할 수 있다.
>
> ② 부동산임대차를 등기한 때에는 그때부터 제삼자에 대하여 효력이 생긴다.

③

> **제622조(건물등기있는 차지권의 대항력)** ① 건물의 소유를 목적으로 한 토지임대차는 이를 등기하지 아니한 경우에도 임차인이 그 지상건물을 등기한 때에는 제삼자에 대하여 임대차의 효력이 생긴다.(2015기)
>
> ② 건물이 임대차기간 만료전에 멸실 또는 후폐한 때에는 전항의 효력을 잃는다.

건물의 소유를 목적으로 하는 토지임대차(즉 건물대지임대차)를 등기하지 않았더라도, 임차인이 그 지상건물을 등기하면 제3자에 대하여 임대차의 효력이 있다.

④

> **제643조(임차인의 갱신청구권, 매수청구권)** 건물 기타 공작물의 소유 또는 식목, 채염, 목축을 목적으로 한 토지임대차의 기간이 만료한 경우에 건물, 수목 기타 지상시설이 현존한 때에는 제283조의 규정을 준용한다.

임차인의 계약갱신청구권은 민법 제643조에서 민법 제283조 규정을 준용한다 하였으므로 계약기간 10년의 임대차 기간이 경과한 때 乙의 지상건물이 현존하는 경우 토지임차인 乙은 임대차 계약의 갱신, 지상물매수청구권을 청구할 수 있다.(2013.2015.2018.2022기)

⑤

> **제640조(차임연체와 해지)** 건물 기타 공작물의 임대차에는 임차인의 차임연체액이 2기의 차임액에 달하는 때에는 임대인은 계약을 해지할 수 있다. (2020기)
>
> **제641조(동전)** 건물 기타 공작물의 소유 또는 식목, 채염, 목축을 목적으로 한 토지임대차의 경우에도 전조의 규정을 준용한다.

74. 甲은 자기 소유 X창고건물 전부를 乙에게 월차임 60만 원에 3년간 임대하였고, 乙은 甲의 동의를 얻어 X건물 전부를 丙에게 월차임 70만 원에 2년간 전대하였다. 이에 관한 설명으로 **틀린** 것은? (단, 이에 관한 특약은 없으며, 다툼이 있으면 판례 따름)

① 甲과 乙의 합의로 임대차 계약을 종료한 경우 丙의 권리는 소멸한다.

② 丙은 직접 甲에 대해 월차임 60만 원을 지급할 의무를 부담한다.

③ 甲은 乙에게 월차임 60만 원의 지급을 청구할 수 있다.

④ 甲에 대한 차임연체액이 120만 원에 달하여 甲이 임대차계약을 해지한 경우, 丙에게 그 사유를 통지하지 않아도 해지로써 丙에게 대항할 수 있다.

⑤ 전대차 기간이 만료한 경우 丙은 甲에게 전전대차(前轉貸借)와 동일한 조건으로 임대할 것을 청구할 수 없다.

【해설】 ··

①

> **제631조(전차인의 권리의 확정)** 임차인이 임대인의 동의를 얻어 임차물을 전대한 경우에는 임대인과 임차인의 합의로 계약을 종료한 때에도 전차인의 권리는 소멸하지 아니한다.

임차인이 임대인의 동의를 얻어 전대한 경우에, 임대인과 임차인(전대인)의 합의로 계약을 종료하더라도 전차인의 권리는 소멸하지 않는다(제631조, 이 규정은 편면적 강행규정이며, 임차인이 일방적으로 임차권을 포기한 경우에도 마찬가지라고 할 것이다).(2010.2013.2025기)

②

> **제630조(전대의 효과)** ① 임차인이 임대인의 동의를 얻어 임차물을 전대한 때에는 전차인은 직접 임대인에 대하여 의무를 부담한다. 이 경우에 전차인은 전대인에 대한 차임의 지급으로써 임대인에게 대항하지 못한다.
> ② 전항의 규정은 임대인의 임차인에 대한 권리행사에 영향을 미치지 아니한다.

임대인의 동의가 있었더라도 전대에 의하여 전차인과 임대인 사이에 직접적인 법률관계가 생기지 않지만, 법은 임대인을 보호하기 위하여 전차인은 임대인에 대하여 직접 의무(가령 차임지급의무, 목적물의 보관 및 반환의무)를 부담하고, 전차인은 전대차계약상의 「변제기 전에」 전대인에 대한 차임의 지급을 가지고 임대인에게 대항하지 못하도록 규정한다(제630조 제1항). 따라서 임대인은 임차인과 전차인에 대하여 차임의 지급을 구할 수 있고, 비록 전차인이 임차인(전대인)에게 미리(즉 전대차계약상의 차임지급시기 전에)차임을 지급하였더라도, 전차인은 임대인의 차임청구에 응하여야 한다[대판 2008.3.27. 2006다45459].

③ 임차인(전대인)과 전차인은 부진정 연대의 관계에 있으므로 임대인은 임차인과 전차인에 대하여 차임의 지급을 구할 수 있으므로, 甲은 乙에게 월차임 60만 원의 지급을 청구할 수 있다.(2013.2017.2020기)

④

> **제640조(차임연체와 해지)** 건물 기타 공작물의 임대차에는 임차인의 차임연체액이 2기의 차임액에 달하는 때에는 임대인은 계약을 해지할 수 있다.(2020기)

지문에서 120만 원의 차임연체액이란 2기의 차임연체액으로 120만 원에 달하는 것으로 甲이 차임연체로 임대차계약을 해지한 경우, 丙에게 그 사유를 통지하지 않아도 해지로써 전차인

丙에게 대항할 수 있다. 이는 임차인(전대인) 乙의 의무위반으로 임대인 甲이 전차인 丙에게까지 통보를 요하지 않는다고 볼 것이다. 즉 이로 인한 전차인 丙의 불이익은 임차인(전대인) 乙에게 물어야 할 것이다.

대법원 2012. 10. 11. 선고 2012다55860 판결

민법 제638조 제1항, 제2항 및 제635조 제2항에 의하면 임대차계약이 해지 통고로 인하여 종료된 경우에 그 임대물이 적법하게 전대되었을 때에는 임대인은 전차인에 대하여 그 사유를 통지하지 아니하면 해지로써 전차인에게 대항하지 못하고, 민법 제640조에 터 잡아 임차인의 차임연체액이 2기의 차임액에 달함에 따라 임대인이 임대차계약을 해지하는 경우에는 전차인에 대하여 그 사유를 통지하지 않더라도 해지로써 전차인에게 대항할 수 있고, 해지의 의사표시가 임차인에게 도달하는 즉시 임대차관계는 해지로 종료된다.

⑤ 민법 **제644조 제1항**에서 임대차 및 전대차의 기간이 동시에 만료되었을 경우 전차인은 임대인에 대하여 전전대차와 동일한 조건으로 임대할 것을 청구할 수 있다 하였으므로 丙은 甲에게 전전대차(前轉貸借)와 동일한 조건으로 임대할 것을 청구할 수 없다. 즉, 乙의 임대차기간과 丙의 전대차 기간이 다른 관계로 乙과 丙과의 계약기간이 동시에 만료되지 않으므로 전차인 丙은 임대인 甲에게 전전대차(前轉貸借)와 동일한 조건으로 임대할 것을 청구할 수 없다.

75. 주택임대차보호법상의 대항력에 관한 설명으로 **틀린** 것은?(단, 일시사용을 위한 임대차가 아니고 임차권 등기가 이루어지지 아니한 경우를 전제하며) (다툼이 있으면 판례에 따름)

① 임차인이 타인의 점유를 매개로 임차주택을 간접점유하는 경우에도 대항요건인 점유가 인정될 수 있다.

② 임차인이 지위를 강화하고자 별도로 전세권 설정등기를 마친 후 「주택임대차보호법」상의 대항요건을 상실한 경우, 「주택임대차보호법」상의 대항력을 상실한다.

③ 주민등록을 마치고 거주하던 자기 명의의 주택을 매도한 자가 매도와 동시에 이를 다시 임차하기로 약정한 경우, 매수인 명의의 소유권 이전등기 여부와 관계없이 대항력이 인정된다.

④ 임차인이 주택의 인도와 주민등록을 마친때에는 그 다음 날 오전 영시부터 대항력이 생긴다.

⑤ 임차인이 가족과 함께 임차주택의 점유를 계속하면서 가족의 주민등록은 그대로 둔 채 임차인의 주민등록만 일시적으로 옮긴 경우 대항력을 상실하지 않는다.

【해설】 ···

①

대법원 2001.1.19. 선고 2000다55645 판결

주택임대차보호법 제3조 제1항 소정의 대항력은 임차인이 당해 주택에 거주하면서 이를 직접 점유하는 경우뿐만 아니라 타인의 점유를 매개로 하여 이를 간접점유하는 경우에도 인정될 수 있을 것이나, 그 경우 당해 주택에 실제로 거주하지 아니하는 간접점유자인 임차인은 주민등록의 대상이 되는 '당해 주택에 주소 또는 거소를 가진 자'가 아니어서 소정의 적법한 주민등록이라고 할 수 없고, 따라서 간접점유자에 불과한 임차인 자신의 주민등록으로는 대항력의 요건을 적법하게 갖추었다고 할 수 없으며, 임차인과의 점유매개관계에 기하여 당해 주택에 실제로 거주하는 직접점유자가 자신의 주민등록을 마친 경우에 한하여 비로소 그 임차인의 임대차가 제3자에 대하여 적법하게 대항력을 취득할 수 있다.

〈참고〉 대법원 2007. 11. 29. 선고 2005다64255 판결

주택임차인이 임차주택을 직접 점유하여 거주하지 않고 그곳에 주민등록을 하지 아니한 경우라 하더라도, 임대인의 승낙을 받아 적법하게 임차주택을 전대하고 그 전차인이 주택을 인도받아 자신의 주민등록을 마친 때에는, 이로써 당해 주택이 임대차의 목적이 되어 있다는 사실이 충분히 공시될 수 있으므로, 임차인은 주택임대차보호법에 정한 대항요건을 적법하게 갖추었다고 볼 것이다.

②

대법원 2007. 6. 28. 선고 2004다69741 판결

주택임차인이 그 지위를 강화하고자 별도로 전세권설정등기를 마치더라도 주택임대차보호법 제3조의3 제5항의 규정을 전세권설정등기의 효력에 관하여 준용할 법적 근거가 없는 점 등을 종합하면, 주택임차인이 그 지위를 강화하고자 별도로 전세권설정등기를 마쳤더라도 주택임차인이 주택임대차보호법 제3조 제1항의 대항요건을 상실하면 이미 취득한 주택임대차보호법상의 대항력 및 우선변제권을 상실한다.

③ 특히 소유자가 주택을 매도한 후 매수인과 임대차계약을 체결하고 임차인으로 계속 거주하는 경우에 문제되는데, 매수인 앞으로 소유권이전등기가 경료된 때 대항요건이 구비되었다고 할 것이어서, 그 다음날부터 대항력이 발생한다.

대법원 2000. 2. 11. 선고 99다59306 판결 (2010.2012.2015.2017기)

주택임대차보호법 제3조 제1항에 의하여 유효한 공시방법을 갖춘 다음날인 을 명의의 소유권이전등기일 익일부터 임차인으로서 대항력을 갖는다.

④

> **주택임대차보호법 제3조(대항력 등)** 제1항에서 임차인(賃借人)이 주택의 인도(引渡)와 주민등록을 마친 때에는 그 다음 날부터 제삼자에 대하여 효력이 생긴다 하였으므로 그 다음 날 오전 영시부터 대항력이 생긴다.

⑤

대법원 1996. 1. 26. 선고 95다30338 판결

[1] 주택 임차인이 그 가족과 함께 그 주택에 대한 점유를 계속하고 있으면서 그 가족의 주민등록을 그대로 둔 채 임차인만 주민등록을 일시 다른 곳으로 옮긴 경우라면, 임대차의 제3자에 대한 대항력을 상실하지 아니한다.

[2] 주택임대차보호법 제3조 제1항에서 규정하고 있는 주민등록이라는 대항요건은 임차인 본인뿐만 아니라 그 배우자나 자녀 등 가족의 주민등록을 포함한다.

76. 주택임대차보호법상 임차인의 계약갱신요구권에 관한 설명으로 옳은 것을 모두 고른 것은?

> ㄱ. 임대차기간이 끝나기 6개월 전부터 2개월 전까지의 기간에 행사해야 한다.
> ㄴ. 임대차의 조건이 동일한 경우 여러 번 행사할 수 있다.
> ㄷ. 임차인이 임대인의 동의 없이 목적 주택을 전대한 경우 임대인은 계약갱신요구를 거절하지 못한다.

① ㄱ   ② ㄴ   ③ ㄷ   ④ ㄱ, ㄷ   ⑤ ㄴ, ㄷ

【해설】 ···

ㄱ.

> **주택임대차보호법 제6조(계약의 갱신)** ① 임대인이 임대차기간이 끝나기 6개월 전부터 2개월 전까지의 기간에 임차인에게 갱신거절의 통지를 하지 아니하거나 계약조건을 변경하지 아니하면 갱신하지 아니한다는 뜻의 통지를 하지 아니한 경우에는 그 기간이 끝난 때에 전 임대차와 동일한 조건으로 다시 임대차한 것으로 본다.

ㄴ. 주택임대차보호법 제6조의3 제2항에서 임차인은 제1항에 따른 계약갱신요구권을 1회에 한하여 행사할 수 있다. 이 경우 갱신되는 임대차의 존속기간은 2년으로 본다.

ㄷ. 주택임대차보호법 제6조의3 제1항 4호에서 임차인이 임대인의 동의 없이 목적 주택의 전부 또는 일부를 전대(轉貸)한 경우 임대인은 계약갱신요구를 거절할 수 있다.

77. 甲은 2021년 2월 1일 서울특별시에 위치한 乙 소유 X상가건물에 대하여 보증금 5억 원, 월차임 5백만 원으로 임대차계약을 체결하였다. 甲은 2021년 2월 15일 건물의 인도를 받아 영업을 개시하고, 사업자 등록을 신청하였다. 이에 관한 설명으로 옳은 것을 모두 고른 것은? (다툼이 있으면 판례에 따름)

> ㄱ. 위 계약에는 확정일자 부여 등에 대해 규정하고 있는 「상가건물 임대차보호법」 제4조의 규정이 적용된다.
> ㄴ. 甲이 임차건물의 일부를 중과실로 파손한 경우 계약갱신을 요구할 수 있다.
> ㄷ. 甲이 2개월분의 차임을 연체하던 중 매매로 건물의 소유자가 丙으로 바뀐 경우, 특별한 사정이 없는 한 연체차임은 乙에게 지급해야 한다.

① ㄱ   ② ㄴ   ③ ㄷ   ④ ㄱ, ㄴ   ⑤ ㄱ, ㄷ

【해설】 ....

ㄱ 서울특별시는 9억원까지 상가건물임대차보호법이 적용되는데, 위 지문에서는 보증금 5억 원 + (환산보증금 500만원 × 100 = 5억원) = 10억원으로 9억원을 초과하므로 상가건물임대차보호법이 적용되지 않는다. 또한 상가건물임대차보호법 예외 조항인 제2조 제3항에도 해당되지 않으므로 본법이 적용되지 않는다. 따라서 확정일자 부여 등에 대해 규정하고 있는 상가건물임대차보호법 제4조의 규정이 적용되지 않는다.

ㄴ. 상가건물임대차보호법 제10 제1항에서 임대인은 임차인이 임대차기간이 만료되기 6개월 전부터 1개월 전까지 사이에 계약갱신을 요구할 경우 정당한 사유 없이 거절하지 못한다 하였으나, 각 호의 어느 하나에 해당하는 경우에는 그러하지 아니하다 하였으므로 임차인 甲이 임

차건물의 전부 또는 일부를 중과실로 파손한 경우 각 5호에 해당하여 계약갱신을 요구할 수 없다.

ㄷ. 임차인 甲이 2개월분의 차임을 연체하던 중 매매로 건물의 소유자가 丙으로 바뀐 경우, 특별한 사정이 없는 한 임차건물의 양수인은 연체차임을 승계하지 않기 때문에 연체차임은 전 소유자 乙에게 지급해야 한다.

대법원 2017. 3. 22. 선고 2016다218874 판결 (2024기)

- 중략 임차건물의 양수인이 임대인의 지위를 승계하면, 양수인은 임차인에게 임대보증금반환의무를 부담하고 임차인은 양수인에게 차임지급의무를 부담한다. 그러나 임차건물의 소유권이 이전되기 전에 이미 발생한 연체차임이나 관리비 등은 별도의 채권양도절차가 없는 한 원칙적으로 양수인에게 이전되지 않고 임대인만이 임차인에게 청구할 수 있다. 차임이나 관리비 등은 임차건물을 사용한 대가로서 임차인에게 임차건물을 사용하도록 할 당시의 소유자 등 처분권한 있는 자에게 귀속된다고 볼 수 있기 때문이다.

78. 가등기담보등에 관한 법률에 관한 설명으로 <u>틀린</u> 것은?(다툼이 있으면 판례에 따름)

① 담보가등기를 마친 부동산에 대하여 강제경매가 된 경우 담보가등기권리는 그 부동산의 매각에 의해 소멸한다.
② 가등기의 피담보채권은 당사자의 약정과 관계없이 가등기의 원인증서인 매매예약서상의 매매대금의 한도로 제한된다.
③ 채무자가 청산기간이 지나기 전에 한 청산금에 관한 권리의 양도는 이로써 후순위권리자에게 대항하지 못한다.
④ 가등기가 담보가등기인지 여부는 거래의 실질과 당사자의 의사해석에 따라 결정된다.
⑤ 가등기담보부동산의 예약 당시 시가가 그 피담보채무액에 미달하는 경우에는 청산금평가액의 통지를 할 필요가 없다.

①

> **제15조(담보가등기권리의 소멸)** 담보가등기를 마친 부동산에 대하여 강제경매등이 행하여진 경우에는 담보가등기권리는 그 부동산의 매각에 의하여 소멸한다.

②

대법원 1996. 12. 23. 선고 96다39387,39394 판결

가등기의 원인증서인 매매예약서상의 매매대금은 가등기절차의 편의상 기재하는 것에 불과하고 가등기의 피담보채권이 그 한도로 제한되는 것은 아니며, 피담보채권의 범위는 당사자의 약정 내용에 따라 결정된다.

③

> **가등기담보등에 관한 법률 제7조(청산금에 대한 처분 제한)** ① 채무자가 청산기간 지나기 전에 한 청산금에 관한 권리의 양도나 그 밖의 처분은 이로써 후순위권리자에게 대항하지 못한다.(2017기)
> ② 채권자가 청산기간이 지나기 전에 청산금을 지급한 경우 또는 제6조 제1항에 따른 통지를 하지 아니하고 청산금을 지급한 경우에도 제1항과 같다.

④

대법원 1992. 2. 11. 선고 91다36932 판결

가등기가 담보가등기인지 여부는 그 등기부상 표시나 등기시에 주고 받은 서류의 종류에 의하여 형식적으로 결정될 것이 아니고 거래의 실질과 당사자의 의사해석에 따라 결정될 문제라고 할 것이다.

⑤

대법원 1993. 10. 26. 선고 93다27611 판결

가등기담보등에관한법률은 재산권 이전의 예약에 의한 가등기담보에 있어서 그 재산의 예약 당시의 가액이 차용액 및 이에 붙인 이자의 합산액을 초과하는 경우에 한하여 그 적용이 있다 할 것이므로, 가등기담보부동산에 대한 예약 당시의 시가가 그 피담보채무액에 미치지 못하는 경우에 있어서는 같은 법 제3, 4조가 정하는 청산금평가액의 통지 및 청산금지급 등의 절차를 이행할 여지가 없다.

79. 甲은 법령상의 제한을 피하여 乙 소유의 X부동산을 매수하고자 자신의 친구 丙과 X부동산의 매수에 관한 명의신탁약정을 체결하였다. 그에 따라 2021년 5월 丙은 乙과 X부동산 매매계약을 체결하고, 甲의 자금으로 그 대금을 지급하여 丙 명의로 등기 이전을 마쳤다. 이에 관한 설명으로 **틀린** 것은?(다툼이 있으면 판례에 따름)

① 甲과 丙 사이의 명의신탁약정은 무효이다.

② 乙이 매매계약 체결 당시 그 명의신탁약정이 있다는 사실을 알았다면 丙은 X부동산의 소유권을 취득할 수 없다.

③ 乙이 매매계약 체결 당시 그 명의신탁약정이 있다는 사실을 몰랐다면, 그 후 명의신탁약정 사실을 알게 되었어도 丙은 X부동산의 소유권을 취득한다.

④ 丙이 X부동산의 소유권을 취득한 경우 甲은 丙에게 제공한 X부동산의 매수자금 상당액을 부당이득으로 반환 청구할 수 있다.

⑤ X부동산의 소유권을 유효하게 취득한 丙이 명의신탁약정 외의 적법한 원인에 의하여 甲 앞으로 X부동산에 대한 소유권이전등기를 마친다고 해도 그 소유권이전등기는 무효이다.

【해설】 ···

①

> **부동산실권리자명의등기에관한법률 제4조(명의신탁약정의 효력)** ① 명의신탁약정은 무효로 한다.
> (2019.2022)
> ② 명의신탁약정에 따른 등기로 이루어진 부동산에 관한 물권변동은 무효로 한다. 다만, 부동산에 관한 물권을 취득하기 위한 계약에서 명의수탁자가 어느 한쪽 당사자가 되고 상대방 당사자는 명의신탁약정이 있다는 사실을 알지 못한 경우에는 그러하지 아니하다.
> ③ 제1항 및 제2항의 무효는 제3자에게 대항하지 못한다.

② 계약 상대방이 계약명의신탁약정에 대하여 악의인 경우, 즉 알았다면 명의수탁자인 친구 丙명의의 등기는 그 효력을 상실하여 부동산의 전 소유자 乙에게 복귀한다. 즉, 丙은 X부동산의 소유권을 취득하지 못한다(부동산실명법 제4조 제2항). 이러한 경우 전 소유자 乙은 명의 수탁자 丙에게 원인계약의 무효를 이유로 등기의 말소를 청구할 수 있고, 명의수탁자 丙은 전 소유자 乙에게 급부한 것의 반환을 구할 수 있지만, 명의신탁자는 전 소유자 또는 명의 수탁자에 대하여 이전등기를 청구할 수 없다.(2012.2013.2014기)

③

> **대법원 2018. 4. 10. 선고 2017다257715 판결**

부동산 실권리자명의 등기에 관한 법률 제4조 제2항 단서는 상대방이 명의신탁약정이 있다는 사실을 알지 못한 채 물권을 취득하기 위한 계약을 체결한 경우 그 계약과 그에 따른 등기를 유효라고 한 것이다. 명의신탁자와 명의수탁자가 계약명의신탁약정을 맺고 명의수탁자가 당사자가 되어 매도인과 부동산에 관한 매매계약을 체결하는 경우 그 계약과 등기의 효력은 매매계약을 체결할 당시 매도인의 인식을 기준으로 판단해야 하고, 매도인이 계약 체결 이후에 명의신탁약정 사실을 알게 되었다고 하더라도 위 계약과 등기의 효력에는 영향이 없다.

④ 판례에 의하면 丙이 X부동산의 소유권을 취득한 경우 甲은 丙에게 제공한 X부동산의 매수자금 상당액을 부당이득으로 반환 청구할 수 있다.

대법원 2005.1.28. 선고 2002다6692 판결 (2022기)

명의신탁자와 명의수탁자가 이른바 계약명의신탁약정을 맺고 명의수탁자가 당사자가 되어 명의신탁약정이 있다는 사실을 알지 못하는 소유자와의 사이에 부동산에 관한 매매계약을 체결한 후 그 매매계약에 따라 당해 부동산의 소유권이전등기를 수탁자 명의로 마친 경우에는 명의신탁약정의 무효에도 불구하고 그 명의수탁자는 당해 부동산의 완전한 소유권을 취득하게 되고, 명의수탁자는 당해 부동산 자체가 아니라 명의신탁자로부터 받은 매수자금을 부당이득하였다 할 것이다.

⑤

대법원 2014. 8. 20. 선고 2014다30483 판결

명의수탁자가 명의수탁자의 완전한 소유권 취득을 전제로 하여 사후적으로 명의신탁자와의 사이에 매수자금반환의무의 이행에 갈음하여 명의신탁된 부동산 자체를 양도하기로 합의하고 그에 기하여 명의신탁자 앞으로 소유권이전등기를 마쳐준 경우에는 그 소유권이전등기는 새로운 소유권 이전의 원인인 대물급부의 약정에 기한 것이므로 다른 특별한 사정이 없는 한 유효하고, 대물급부의 목적물이 원래의 명의신탁부동산이라는 것만으로 유효성을 부인할 것은 아니다.

80.

집합건물의 소유 및 관리에 관한 법률에 관한 설명으로 틀린 것을 모두 고른 것은?(다툼이 있으면 판례에 따름)

> ㄱ. 구분건물이 객관적·물리적으로 완성되더라도 그 건물이 집합건축물대장에 등록되지 않는 한 구분소유권의 객체가 되지 못한다.
>
> ㄴ. 집합건물구분소유권의 특별승계인이 그 구분소유권을 다시 제3자에게 이전한 경우, 관리규약에 달리 정함이 없는, 각 특별승계인은 자신의 전(前) 구분소유자의 공용부분에 대한 체납관리비를 지급할 책임이 있다.
>
> ㄷ. 전유부분은 구분소유권의 목적인 건물부분을 말한다.

① ㄱ   ② ㄴ   ③ ㄷ   ④ ㄱ, ㄴ   ⑤ ㄴ, ㄷ

【해설】 ···

ㄱ.

대법원 2013. 1. 17. 선고 2010다71578 전원합의체 판결

"구분건물이 물리적으로 완성되기 전에도 건축허가신청이나 분양계약 등을 통하여 장래 신축되는 건물을 구분건물로 하겠다는 구분의사가 객관적으로 표시되면 구분행위의 존재를 인정할 수 있고, 이후 1동의 건물 및 그 구분행위에 상응하는 구분건물이 객관적·물리적으로 완성되면 아직 그 건물이 집합건축물대장에 등록되거나 구분건물로서 등기부에 등기되지 않았더라도 그 시점에서 구분소유가 성립한다."고 하였다.

ㄴ.

대법원 2006. 6. 29. 선고 2004다3598,3604 판결

집합건물의 소유 및 관리에 관한 법률 제18조에서는 공유자가 공용부분에 관하여 다른 공유자에 대하여 가지는 채권은 그 특별승계인에 대하여도 행사할 수 있다고 규정하고 있는데, 공유자의 특별승계인에게 그 승계의사의 유무에 관계없이 청구할 수 있도록 하기 위하여 특별규정을 둔 것이므로, 전(前) 구분소유자의 특별승계인에게 전 구분소유자의 체납관리비를 승계하도록 한 관리규약 중 공용부분 관리비에 관한 부분은 위와 같은 규정에 터 잡은 것으로 유효하다.

ㄷ.

> **제2조(정의)** 각 3호 "전유부분"(專有部分)이란 구분소유권의 목적인 건물부분을 말한다.

2021년 제32회 공인중개사 민법 A형 정답

41	42	43	44	45	46	47	48	49	50
⑤	②	③	①	④	①	②	④	③	①
51	52	53	54	55	56	57	58	59	60
②	⑤	②	③	④	④	③	⑤	②	②
61	62	63	64	65	66	67	68	69	70
⑤	④	④	③	④	①	④	⑤	⑤	②
71	72	73	74	75	76	77	78	79	80
④	③	③	①	③	①	③	②	⑤	①

2022년

제33회 공인중개사
민법 기출문제 해설

41. 상대방 없는 단독행위에 해당하는 것은?

① 착오로 인한 계약의 취소
② 무권대리로 체결된 계약에 대한 본인의 추인
③ 미성년자의 법률행위에 대한 본인의 추인
④ 손자에 대한 부동산의 유증
⑤ 이행불능으로 인한 계약의 해제

[해설] ··

④ 유증은 유언자가 유언에 의하여 그 재산상 이익을 수유자(지문에서 손자)에게 무상으로 증여하는 단독행위이다. 예컨대 할아버지가 내가 사망하면 상가건물인 부동산을 손자에게 주겠다고 하는 것이 유증이다. 유증은 유언과 같이 남기는 말로서 손자에게 도달하지 않더라도 녹취로 공증하여 남겨도 효력이 발생하므로 상대방 없는 단독행위인 것이다.

42. 다음 중 무효인 법률행위는?(다툼이 있으면 판례에 따름)

① 개업공인중개사가 임대인으로서 직접 중개의뢰인과 체결한 주택임대차계약
② 공인중개사 자격이 없는 자가 우연히 1회성으로 행한 중개행위에 대한 적절한 수준의 수수료 약정
③ 민사사건에서 변호사와 의뢰인 사이에 체결된 적정한 수준의 성공보수약정
④ 매도인이 실수로 상가 지역을 그보다 가격이 비싼 상업 지역이라 칭하였고, 부동산 거래의 경험이 없는 매수인이 이를 믿고서 실제 가격보다 2배 높은 대금을 지급한 매매계약
⑤ 보험계약자가 오로지 보험사고를 가장하여 보험금을 취득할 목적으로 선의의 보험자와 체결한 생명보험계약

법률행위를 무효로 하는 효력규정과 법률행위를 무효로 하지 아니하고 단지 이에 위반하는 행위에 대하여 처벌 등 불이익을 가하는 단속규정이 있다. 법률행위를 하는 당사자의 의사에 의하여 배제하거나 변경할 수 없는 법규가 강행법규이다. 이에 대하여 경찰법규는 단속법규 규정이므로 이에 위반하여 법률행위를 하여도 처벌의 대상이 될 뿐 그 법률행위가 무효로 되지는 않는다는 것이다. 또한 무허가 음식점의 음식물 판매행위를 든다. 판례는 중간생략등기를 금지하는 부동산등기특별조치법 제2조 제2항, 국민주택의 전매를 제한하는 주택건설촉진법 제38조3 등을 단속규정으로 보았다.

유효인 단속규정

① 개업공인중개사 등이 중개의뢰인과 직접 거래를 하는 행위를 금지하는 공인중개사법 제33조 제6호의 규정 취지 및 법적 성질(=단속규정)[대판 2017.2.3. 2016다259677](2021기) ② 공인중개사 자격이 없는 자가 우연히 1회성으로 행한 중개행위에 대한 적절한 수준의 수수료약정, '중개를 업으로 한' 것이 아니라면 중개수수료에 관한 제한규정이 적용되지 않고[대판 2012.6.14. 2010다86525] 중개수수료약정이 부당하게 과다하여 민법상 신의성실원칙이나 형평원칙에 반한다고 볼 만한 사정이 있는 경우에는 상당하다고 인정되는 범위 내로 감액된 보수액만을 청구할 수 있다고 하였고, ③ 민사사건에서 변호사와 의뢰인 사이에 체결된 적정한 수준의 성공보수약정, 농지매매에 있어서 농지취득증명이 없이 거래한 행위도 단속규정으로 보았다.

무효인 효력규정

변호사 아닌 자의 법률상담 등의 행위를 금지하는 변호사법 제109조[대판 1990.5.11. 89다카10514]. 의료인이나 의료법인 등 비영리법인 아닌 자의 의료기관 개설을 금지하는 의료법 제33조 제2항[대판 2003.4.22. 2003다2390], 부동산중개수수료의 상한을 정하는 규정, 농지임대차를 금지하는 농지법 제23조 타인의 생명보험에 관한 상법 제731조, 증권회사 등의 부당한 권유행위로서 투자수익보장 약정을 금지한 증권거래법 제52조, 공공건설임대주택의 임대보증금과 임대료의 상한을 정한 규정[**대판 2022.05.26. 2020다253515**] 등 효력규정으로 보았다.

④ 매도인이 실수로 상가지역을 그보다 가격이 비싼 상업지역이라 하였고, 부동산 거래의 경험이 없는 매수인이 이를 믿고서 실제 가격보다 2배 높은 대금을 지급한 매매계약은 매도인의 악의의 의사가 없는 행위로 불공정한 법률행위가 아니므로 무효로 되지 않는다.

⑤ 보험계약이 이득편취의 수단으로 악용되는 경우로 당초로부터 오로지 보험사고를 가장하여 보험금을 취득할 목적으로 생명보험계약을 체결한 경우에는 사람의 생명을 수단으로 이득을 취하고자 하는 불법적인 행위를 유발할 위험성이 크고, 이러한 목적으로 체결된 생명보험계약에 의하여 보험금을 지급하게 하는 것은 보험계약을 악용하여 부정한 이득을 얻고자 하는 사행심을 조장함으로써 사회적 상당성을 일탈하므로, 이와 같은 생명보험계약은 사회질서에 위배되는 법률행위로서 무효이다[**대판 2000.2.11. 99다49064**].

43. 통정허위표시(민법 제108조)에 관한 설명으로 옳은 것은?(다툼이 있으면 판례에 따름)

① 통정허위표시는 표의자가 의식적으로 진의와 다른 표시를 한다는 것을 상대방이 알았다면 성립한다.
② 가장행위가 무효이면 당연히 은닉행위도 무효이다.
③ 대리인이 본인 몰래 대리권의 범위 안에서 상대방과 통정허위표시를 한 경우, 본인은 선의의 제3자로서 그 유효를 주장할 수 있다.
④ 민법 제108조 제2항에 따라 보호받는 선의의 제3자에 대해서는 그 누구도 통정허위표시의 무효로써 대항할 수 없다.
⑤ 가장소비대차에 따른 대여금 채권의 선의의 양수인은 민법 제108조 제2항에 따라 보호받는 제3자가 아니다.

【해설】 ···

① 표의자가 상대방과 합의하여 하는 허위의 의사표시를 허위표시 또는 통정허위표시라고 한다. 비진의 표시와 다른 점은 표의자와 상대방이 통정하였다고 하는 데 있다. 여기서 통정이라 함은 각 표의자가 비진의표시를 한다고 하는 데 관하여 상호 양해 내지 합의가 되어 있는 것을 말한다. 즉 상대방이 알았다면 악의가 아니라 표의자가 비진의표시를 한다고 하는 데 관하여 상호 양해 내지 합의가 되어 있는 것을 말한다.

② 강제집행을 면하기 위하여 친구와 짜고 자기 소유의 부동산에 대한 소유권을 그 친구에게 넘긴 경우에서와 같이 상대방과 통정하여 하는, 자기의 진의와 다른 의사표시를 (통정)허위표시라고 한다. 그리고 허위표시를 요소로 하는 법률행위를 가장행위라고 한다. 따라서 가장행위인 매매는 무효이더라도 은닉행위인 증여는 유효하다.(2018.2019.2020기)

대법원 1980. 7. 22. 선고 80다791 판결

부동산 등기는 현실의 권리 관계에 부합하는 한 그 권리취득의 경위나 방법 등이 사실과 다르다고 하더라도 그 등기의 효력에는 아무런 영향이 없는 것이므로 증여에 의하여 부동산을 취득하였지만 등기원인을 매매로 기재하였다고 하더라도 그 등기의 효력에는 아무런 하자가 없다.

③ 대리인의 허위표시에서의 본인, 제3자를 위한 계약에서의 제3자, 저당권 등 제한물권이 가장포기 된 경우의 기존의 후순위 제한물권자 등은 선의의 제3자에 포함되지 않는다. 그 이유는 가장행위를 기초로 법률행위에 직접 관여한 사실이 없기 때문이다.

④ 민법 제108조 제2항은 허위표시의 무효는 선의의 제3자에게 대항하지 못한다고 규정한다. 대항하지 못한다고 함은 허위표시의 무효를 주장할 수 없다는 것이다. 따라서 허위표시는 그 당사자 간에 있어서는 무효이지만 선의의 제3자에 대한 관계에 있어서는 유효로 된다(이른바 상대적 무효). 따라서 선의의 제3자에 내한 무효 주장을 통하여 제3자의 권리 기반을 소멸시킬 수 없고, 그 누구도 통정허위표시의 무효로써 대항할 수 없다.

⑤ 가장소비대차에 기한 대여금채권의 양수인이나 가장매매에 기한 대금채권의 양수인, 가장소비대차에 기한 채권의 양수인도 제3자에 해당하고[대판 2003.1.24. 2000다22850], 나아가 가장매매에 기한 손해배상청구권의 양수인도 제3자에 해당한다 할 것이다.

44. 토지거래허가구역 내의 토지에 대한 매매계약이 체결된 경우(유동적 무효)에 관한 설명으로 옳은 것을 모두 고른 것은?(다툼이 있으면 판례에 따름)

> ㄱ. 해약금으로서 계약금만 지급된 상태에서 당사자가 관할 관청에 허가를 신청하였다면 이는 이행의 착수이므로 더 이상 계약금에 기한 해제는 허용되지 않는다.
> ㄴ. 당사자 일방이 토지거래허가 신청절차에 협력할 의무를 이행하지 않는다면 다른 일방은 그 이행을 소구할 수 있다.
> ㄷ. 매도인의 채무가 이행불능임이 명백하고 매수인도 거래의 존속을 바라지 않는 경우, 위 매매계약은 확정적 무효로 된다.
> ㄹ. 위 매매계약 후 토지거래 허가구역 지정이 해제되었다고 해도 그 계약은 여전히 유동적 무효이다.

① ㄱ, ㄴ   ② ㄱ, ㄹ   ③ ㄴ, ㄷ   ④ ㄷ,   ⑤ ㄱ, ㄴ, ㄷ

【해설】 ···

ㄱ, ㄴ, ㄷ, ㄹ

토지거래허가와 관련된 판례이론(유동적 무효상태의 법률관계)

1) 허가를 받기 전의 유동적 무효 상태에서는 물권적 효력은 물론 채권적 효력도 발생하지 않으므로, 각 당사자는 상대방에 대하여 이행청구를 할 수 없으며[대판 1992.9.8. 92다19989], 이행청구권이 부인되는 결과 채무불이행에 기한 계약해제[대판 1995.1.24. 93다25875]나 손해배상[대판 1994.1.11. 93다22043]도 인정될 여지가 없다.(2015.2019기) 반면 약정해제권의 행사는 가능하지만, 해약금에 기한 경우에는 당연히 당사자 일방이 이행에 착수하기 전에만 허용되는데,(2023기) 대판 1997.6.27. 97다9369는 당사자의 일방이 상대방에게 토지거래허가신청절

차에 협력할 것을 소구하였다 하더라도, 그 판결이 확정되지 않았다면 그 소송행위를 이행의 착수로 볼 수 없다고 하였고,(2015기) ㄱ, 해약금으로써 계약금만 지급된 상태에서 당사자가 관할 관청에 허가를 신청하였더라도 이를 이행의 착수로 볼 수 없다.

2) 유동적으로 무효인 거래계약의 효과로 각 계약 당사자는 상대방에 대하여 토지거래허가신청절차에 협력할 의무를 부담하는데,(2015기) ㄴ, 이 의무의 이행을 소구할 수 있고,(2022기) 그런데 협력의무의 이행을 청구함에 있어서 대금채무에 관하여 이행제공을 할 필요가 없고, 따라서 매매대금의 이행제공이 없었음을 이유로 협력의무의 이행을 거절할 수 없으며**[대판 1996.10.25. 96다23825]**, (2019.2023기) 관할관청으로부터 결국 허가를 받을 수 없을 것이라는 사유로 협력의무의 이행을 거절할 수도 없다**[대판 1992.10.27. 92다34414]**(2015기). 나아가 협력의무의 불이행을 이유로 유동적 무효상태의 거래계약 자체를 해제할 수는 없다**[대판 (전)1999.6.17. 98다40459]**.

3) 협력의무를 이행하지 않고 매수인이 그 매매계약을 일방적으로 철회함으로써 매도인이 손해를 입은 경우에, 매수인은 이 협력의무 불이행과 인과관계 있는 손해를 배상하여야 한다**[대판 1995.4.28. 93다26379]**. 나아가 **대판 1998.3.27. 97다36996**은 당사자 사이에 당사자 일방이 토지거래허가를 받기 위한 협력 자체를 이행하지 않거나 허가신청에 이르기 전에 매매계약을 일방적으로 철회하면 상대방에게 일정한 손해액을 배상하기로 하는 약정을 유효하게 할 수 있다고 하였다.

4) 유동적 무효상태에 있는 동안에 이미 지급한 계약금의 반환을 부당이득으로 청구할 수 없고**[대판 1993.6.22. 91다21435]**, 유동적 무효상태가 확정적으로 무효로 되어야 비로소 부당이득으로 그 반환을 구할 수 있다**[대판 1997.11.11. 97다36965]**.(2015기)

5) 한편 **대판 1996.7.26. 96다7762**는 유동적 무효상태에 있는 매매계약상의 매수인의 지위에 관하여 매도인과 매수인 및 제3자 사이에 제3자가 매수인의 지위를 이전받는다는 취지의 합의를 한 경우에, 그와 같은 합의는 매도인과 매수인 사이의 매매계약에 대한 관할관청이 허가가 있어야 비로소 효력이 발생한다고 보아야 하고, 그 허가가 없는 이상 그 3당사자 사이의 합의만으로 유동적 무효상태의 매매계약의 매수인 지위가 매수인으로 부터 제3자에게 이전하고 제3자가 매도인에 대하여 직접 토지거래허가신청절차 협력의무의 이행을 구할 수 없다고 하였다. 또한 **대판 1996.6.22. 96다3982**는 중간등기 생략의 합의가 있다고 하여 최초 매도인과

최종 매수인 사이에 매매계약이 체결되었다는 것을 의미하는 것은 아니고, 따라서 최종 매수인은 최초 매도인에 대하여 직접 그 토지에 관한 토지거래허가신청절차의 협력의 의무이행청구권을 가지고 있다고 할 수 없으며, 설사 최종 매수인이 자신과 최초 매도인을 매매 당사자로 하는 토지거래허가를 받아 최종 매수인 앞으로 소유권이전등기를 경료하더라도 그러한 소유권이전등기는 적법한 토지거래허가 없이 경료 된 등기로 무효라고 하였다.

6) 그런데 토지거래허가제도는 투기적 거래를 방지하여 정상적 거래질서를 형성하려는 데에 입법취지가 있는 점에 비추어 보면, 제3자가 토지거래허가를 받기 전의 토지 매매계약상 매수인 지위를 인수한 경우와 달리 매도인 지위를 인수하는 경우에는 최초 매도인과 매수인 사이의 매매계약에 대하여 관할관청의 허가가 있어야만 매도인 지위의 인수에 관한 합의의 효력이 발생한다고 볼 것은 아니다[대판 2013.12.26. 2012다1863].

7) 확정적 무효로 되는 경우

유동적 무효가 확정적 무효로 되는 사유로 우선 토지거래허가를 배제하거나 잠탈하는 내용의 계약인 경우를 들 수 있는 바, 강행규정을 정면으로 위반한 것이어서 확정무효이다.(2020기) 그 밖에 관할관청의 불허가처분이 확정된 경우에(2018기) 당사자 일방이 허가신청절차 협력의무의 이행거절의사를 명백히 표시한 경우, 당사자 쌍방이 이행거절의사를 명백히 한 경우(2022기) 및 토지거래허가 전의 거래계약이 정지조건부 계약이었는데 그 정지조건이 토지거래허가를 받기 전에 이미 불성취로 확정된 경우[대판 1998.3.37. 97다36996] 및 ㄷ, 일방의 채무가 이행불능임이 명백하고 나아가 그 상대방이 거래계약의 존속을 더 이상 바라지 않고 있는 경우[대판 2010.8.19. 2010다31860.31877]도 있다. **대판 2013.2.14. 2012다8900**은 토지거래허가가 나지 아니한 상태에서 당해 토지에 관한 경매절차가 개시되어 제3자에게 소유권이 이전되었다면, 위 토지거래계약에 기한 소유권이전의무는 특별한 사정이 없는 한 이행불능 상태에 이르렀다고 보아야 하고, 이로써 유동적 무효 상태에 있던 위 토지거래계약은 확정적으로 무효가 되며, 거래계약이 확정적으로 무효로 되는 데 대하여 책임 있는 자도 계약의 무효를 주장할 수 있다[대판 1997.7.25. 97다4357.4364].(2018기) 한편 **대판 2009.4.23. 2008다50615**는 매매계약 채결 당시 일정한 기간 안에 토지거래허가를 받기로 약정하였다고 하더라도, 그 약정된 기간 내에 토지거래허가를 받지 못할 경우 특정한 사정이 없는 한 이를 쌍무계약에서 이행기를 정한 것과 달리 볼 것이 아니므로, 위 약정기간이 경과하였다는 사정만으로 곧바로 매매계약이 확정적으로 무효가 된다고 할 수 없다고 하였다.(2018기) ㄹ, 거래계약을 체결한 후 허가구역 지정해제 등이 된 때에는 더 이상 관할 행정청으로부터 토지거래허가를 받을 필요가 없이 확정적으로 유효로 되어 거래 당사자는 그 계약에 기하여 바로 토지의 소유권 등 권리의 이전 또는 설정에 관한 이행청구를 할 수 있고, 상대방도 반대급부의 청구를 할 수 있다고 보아야 할 것이지, 여전히 그 계약이 유동적 무효 상태에 있다고 볼 것은 아니라고 하였다.(2019.2022기) 그리고 토지거래허가구역 지정기간이 만료되었으나 재지정이 없는 경우, 토지 거래허가 계약은 확정적으로 유효로 된다.(2025기)

45. 법률행위의 취소에 관한 설명으로 틀린 것은?(다툼이 있으면 판례에 따름)

① 제한능력자가 제한능력을 이유로 자신의 법률행위를 취소하기 위해서는 법정대리인의 동의를 받아야 한다.

② 취소권을 추인할 수 있는 날로부터 3년 내에, 법률행위를 한 날로부터 10년 내에 행사하여야 한다.

③ 취소된 법률행위에는 특별한 사정이 없는 한 처음부터 무효인 것으로 본다.

④ 제한능력을 이유로 법률행위가 취소된 경우, 제한능력자는 그 법률행위에 의해 받은 급부를 이익이 현존하는 한도에서 상환할 책임이 있다.

⑤ 취소할 수 있는 법률행위에 대해 취소권자가 적법하게 추인하면 그의 취소권은 소멸한다.

【해설】 ....

①

> **제140조(법률행위의 취소권자)** 취소할 수 있는 법률행위는 제한능력자, 착오로 인하거나 사기·강박에 의하여 의사표시를 한 자, 그의 대리인 또는 승계인만이 취소할 수 있다.

취소할 수 있는 법률행위는 취소할 때까지는 통상의 법률행위와 같이 유효하지만 일단 취소되면 처음부터 무효인 것으로 간주된다(제141조). 따라서 취소의 의사표시를 할 수 있는 자는 취소권자이다. 법조문에 의해 제한능력자는 스스로 취소할 수 있으므로 법정대리인의 동의를 필요로 하지 않는다.

②

> **제146조(취소권의 소멸)** 취소권은 추인할 수 있는 날로부터 3년내에 법률행위를 한날로부터 10년 내에 행사하여야 한다.(2016,2018,2021,2024,2025기)

여기서 「추인할 수 있는 날」 이란 취소의 원인이 종료되어 취소권 행사에 관한 장애가 없어져서 취소권자가 취소의 대상인 법률행위를 추인할 수도 있는 상태가 된 때를 가리킨다. 위 제146조가 규정하는 기간은 소멸시효기간이 아니라 제척기간이고, 재판 외에서 행사되더라도 무방하다.

③ ④

> **제141조(취소의 효과)** 취소된 법률행위는 처음부터 무효인 것으로 본다. 다만, 제한능력자는 그 행위로 인하여 받은 이익이 현존하는 한도에서 상환(償還)할 책임이 있다.

취소한 후라도 무효행위의 추인의 요건에 따라 다시 추인하는 것은 가능하다[대판1997.12.12. 95다38240]. 취소되면 법률행위가 소급하여 무효로 된다(2018,2021기) 매매계약이 취소된 경우에 매도인의 매매대금반환의무와 매수인의 소유권이전등기말소의무는 동시이행관계에 선다[대판1993.8.13. 93다5871]. 제한능력자는 그 행위로 인하여 받은 이익이 현존하는 한도에서 상환할 책임이 있다.(2016기) 여기서 받은 이익이 현존한다는 것은 취소되는 행위에 의하여 사실상 얻은 이익이 그대로 있거나 또는 그것이 변형되어 잔존하는 것을 말한다. 따라서 받은 것을 이미 소비한 경우에 이익은 현존하지 않지만, 필요한 비용(예: 생활비)에 충당하였다면 다른 재산의 소비를 면한 것이므로 그 한도에서 이익은 현존하는 것으로 되는 바, 이를 지출의 절약이라고 한다.

⑤

> **제143조(추인의 방법, 효과)** ① 취소할 수 있는 법률행위는 제140조에 규정한 자가 추인할 수 있고 추인후에는 취소하지 못한다.
> ② 전조의 규정은 전항의 경우에 준용한다.

추인은 취소권의 포기이므로, 취소할 수 있는 행위임을 알고 추인해야 한다[대판 1997.5.30. 97다2986]. 취소할 수 있는 법률행위의 추인은 취소사유 없는 법률행위를 새로 한 것과 같은 결과로 된다. 추인할 수 있는 자는 취소권자이다(제140조, 143조). 그리고 취소할 수 있는 법률행위의 추인은 취소권의 포기이므로 취소권자가 적법하게 취소하면 취소권은 소멸한다.(2010기)

※ **참고** 제한능력자는 능력자로 된 후에 추인할 수 있고, 그러나 법정대리인이 추인함에는 이러한 제한을 받지 않는다. 한편 제한능력자라도 피성년후견인 아닌 자는 법정대리인의 동의를 얻어 유효하게 추인할 수 있다. 착오나 사기 강박에 의한 표의자는 착오 또는 사기 강박의 상태에서 벗어난 후가 아니면 추인할 수 없다.

46. 조건에 관한 설명으로 틀린 것은? (다툼이 있으면 판례에 따름)

① 조건성취의 효력은 특별한 사정이 없는 한 소급하지 않는다.
② 해제조건이 선량한 풍속 기타 사회질서에 위반한 것인 때에는 특별한 사정이 없는 한 조건 없는 법률행위로 된다.
③ 정지조건과 이행기로서의 불확정기한은 표시된 사실이 발생하지 않는 것으로 확정된 때에 채무를 이행하여야 하는지 여부로 구별될 수 있다.
④ 이행지체의 경우 채권자는 상당한 기간을 정한 최고와 함께 그 기간 내에 이행이 없을 것을 정지조건으로 하여 계약을 해제할 수 있다.
⑤ 신의성실에 반하는 방해로 말미암아 조건이 성취된 것으로 의제되는 경우, 성취의 의제시점은 그 방해가 없었다면 조건이 성취되었으리라고 추정되는 시점이다.

【해설】 ···

①

> **제147조(조건성취의효과)** ① 정지조건 있는 법률행위는 조건이 성취한 때로부터 그 효력이 생긴다.
> ② 해제조건 있는 법률행위는 조건이 성취한 때로부터 그 효력을 잃는다.
> ③ 당사자가 조건성취의 효력을 그 성취전에 소급하게 할 의사를 표시한 때에는 그 의사에 의한다.(2010,2017,2018기)

1) 정지조건부 법률행위에서 조건이 성취되면 법률행위는 그 효력을 발생하고, 불성취로 확정되면 무효로 된다[**대판 2006.12.7. 2004도3319**].(2014,2017기) 반면 해제조건부 법률행위에서 조건이 성취되면 법률행위의 효력은 소멸하고[**대판 1992.5.22. 92다5581**], 불성취로 확정되면 효력은 소멸하지 않는 것으로 확정된다.

2) 조건성취의 효과는 원칙적으로 소급하지 않는다. 즉 정지조건부 법률행위는 그 조건이 성취된 때부터 효력이 생기고(제147조 제1항), 해제조건부 법률행위는 그 조건이 성취된 때부터 그 효력을 잃는다(동조 제2항). 다만 당사자가 조건성취의 효력을 그 성취 전에 소급하게 할 의사를 표시한 경우에는 그 의사에 의한다(동조 제3항). 그러나 이 소급효로 제3자의 권리를 해치지 못함은 당연하다.

② **제151조(불법조건, 기성조건)** 제1항에서 조건이 선량한 풍속 기타 사회질서에 위반한 것인 때에는 그 법률행위는 무효이다.(2021,20025기) 따라서 동거생활의 종료를 해제조건으로 하는 증여계약은 사회질서에 반하므로 무효이다.

③ 부관에 표시된 사실이 발생하지 않으면 부관의 효력이 발생하지 않는다고 보는 것이 상당하다면 조건으로 보아야 하는 반면, 표시된 사실이 발생한 때는 물론이고 발생하지 않는 것으로 확정되더라도 부관이 효력이 발생하는 것으로 보는 것이 상당한 경우에는 표시된 사실의 발생 여부가 확정되는 것을 불확정기한으로 정한 것으로 보아야 한다[**대판 2003.8.19. 2003다24215**]. 따라서 정지조건과 이행기로서의 불확정기한은 표시된 사실이 발생하지 않는 것으로

확정된 때에 채무를 이행하여야 하는지 여부로 구별될 수 있다.

④ 매도인 甲과 매수인 乙이 부동산 매매계약을 체결하고 중도금 지급일을 정하여 계약을 체결하였음에도 乙이 중도금 지급일에 이행지체에 빠져 있다면 매도인 甲은 상당기간을 정지조건으로 하여 그 기간 내에 중도금 지급이 없을 경우 계약을 해제하겠다고 의사표시를 하여 계약을 해제할 수 있다.

⑤

대법원 1998. 12. 22. 선고 98다42356 판결

조건의 성취로 인하여 불이익을 받을 당사자가 신의성실에 반하여 조건의 성취를 방해한 경우, 조건이 성취된 것으로 의제되는 시점은 이러한 신의성실에 반하는 행위가 없었더라면 조건이 성취되었으리라고 추산되는 시점이다.

47. 甲은 그 소유의 X건물을 매도하기 위하여 乙에게 대리권을 수여하였다. 이에 관한 설명으로 틀린 것은?(다툼이 있으면 판례에 따름)

① 乙이 사망하면 특별한 사정이 없는 한 乙의 상속인에게 그 대리권이 승계한다.
② 乙은 특별한 사정이 없는 한 X건물의 매매계약에서 약정한 중도금이나 잔금을 수령할 수 있다.
③ 甲의 수권행위는 묵시적인 의사표시에 의하여도 할 수 있다.
④ 乙이 대리행위를 하기 전에 甲이 그 수권행위를 철회한 경우, 특별한 사정이 없는 한 乙의 대리권은 소멸한다.
⑤ 乙은 甲의 허락이 있으면 甲을 대리하여 자신을 X건물의 매수인으로 하는 계약을 체결할 수 있다.

【해설】 ....

①

> **제127조(대리권의 소멸사유)** 대리권은 다음 각 호의 어느 하나에 해당하는 사유가 있으면 소멸된다.
> 1. 본인의 사망
> 2. 대리인의 사망, 성년후견의 개시 또는 파산

본인이 사망 또는 대리인이 사망하면 대리권이 소멸한다. 즉 대리권이 상속인에게 승계되지 않으며, 본인이 사망 시 급박한 사정이 있으면 본인의 상속인 등이 그 사무를 처리할 수 있을 때까지 대리인은 그 사무의 처리를 계속하여야 하므로(제891조) 이 한도에서 임의 대리권은 존속하는 것으로 해석된다.

②

> **제118조(대리권의 범위)** 권한을 정하지 아니한 대리인은 다음 각호의 행위만을 할 수 있다.
> 1. 보존행위
> 2. 대리의 목적인 물건이나 권리의 성질을 변하지 아니하는 범위에서 그 이용 또는 개량하는 행위

부동산 소유자로부터 매매계약을 체결할 대리권을 수여받은 대리인은 특별한 사정이 없는 한 그 매매계약에서 정한 바에 따라 중도금이나 잔금을 수령할 수 있지만**[대판 1994.2.8. 93다39379]**(2013,2014,2016,2018,2024기) 그 부동산을 처분할 대리권을 가지지 않음은 당연하다**[대판 1991.2.12. 90다7364]**.

③ 대리권수여의 표시는 명시적 또는 묵시적으로 할 수 있다. 판례에 의하면 부동산처분에 관한 소요 서류를 구비하여 타인에게 교부한 경우에 타인에게 부동산처분에 관하여 대리권을 수여한 취지를 표시한 것이라 하고**[대판 1959.7.2. 429 민상329]**, 그리고 대리권의 수여표시가 반드시 대리권 또는 대리인이라는 말이나 문자를 사용한 경우에 한정되는 것은 아니고, 대리권을 추단케 하는 일정한 직함 명칭 상호 등의 사용의 허락 또는 묵인도 대리권 수여의 표시

로 보는 것이 판례의 입장이다. 수권행위는 불요식행위이다. 따라서 반드시 서면으로 할 필요가 없으며, 구두로 할 수 있다. **대판 2016.5.26. 2016다203315**는 어떤 사람이 대리인의 외양을 가지고 행위하는 것을 본인이 알면서도 이의를 하지 아니하고 방임하는 등 사실상의 용태에 의하여 대리권의 수여가 추단되는 경우도 있다고 하였다.

④

> **제128조(임의대리의 종료)** 법률행위에 의하여 수여된 대리권은 전조의 경우 외에 그 원인된 법률관계의 종료에 의하여 소멸한다. 법률관계의 종료전에 본인이 수권행위를 철회한 경우에도 같다.

위 제128조 후단을 유추해석하면 대리인 乙이 대리행위를 하기 전에 본인 甲이 수권행위를 철회하면 대리권이 소멸하는 것이다.(2020기)

⑤

> **제124조(자기계약, 쌍방대리)** 대리인은 본인의 허락이 없으면 본인을 위하여 자기와 법률행위를 하거나 동일한 법률행위에 관하여 당사자 쌍방을 대리하지 못한다. 그러나 채무의 이행은 할 수 있다.

어떤 사람(乙)이 본인의 이름으로 본인(甲)을 대리하면서 동시에 자기 이름으로 본인(甲)과 자기 자신(乙) 간의 법률행위를 하는 것을 자기계약(또는 자기대리, 쌍방대리)이라고 부른다(제124조 제1문 전단). 또한 어떤 사람(乙)이 본인의 이름으로 본인(甲)을 대리하고 동시에 상대방(丙)을 대리하여 본인(甲)과 상대방(丙) 간의 법률행위를 하는 것을 쌍방대리라고 부른다(제124조 제1문 후단). 자기계약과 쌍방대리를 합쳐서 자기행위라고 한다. 민법은 원칙적으로 자기계약과 쌍방대리를 금하고 본인의 허락이 있거나 본인의 채무를 이행하는 때에는 예외로 이를 허용하고 있다(제124조). 위 지문은 제124조의 내용으로 반대 해석하면 본인 甲의 허락이 있으면 대리인 乙은 본인 甲을 대리하여 자신을 X건물의 매수인으로 하는 계약을 체결할 수 있다.(2019기)

48. 민법상 대리에 관한 설명으로 옳은 것은?(다툼이 있으면 판례에 따름)

① 임의대리인이 수인(數人)인 경우, 대리인은 원칙적으로 공동으로 대리해야 한다.
② 대리행위의 하자로 인한 취소권은 원칙적으로 대리인에게 귀속한다.
③ 대리인을 통한 부동산거래에서 상대방 앞으로 소유권이전등기가 마쳐진 경우, 대리권 유무에 대한 증명책임은 대리행위 유효를 주장하는 상대방에게 있다.
④ 복대리인은 대리인이 자신의 이름으로 선임한 대리인의 대리인이다.
⑤ 법정대리인은 특별한 사정이 없는 한 그 책임으로 복대리인을 선임할 수 있다.

【해설】 ⋯⋯⋯⋯⋯⋯⋯⋯⋯⋯⋯⋯⋯⋯⋯⋯⋯⋯⋯⋯⋯⋯⋯⋯⋯⋯⋯⋯⋯⋯⋯⋯⋯⋯⋯⋯⋯

①

> **제119조(각자대리)** 대리인이 수인인 때에는 각자가 본인을 대리한다. 그러나 법률 또는 수권행위에 다른 정한 바가 있는 때에는 그러하지 아니하다.

다수인이 공동하여서만 대리권을 행사할 수 있는 것을 공동대리 또는 복합대리라고 부른다. 대리인이 수인인 때에는 원래 각자대리의 원칙이 적용된다.(2013.2016.2018.2019.2020기) 즉, 공동대리가 아니고 각자가 본인을 대리한다(제119조 본문). 그러나 법률 또는 수권행위에 다른 정함이 있는 때에는 공동대리인은 공동하여서만 본인을 대리한다(제119조 단서).

②

> **제116조(대리행위의 하자)** ① 의사표시의 효력이 의사의 흠결, 사기, 강박 또는 어느 사정을 알았거나 과실로 알지 못한 것으로 인하여 영향을 받을 경우에 그 사실의 유무는 대리인을 표준하여 결정한다.
> ② 특정한 법률행위를 위임한 경우에 대리인이 본인의 지시에 좇아 그 행위를 한 때에는 본인은 자기가 안 사정 또는 과실로 인하여 알지 못한 사정에 관하여 대리인의 부지를 주장하지 못한다.

대리인의 행위능력, 대리행위에 있어서의 의사의 합치, 법률행위의 해석 및 대리행위의 하자나 기타 대리행위의 인적 요소, 계약체결상의 과실책임, 불공정한 법률행위에 있어서 경솔 무경험[대판 1972.4.25. 71다2255] 등은 모두 원칙적으로 대리인을 기준으로 하여 정하여야 한다. 그러므로 그러한 대리행위의 하자로 인하여 발생하는 효과(취소권 무효의 주장 등)는 원칙적으로 본인에게 귀속된다.(2013기) 즉, 행위로서의 효과는 대리인이 지고 규율로서의 효과는 본인이 지는 것이다.

③ 대리인을 통한 부동산 거래에서 상대방 앞으로 소유권이전등기가 마쳐진 경우, 대리권 유무에 대한 증명책임은 본인에게 있다. 즉 대리인 선임권과 대리행위에 대한 취소권은 본인에게 있으므로 대리권의 유무를 다투는 경우, 이를 주장하는 본인에게 있다.

④ 민법상 복대리인이라 함은 대리인이 자신의 이름으로 선임한 본인의 대리인이다. 즉 우리 민법은 복대리인이 본인의 대리인으로서 선임된 경우와 대리인의 대리인으로 선임된 경우를 구별하지 아니하고 복대리인은 본인을 대리한다고 규정함으로써(제123조 제1항) 복대리인이 본인의 대리인임을 명백히 하였다. 다시 말하면 복대리인은 본인의 대리인이고(제123조 제1항), 대리인의 대리인은 아니다.(2010.2018.2019.2020.2021.2023.2025기)

⑤

> **제122조(법정대리인의 복임권과 그 책임)** 법정대리인은 그 책임으로 복대리인을 선임할 수 있다. 그러나 부득이한 사유로 인한 때에는 전조 제1항에 정한 책임만이 있다.

법정대리인은 언제든지 복임권을 가진다(제122조).(2019.2023.2025기) 대신, 복대리인의 행위에 의하여 본인이 손해를 입으면, 복대인의 선임·감독에 관하여 과실이 없더라도 그에 대하여 전적인 책임을 진다(제122조 본문). 그 책임은 무과실책임이지만, 부득이한 사유로 복대리인을 선임한 경우에는 선임·감독상의 과실에 대해서만 책임을 진다(제122조 단서).(2020.2021.2025기)

49. 권한을 넘은 표현대리에 관한 설명으로 옳은 것은?(다툼이 있으면 판례에 따름)

① 기본대리권이 처음부터 존재하지 않는 경우에도 표현대리는 성립할 수 있다.

② 복임권이 없는 대리인이 선임한 복대리인의 권한은 기본대리권이 될 수 없다.

③ 대리행위가 강행규정을 위반하여 무효인 경우에도 표현대리는 성립할 수 있다.

④ 법정대리권을 기본대리권으로 하는 표현대리는 성립할 수 없다.

⑤ 상대방이 대리인에게 대리권이 있다고 믿을 만한 정당한 이유가 있는지의 여부는 대리행위 당시를 기준으로 판정한다.

【해설】 ......

① 민법상 권한을 넘은 표현대리는 기본대리권의 존재를 요건으로 한다. "제126조의 요건이 성립하기 위하여는 무권대리인에게 법률행위에 관한 기본대리권이 있어야 한다. 요컨대 기본대리권조차 없는 자의 행위에 의해서는 비록 상대방뿐만 아니라 일반적으로 누구든지 대리권이 있다고 생각할 수 있는 경우(예: 훔친 인장으로 본인의 위임장을 위조하여 이를 제시하는 경우)라도 제126조의 표현대리는 성립하지 않는다[대판 1974.5.14. 73다148].

※ 보충 기본대리권은 대리행위와 동종의 것이어야 하는가? 학설과 판례[대판 1869.7.22. 69다548]는 일치하여 월권행위와 기본대리권이 동종 내지 유사할 것을 요하지 않는다고 한다. 따라서 전혀 별개의 행위를 한 경우에도 제126조는 적용된다.(2011, 2015, 2020기)

② 본인의 승낙이 있거나 부득이한 사유 있는 때가 아니면 복대리인을 선임하지 못하므로(제120조) 지문에서는 대리권은 있으나 본인의 승낙 등을 얻지 못한 대리인이 선임한 복대리인으로, 표현대리로 기본대리권이 될 수 있다는 판례의 내용으로 대리인이 사자 내지 임의로 선임한 복대리인을 통하여 권한 외의 법률행위를 한 경우에도 대리인에게 기본대리권이 있으면 기본대리권이 있는 것으로 된다[대판 1998.3.27. 97다48982]고하였다.(2011기)

대법원 1998. 3. 27. 선고 97다48982 판결

상대방이 그 행위자를 대리권을 가진 대리인으로 믿었고 또한 그렇게 믿는 데에 정당한 이유가 있는 때에는, 복대리인 선임권이 없는 대리인에 의하여 선임된 복대리인의 권한도 기본대리권이 될 수 있을 뿐만 아니라, 그 행위자가 사자라고 하더라도 대리행위의 주체가 되는 대리인이 별도로 있고 그들에게 본인으로부터 기본대리권이 수여된 이상, 민법 제126조를 적용함에 있어서 기본대리권의 흠결 문제는 생기지 않는다.

③ 강행법규에 위반되는 행위에 대하여 표현대리의 법리가 적용될 여지가 없다[**대판 1996.8.23. 94다38199**]. 표현대리 규정에 의하여 본인에게 대리행위의 효과가 미치기 위해서는 대리권의 부존재를 제외하고 대리행위에 다른 장애사유가 있어서는 안 되는데, 대리권이 있다고 하더라도 강행법규 위반행위가 유효로 될 수 없기 때문이다. 같은 취지에서 사회질서에 위반되는 경우에도 표현대리가 성립할 수 없다.(2017.2018.2020.2021기)

④ 판례는 긍정설을 취하고 있다. 가령 **대판 1997.6.27. 97다3828**은 "민법 제126조 소정의 권한을 넘는 표현대리 규정은 거래의 안전을 도모하여 거래상대방의 이익을 보호하려는 데에 그 취지가 있으므로 법정대리라고 하여 임의대리와는 달리 그 적용이 없다고 할 수 없"다고 하였다.(2011.2012기)

⑤ 정당한 이유의 판정 시기는 무권대리행위 당시라 할 것이고, 그 후의 사정이 고려되어서는 안 된다. 판례도 정당한 이유의 판단에서 고려할 사항은 무권대리행위 당시 존재하였던 사정에 한한다고 한다. 즉 사후의 사정을 고려해서는 안 된다[**대판 1997.6.27. 97다3828**].(2011기)

50. 대리권 없는 甲은 乙 소유의 X부동산에 관하여 乙을 대리하여 丙과 매매계약을 체결하였고, 丙은 甲이 무권대리인이라는 사실에 대하여 선의·무과실이었다. 이에 관한 설명으로 **틀린** 것은?(다툼이 있으면 판례에 따름)

① 丙이 乙에 대하여 상당한 기간을 정하여 추인 여부를 최고하였으나 그 기간 내에 乙이 확답을 발하지 않은 때에는 乙이 추인한 것으로 본다.

② 乙이 甲에 대해서만 추인의 의사표시를 하였더라도 丙은 乙의 甲에 대한 추인이 있었음을 주장할 수 있다.

③ 乙이 甲에 대하여 추인을 하더라도 그 사실을 알지 못하고 있는 丙은 매매계약을 철회할 수 있다

④ 乙이 丙에 대하여 추인하면 특별한 사정이 없는 한, 추인은 매매계약 체결시에 소급하여 그 효력이 생긴다.

⑤ 乙이 丙에게 추인을 거절한 경우, 甲이 제한능력자가 아니라면 甲은 丙의 선택에 따라 계약을 이행할 책임 또는 손해를 배상할 책임이 있다.

【해설】 ···

①

> **제131조(상대방의 최고권)** 대리권 없는 자가 타인의 대리인으로 계약을 한 경우에 상대방은 상당한 기간을 정하여 본인에게 그 추인여부의 확답을 최고할 수 있다. 본인이 그 기간내에 확답을 발하지 아니한 때에는 추인을 거절한 것으로 본다.(2011.2016.2020.2024기)

여기서의 최고도 의사통지를 말하고, 본인이 그 기간 내에 확답을 발하지 아니한 때에는 추인을 거절한 것으로 본다(제131조 2문). 그리고 악의의 상대방, 즉 계약 당시 무권대리란 것을 알았던 상대방에게도 최고권은 인정되며, 이 점에서의 선의의 상대방에게만 인정되는 철회권과 다르다. 최고의 내용은 무권대리행위를 추인할 것인지 여부를 확답하라는 것이며, 최고의 상대방은 원칙적으로 본인이지만, 그 법정대리인에 대해서도 최고할 수 있다.

② 추인의 방법도 취소할 수 있는 법률행위의 추인에 있어서와 같다. 명시적 묵시적으로도 할 수 있다. 추인의 의사표시는 상대방 또는 무권대리인 어느 쪽에 대하여서도 이를 할 수 있으나 무권대리인에 대하여 추인한 때에는 상대방이 추인의 사실을 알기까지 상대방에 대하여 추인의 효력을 주장할 수 없는 것이다. 따라서 그 때까지 상대방은 철회할 수 있다. 그러나 상대방 丙은 乙의 대리인 甲에 대한 추인이 있었음을 주장할 수 있다. **대판 1992.10.27. 92다19033** 판례는 추인이 사후적 대리권 수여의 실질을 가진다는 등의 이유를 들어 무권대리인에 대하여 하든 상대방에 대하여 하든 상관없다고 한다.(2012.2017.2024기)

③ ②번 해설 참조

> **제134조(상대방의 철회권)** 대리권 없는 자가 한 계약은 본인의 추인이 있을 때까지 상대방은 본인이나 그 대리인에 대하여 이를 철회할 수 있다. 그러나 계약 당시에 상대방이 대리권 없음을 안 때에는 그러하지 아니하다.

철회는 본인의 추인이 있기 전에 해야 한다.(2010.2021기) 다만 무권대리인에 대한 추인이 있었으나 상대방이 그 사실을 알지 못하였다면 본인이 추인의 효과를 주장하지 못하므로(제132조 단서), 추인을 알기 전에 상대방이 한 철회는 유효하다.(2015.2022.2025기)

④

> **제133조(추인의 효력)** 추인은 다른 의사표시가 없는 때에는 계약시에 소급하여 그 효력이 생긴다. 그러나 제삼자의 권리를 해하지 못한다.

추인이 있으면 무권대리 행위는 처음부터 유권대리행위였던 것과 동일한 법률효과를 발생한다(제133조 본문). 따라서 추인 시에 새로운 매매계약을 체결하는 것이 아니라 계약 시에 소급하여 계약의 효력이 발생하는 것이다[**대판 1965.10.26. 65다1677**].(2012.2015.2019.2024기) 추인에 조건을 붙이거나 변경을 가하는 것 또는 일부에 대하여만 추인하는 것은 뒤에서 설명하는 예외를 제외하고는 원칙적으로 추인으로서 효력이 없다. 다만 상대방의 동의가 있는 때에는 그 때로부터 추인의 효력이 발생한다고 할 것이다.[**대판 1982.1.26. 81다카549**]

⑤

> **제135조(상대방에 대한 무권대리인의 책임)** ① 다른 자의 대리인으로서 계약을 맺은 자가 그 대리권을 증명하지 못하고 또 본인의 추인을 받지 못한 경우에는 그는 상대방의 선택에 따라 계약을 이행할 책임 또는 손해를 배상할 책임이 있다.
>
> ② 대리인으로서 계약을 맺은 자에게 대리권이 없다는 사실을 상대방이 알았거나 알 수 있었을 때 또는 대리인으로서 계약을 맺은 사람이 제한능력자일 때에는 제1항을 적용하지 아니한다.

본인 乙이 상대방 丙에게 추인을 거절한 경우, 무권대리인 甲이 제한능력자가 아니라면 甲은 민법 제135조 제1항에 따라 상대방 丙의 선택에 따라 계약을 이행할 책임 또는 손해를 배상할 책임이 있다.

51. 토지를 점유할 수 있는 물권을 모두 고른 것은?

> ㄱ. 전세권   ㄴ. 지상권   ㄷ. 저당권   ㄹ. 임차권

① ㄱ   ② ㄱ, ㄴ   ③ ㄱ, ㄹ   ④ ㄷ, ㄹ   ⑤ ㄱ, ㄴ, ㄷ

[해설] ··

민법은 점유권·소유권·지상권·지역권·전세권·유치권·질권·저당권의 여덟 가지의 물권을 인정한다. 위 문제의 지문은 점유할 권리 있는 물권을 고르는 것으로서 임차권도 점유할 권리가 있지만 채권으로 물권은 아니다.

ㄱ. 전세권은 물권으로 토지를 직접 점유하여 사용 수익할 수 있는 용익물권이다.

ㄴ. 지상권은 물권으로 토지에 지상권 설정을 하여 직접 점유하고 사용 수익할 수 있는 용익물권이다.

ㄷ. 저당권은 직접 토지점유를 하지 않고 저당권 설정만 하여 교환가치만을 담보하는 담보물권으로서 직접점유를 요하지 않는다.

ㄹ. 토지 임차권은 타인의 토지를 빌려 점유하여 사용·수익할 수 있는 것으로 물권이 아닌 채권이다.

52. 점유에 관한 설명으로 옳은 것은?(다툼이 있으면 판례에 따름)

① 제3자가 직접점유자의 점유를 방해한 경우, 특별한 사정이 없는 한 간접점유자에게는 점유권에 기한 방해배제청구권이 인정되지 않는다.

② 취득시효의 요건인 점유에는 간접점유가 포함되지 않는다.

③ 소유권의 시효취득을 주장하는 점유자는 특별한 사정이 없는 한 자신의 점유가 자주점유에 해당함을 증명하여야 한다.

④ 선의의 점유자가 본 권에 관한 소에 패소한 경우 그 자는 패소가 확정된 때부터 악의의 점유자로 본다.

⑤ 양도인이 등기부상의 명의인과 동일인이며 그 명의를 의심할 만한 특별한 사정이 없는 경우, 그 부동산을 양수하여 인도받은 자는 과실(過失) 없는 점유자에 해당한다.

①

> **제205조(점유의 보유)** ① 점유자가 점유의 방해를 받은 때에는 그 방해의 제거 및 손해의 배상을 청구할 수 있다.
> ② 전항의 청구권은 방해가 종료한 날로부터 1년내에 행사하여야 한다.
> ③ 공사로 인하여 점유의 방해를 받은 경우에는 공사착수후 1년을 경과하거나 그 공사가 완성한 때에는 방해의 제거를 청구하지 못한다.

제207조 제1항에서 위 제205조 점유의 보유권을 간접점유자도 이를 행사할 수 있다 하였으므로, 제205조 제1항의 방해배제 청구권은 제207조 제1항의 간접점유자도 행사할 수 있으므로 토지 소유자인 간접점유자는 제3자가 임차인이 직접점유하고 있는 토지에 공작물을 무단으로 설치한 경우 제3자에 대하여 공작물을 철거해 줄 것을 요구할 수 있는 방해배제청구권을 행사할 수 있다.[대판 2012.2.23. 2011다61424]

② 점유취득시효의 요건으로서 점유는 소유의 의사로 하는 자주점유이어야 하고, 평온 공연한 점유이어야 한다, 그리고 직접점유뿐만 아니라 간접점유도 포함된다.[대판 1991.10.8. 91다25116](2010.2019기)

대법원 1991. 10. 8. 선고 91다25116 판결

농지를 소작을 준 것이 농지개혁법상 무효라 하더라도 소작인들을 점유매개자로 하여 간접적으로 이를 점유하고 있고, 또 그들을 상대로 그 농지의 반환을 청구할 수 있는 지위에 있는 한 위 간접점유자의 시효취득에 있어서의 점유 자체를 부정할 수 없다.

③ 자주점유는 제197조 제1항에 의하여 추정되므로, 점유자 스스로가 그 점유권원의 성질에 의하여 자주점유임을 증명할 책임이 없고, 점유자의 점유가 소유의 의사 없는 타주점유임을 주장하는 상대방에게 타주점유에 대한 증명책임이 있다.[대판 1994.10.21. 93다12176]

(2011, 2012기)

취득시효에 있어서 자주점유라 함은 소유자와 동일한 지배를 사실상 행사하려는 의사를 가지고 하는 점유를 의미하는 것이지, 법률상 그러한 지배를 할 수 있는 권한, 즉 소유권을 가지고 있거나 소유권이 있다고 믿고서 하는 점유를 의미하는 것은 아니며, 민법 제197조 제1항의 규정에 의하여 점유자는 소유의 의사로 평온, 공연하게 점유한 것으로 추정되므로 점유자에게 적극적으로 그 점유권원이 자주점유임을 주장·입증할 책임이 있는 것은 아니고 점유자의 점유가 타주점유임을 주장하는 상대방에게 이를 입증할 책임이 있는 것이다.

④

제197조(점유의 태양) ① 점유자는 소유의 의사로 선의, 평온 및 공연하게 점유한 것으로 추정한다.
② 선의의 점유자라도 본권에 관한 소에 패소한 때에는 그 소가 제기된 때로부터 악의의 점유자로 본다. (2021기)

⑤ 등기는 추정력이 인정되므로 기재사항이 적법하다면 양도인이 등기부상의 명의인과 동일인이며 그 명의를 의심할 만한 특별한 사정이 없는 경우, 그 부동산을 양수하여 인도받은 자는 과실(過失) 없는 점유자에 해당한다. (2020기)

부동산에 관하여 소유권이전등기가 마쳐져 있는 경우, 등기명의자는 제3자에 대하여서뿐만 아니라 전의 소유자에 대하여 적법한 등기원인에 의하여 소유권을 취득한 것으로 추정되므로, 이를 다투는 측에서 무효사유를 주장·입증하여야 한다.

53. 물권적 청구권에 관한 설명으로 옳은 것을 모두 고른 것은?(다툼이 있으면 판례에 따름)

> ㄱ. 지상권을 설정한 토지의 소유자는 그 토지 일부의 불법점유자에 대하여 소유권에 기한 방해배제를 청구할 수 없다.
> ㄴ. 토지의 소유권을 양도하여 소유권을 상실한 전(前) 소유자도 그 토지 일부의 불법점유자에 대하여 소유권에 기한 방해배제를 청구할 수 있다.
> ㄷ. 소유자는 자신의 소유권을 방해할 염려 있는 행위를 하는 자에 대하여 그 예방이나 손해배상의 담보를 청구할 수 있다.

① ㄱ   ② ㄷ   ③ ㄱ, ㄴ   ④ ㄴ, ㄷ   ⑤ ㄱ, ㄴ, ㄷ

【해설】 ··

ㄱ. 지상권을 설정한 토지의 소유자는 간접점유자로서 소유권이 있으므로 민법 **제214조**에 의하여 그 토지 일부의 불법점유자에 대하여 소유권에 기한 방해배제를 청구할 수 있다.

ㄴ. "소유권을 양도함에 있어 소유권에 의하여 발생되는 물권적 청구권을 소유권과 분리하여 소유권 없는 전 소유자에게 유보하여 제3자에게 대하여 이를 행사케 한다는 것은 소유권의 절대적 권리인 점에 비추어 허용될 수 없으므로, 소유권을 상실한 전 소유자는 물권적 청구권을 행사할 수 없"다[**대판(전) 1969.5.27. 68다725**].(2018,2021,2022기)

ㄷ.

> **제214조(소유물방해제거, 방해예방청구권)** 소유자는 소유권을 방해하는 자에 대하여 방해의 제거를 청구할 수 있고 소유권을 방해할 염려있는 행위를 하는 자에 대하여 그 예방이나 손해배상의 담보를 청구할 수 있다.

54. 점유자와 회복자의 관계에 관한 설명으로 옳은 것은?(다툼이 있으면 판례에 따름)

① 악의의 점유자가 점유물의 과실을 수취하여 소비한 경우, 특별한 사정이 없는 한 그 점유자는 그 과실의 대가를 보상하여야 한다.

② 은비(隱秘)에 의한 점유자는 점유물의 과실을 수취할 권리가 있다.

③ 점유물의 전부가 점유자의 책임 있는 사유로 멸실된 경우, 선의의 자주점유자는 특별한 사정이 없는 한 그 멸실로 인한 손해의 전부를 배상해야 한다.

④ 점유자는 특별한 사정이 없는 한 회복자가 점유물의 반환을 청구하기 전에도 그 점유물의 반환 없이 그 회복자에게 유익비상환청구권을 행사할 수 있다.

⑤ 악의의 점유자는 특별한 사정이 없는 한 점유물에 지출한 통상의 필요비의 상환을 청구할 수 없다.

【해설】 ··

①

> **제201조(점유자와 과실)** ① 선의의 점유자는 점유물의 과실을 취득한다.
> ② 악의의 점유자는 수취한 과실을 반환하여야 하며 소비하였거나 과실로 인하여 훼손 또는 수취하지 못한 경우에는 그 과실의 대가를 보상하여야 한다. (2011. 2013. 2015기)
> ③ 전항의 규정은 폭력 또는 은비에 의한 점유자에 준용한다.

대법원 2003. 11. 14. 선고 2001다61869 판결

타인 소유물을 권원 없이 점유함으로써 얻은 사용이익을 반환하는 경우 민법은 선의점유자를 보호하기 위하여 제201조 제1항을 두어 선의 점유자에게 과실수취권을 인정함에 대하여, 이러한 보호의 필요성이 없는 악의 점유자에 관하여는 민법 제201조 제2항을 두어 과실수취권이 인정되지 않는다는 취지를 규정하는 것으로 해석된다.

② 위 제201조 제3항에서 폭력 은비에 의한 점유자는 제2항을 준용한다 하였으므로 은비에 의한 점유자는 점유물의 과실을 수취할 권리가 없다.

③

> **제202조(점유자의 회복자에 대한 책임)** 점유물이 점유자의 책임있는 사유로 인하여 멸실 또는 훼손한 때에는 악의의 점유자는 그 손해의 전부를 배상하여야 하며 선의의 점유자는 이익이 현존하는 한도에서 배상하여야 한다. 소유의 의사가 없는 점유자는 선의인 경우에도 손해의 전부를 배상하여야 한다.(2012.2015.2016.2023기)

④ 민법 **제203조** 비용상환청구권의 발생 시기는 점유물의 반환청구를 받은 때라고 할 것이지만, **대판 1994.9.9. 94다4592**는 점유물의 반환청구를 받거나 점유물을 반환할 때라고 하였다.

대법원 1994. 9. 9. 선고 94다4592 판결

민법 제203조 제1항, 제2항에 의한 점유자의 필요비 또는 유익비상환청구권은 점유자가 회복자로부터 점유물의 반환을 청구받거나 회복자에게 점유물을 반환한 때에 비로소 회복자에 대하여 행사할 수 있다.

⑤ 민법 **제203조** 제1항의 내용으로서 선악을 구분하지 않고 점유자가 점유물을 반환할 때에는 회복자에 대하여 점유물을 보존하기 위하여 지출한 금액 필요비의 상환을 청구할 수 있다. 그러나 점유자가 과실을 취득한 경우에는 선악을 구분하지 않고 통상의 필요비는 청구하지 못한다. 점유자의 선악을 구별하지 않는 이유는 부당이득반환청구권을 규정하는 것이기 때문이다.(2016.2018.2020.2021.2023기)

대법원 2021. 4. 29. 선고 2018다261889 판결

제203조 제1항은 "점유자가 점유물을 반환할 때에는 회복자에 대하여 점유물을 보존하기 위하여 지출한 금액 기타 필요비의 상환을 청구할 수 있다. 그러나 점유자가 과실을 취득한 경우에는 통상의 필요비는 청구하지 못한다."라고 정하고 있다.

※ **보충** 필요비란 물건의 보관비용, 보험료, 기계의 점유자가 그 기계장치를 계속 사용함에 따

라 마모되거나 손상된 부품을 교체하거나 수리하는데 소요된 비용[대판 1996.7.12. 95다 41161] 등 물건의 보존을 위하여 지출한, 즉 물건 자체에 기여하기 위한 비용을 말한다. 수도 꼭지, 디지탈키 등 교체비용은 필요비에 해당한다 할 것이다. 점유자는 과실을 취득했다면 통상필요비(예: 보존 또는 수선비용)를 청구할 수 없고, 임시 또는 특별필요비(예: 태풍으로 인한 대수선에 따른 비용)만 청구할 수 있다[대판 1964.7.14. 63다1119].

55. 민법상 상린관계에 관한 설명으로 옳은 것을 모두 고른 것은?(다툼이 있으면 판례에 의함)

ㄱ. 토지 주변의 소음이 사회통념상 수인한도를 넘지 않은 경우에도 그 토지소유자는 소유권에 기하여 소음피해의 제거를 청구할 수 있다.
ㄴ. 우물을 파는 경우에 경계로부터 2미터 이상의 거리를 두어야 하지만, 당사자 사이에 이와 다른 특약이 있으면 그 특약이 우선한다.
ㄷ. 토지소유자가 부담하는 자연유수의 승수의무(承水義務)에는 적극적으로 그 자연유수의 소통을 유지할 의무가 포함된다.

① ㄱ   ② ㄴ   ③ ㄷ   ④ ㄱ, ㄴ   ⑤ ㄴ, ㄷ

【해설】 ┄┄

ㄱ.

제217조(매연 등에 의한 인지에 대한 방해금지) ① 토지소유자는 매연, 열기체, 액체, 음향, 진동 기타 이에 유사한 것으로 이웃 토지의 사용을 방해하거나 이웃 거주자의 생활에 고통을 주지 아니하도록 적당한 조처를 할 의무가 있다.
② 이웃 거주자는 전항의 사태가 이웃 토지의 통상의 용도에 적당한 것인 때에는 이를 인용할 의무가 있다.

공동생활에서 어느 정도의 생활방해는 불가피하다. 그러나 생활방해가 그 토지와 통상의 용도에 적당한 것이고, 객관적으로 인내할 수 있는 수준이라면 이웃 토지거주자는 우리 민법 제217조 제2항에 의해 이를 용인할 의무가 있다.

ㄴ.

> **제244조(지하시설 등에 대한 제한)** ① 우물을 파거나 용수, 하수 또는 오물 등을 저치할 지하시설을 하는 때에는 경계로부터 2미터 이상의 거리를 두어야 하며 저수지, 구거 또는 지하실공사에는 경계로부터 그 깊이의 반 이상의 거리를 두어야 한다.
> ② 전항의 공사를 함에는 토사가 붕괴하거나 하수 또는 오액이 이웃에 흐르지 아니하도록 적당한 조처를 하여야 한다.

대법원 1982. 10. 28. 선고 80다1634 판결

지하시설을 하는 경우에 있어서 경계로부터 두어야 할 거리에 관한 사항 등을 규정한 민법 제244조는 강행규정이라고는 볼 수 없으므로 이와 다른 내용의 당사자 간의 특약을 무효라고 할 수 없다.

ㄷ.

> **제221조(자연유수의 승수의무와 권리)** ① 토지소유자는 이웃 토지로부터 자연히 흘러오는 물을 막지 못한다.
> ② 고지소유자는 이웃 저지에 자연히 흘러내리는 이웃 저지에서 필요한 물을 자기의 정당한 사용범위를 넘어서 이를 막지 못한다.

물이 높은 곳에서 낮은 곳으로 자연히 흐르는 경우에, 저지의 소유자는 이것을 인용할 의무가 있다(제221조 제1항). 그런데 소극적으로 고지로부터 자연히 흘러오는 물을 막지 못한다는 것뿐이지, 적극적으로 그 소통을 유지할 의무를 부담하는 것은 아니다[대판 2008.7.24. 2007다50663].

56. 소유권의 취득에 관한 설명으로 옳은 것은?(다툼이 있으면 판례에 따름)

① 저당권 실행을 위한 경매절차에서 매수인이 된 자가 매각부동산의 소유권을 취득하기 위해서는 소유권이전등기를 완료하여야 한다.

② 무주(無主)의 부동산을 점유한 자연인은 그 부동산의 소유권을 즉시 취득한다.

③ 점유취득시효에 따른 부동산소유권 취득의 효력은 시효취득자가 이전등기를 한 이후부터 발생한다.

④ 타인의 토지에서 발견된 매장물은 특별한 사정이 없는 한 발견자가 단독으로 그 소유권을 취득한다.

⑤ 타주점유자는 자신이 점유하는 부동산에 대한 소유권을 시효취득할 수 없다.

【해설】 ·····

① 매수인은 매각대금을 완납한 때 저당목적물의 소유권을 취득한다(민사집행법 제268조, 제135조). 즉 경매는 제187조에 의한 물권변동이므로 등기를 하지 않더라도 소유권을 취득한다.

②

> **제252조(무주물의 귀속)** ① 무주의 동산을 소유의 의사로 점유한 자는 그 소유권을 취득한다.
> ② 무주의 부동산은 국유로 한다.
> ③ 야생하는 동물은 무주물로 하고 사양하는 야생동물도 다시 야생상태로 돌아가면 무주물로 한다.

③

> **제247조(소유권취득의 소급효, 중단사유)** ① 전2조의 규정에 의한 소유권취득의 효력은 점유를 개시한 때에 소급한다.(2011.2012기)
> ② 소멸시효의 중단에 관한 규정은 전2조의 소유권취득기간에 준용한다.

취득시효로 인한 소유권의 취득의 효력은 이전등기시점부터가 아니라 법률규정에 의한 취득으로 원시취득[대판 1973.8.31. 73다387]이므로 법문에 의해 점유를 개시한 때에 소급한다. 다만 소유권이전등기는 하여야 한다.

④

> **제254조(매장물의 소유권취득)** 매장물은 법률에 정한 바에 의하여 공고한 후 1년내에 그 소유자가 권리를 주장하지 아니하면 발견자가 그 소유권을 취득한다. 그러나 타인의 토지 기타 물건으로부터 발견한 매장물은 그 토지 기타 물건의 소유자와 발견자가 절반하여 취득한다.

⑤

> **제245조(점유로 인한 부동산소유권의 취득기간)** ① 20년간 소유의 의사로 평온, 공연하게 부동산을 점유하는 자는 등기함으로써 그 소유권을 취득한다. (2022기)
> ② 부동산의 소유자로 등기한 자가 10년간 소유의 의사로 평온, 공연하게 선 의이며 과실없이 그 부동산을 점유한 때에는 소유권을 취득한다.

취득시효는 소유의 의사가 있는 자주점유이어야 하므로 점유의 의사가 없는 타주점유는 소유권을 취득할 수 없다.

57. 민법상 공동소유에 관한 설명으로 옳은 것은?(다툼이 있으면 판례에 따름)

① 공유자끼리 그 지분을 교환하는 것은 지분권의 처분이므로 이를 위해서는 교환 당사자가 아닌 공유자의 동의가 필요하다.

② 부동산 공유자 중 일부가 자신의 공유지분을 포기한 경우, 등기를 하지 않아도 공유지분 포기에 따른 물권변동의 효력이 발생한다.

③ 합유자 중 1인은 다른 합유자의 동의 없이 자신의 지분을 단독으로 제3자에게 유효하게 매도할 수 있다.

④ 합유물에 관하여 경료된 원인무효의 소유권이전등기의 말소를 구하는 소는 합유자 각자가 제기할 수 있다.

⑤ 법인 아닌 종중이 그 소유 토지의 매매를 중개한 중개업자에게 중개수수료를 지급하기로 하는 약정을 체결하는 것은 총유물의 관리·처분행위에 해당한다.

【해설】 ···

①

> **제263조(공유지분의 처분과 공유물의 사용, 수익)** 공유자는 그 지분을 처분할 수 있고 공유물 전부를 지분의 비율로 사용, 수익할 수 있다.

각 공유자는 자기 지분을 자유롭게 처분할 수 있다. 지분을 처분함에 다른 공유자의 동의를 요하지 않는다[대판 1972.5.23. 71다 2760].(2018기)

②

> **제267조(지분포기 등의 경우의 귀속)** 공유자가 그 지분을 포기하거나 상속인 없이 사망한 때에는 그 지분은 다른 공유자에게 각 지분의 비율로 귀속한다.

내법원 2016. 10. 27. 선고 2015다52978 판결 (2019,2020,2021,2025기)

"공유자가 그 지분을 포기하거나 상속인 없이 사망한 때에는 그 지분은 다른 공유자에게 각 지분의 비율로 귀속한다."라고 규정하고 있다. 따라서 다른 공유자는 자신에게 귀속될 공유지분에 관하여 소유권이전등기청구권을 취득하며, 이후 민법 제186조에 의하여 등기를 하여야 공유지분 포기에 따른 물권변동의 효력이 발생한다. 그리고 부동산 공유자의 공유지분 포기에 따른 등기는 해당 지분에 관하여 다른 공유자 앞으로 소유권이전등기를 하는 형태가 되어야 한다.

③

제272조(합유물의 처분, 변경과 보존) 합유물을 처분 또는 변경함에는 합유자 전원의 동의가 있어야 한다. 그러나 보존행위는 각자가 할 수 있다.

④ 합유물에 관하여 경료된 원인무효의 소유권이전등기의 말소를 구하는 소는 처분 변경하는 행위가 아닌 보존행위로 제272조 단서에 따라 합유자 각자가 할 수 있다.(2016.2023기)

⑤ 총유물의 처분은 총유물을 양도하거나 제한물권을 설정하는 등의 법률적 처분뿐만 아니라 사실적 처분도 포함하는 반면, 단순히 총유물의 사용권을 타인에게 부여하거나 임대하는 행위는 총유물의 관리행위에 해당한다[대판 2012.10.25. 2010다56586]. 이와 달리 종중이 그 소유 토지의 매매를 중개한 중개업자에게 중개수수료를 지급하기로 하는 약정 등은 채무부담행위에 불과하여 총유물 그 자체에 대한 관리 및 처분행위라고 볼 수 없다[대판 2012.4.12. 2011다107900].

58. 1필의 토지의 일부를 객체로 할 수 없는 권리는?(다툼이 있으면 판례에 따름)

① 저당권　　② 전세권　　③ 지상권
④ 임차권　　⑤ 점유권

【해설】 ....

① 부동산의 일부는 저당권의 객체가 되지 못한다. 즉 저당권의 불가분성이 인정되므로 토지의 일부를 객체로 저당권을 설정할 수 없다.

② 전세권의 객체인 부동산이 1필의 토지 또는 1동의 건물이어야 하는 것은 아니며, 부동산의 일부라도 무방하다. 다만 전세권의 목적이 부동산의 일부라면, 등기신청에 도면을 첨부하여야 한다.

③ 지상권이란 타인의 토지에 건물 기타 공작물 또는 수목을 소유하기 위하여 그 토지를 사용하는 권리를 말한다. 지상권의 객체인 토지는 일필의 토지임을 원칙으로 한다. 다만 일필의 토지의 일부라도 무방하지만, 등기하여야 한다.

④ 토지 소유자의 1필의 토지 일부분을 임차하여 경작할 수 있으므로 토지의 일부를 객체로 할 수 있다.

⑤ 점유는 부동산을 점유할 수 있는 권리이므로 점유할 수 있는 토지의 일부를 객체로 할 수 있다.

59.
2019. 8. 1. 甲은 乙에게 2억 원(대여기간 1년, 이자 월 1.5%)을 대여하면서 乙 소유 X토지(가액 3억 원)에 근저당권(채권최고액 2억천만 원)을 취득하였고, 2020. 7. 1. 丙은 乙에게 1억 원(대여기간 1년, 이자 월 1%)을 대여하면서 X토지에 2번 근저당권(채권최고액 1억5천만 원)을 취득하였다. 甲과 丙이 변제를 받지 못한 상황에서 丙이 2022. 6. 1. X토지에 관해 근저당권 실행을 위한 경매를 신청하면서 배당을 요구한 경우, 이에 관한 설명으로 옳은 것은?(다툼이 있으면 판례에 따름)

ㄱ. 2022. 6. 1 甲의 근저당권의 피담보채권액은 확정되지 않는다.
ㄴ. 甲에게 2022. 6. 1. 이후에 발생한 지연이자는 채권최고액의 범위 내라도 근저당권에 의해 담보되지 않는다.
ㄷ. 甲이 한 번도 이자를 받은 바 없고 X토지가 3억 원에 경매되었으면 甲은 경매 대가에서 3억 원을 변제 받는다.

① ㄱ   ② ㄴ   ③ ㄱ, ㄷ   ④ ㄴ, ㄷ   ⑤ ㄱ, ㄴ, ㄷ

【해설】

ㄱ. 피담보 채권의 확정 시기는 경매신청 시이나 피담보채권액은 甲과 乙사이에 있어서는 채권 전액의 변제가 있을 때까지 근저당권의 효력은 채권최고액과 관계없이 잔존채무에 여전히 미친다. 따라서 甲의 근저당권의 피담보채권액은 최종 계산된 금액에 확정된다[대판 2001.10.12. 2000다59081].(2011기)

ㄴ. 이자의 약정이 있으면 이율, 발생기, 지급시기, 지급장소를 등기하여야 한다(부동산등기법 제75조). 지연손해금은 근저당권에서는 1년분에 한정할 필요가 없으며, 지연이자는 채권최고액의 범위 내라도 근저당권에 의해 담보된다.

ㄷ. 甲은 채권 2억 원과 이자 월 1.5%와 지연손해금이 있으면 지연손해금을 경매대가에서 받을 수 있다.

60. 법률에 특별한 규정 또는 설정행위에 다른 약정이 없는 경우, 저당권의 우선변제적 효력이 미치는 것을 모두 고른 것은?(다툼이 있으면 판례에 따름)

> ㄱ. 토지에 저당권이 설정된 후 그 토지 위에 완공된 건물
> ㄴ. 토지에 저당권이 설정된 후 토지소유자가 그 토지에 매설한 유류저장탱크
> ㄷ. 저당토지가 저당권 실행으로 압류된 후 그 토지에 관하여 발생한 저당권설정자의 차임채권
> ㄹ. 토지에 저당권이 설정된 후 토지의 전세권자가 그 토지에 식재하고 등기한 입목

① ㄴ   ② ㄱ, ㄹ   ③ ㄴ, ㄷ   ④ ㄱ, ㄷ, ㄹ   ⑤ ㄴ, ㄷ, ㄹ

【해설】 ……………………………………………………………………………………………………

ㄱ. 건물은 토지와 별개의 부동산이므로, 토지를 목적으로 하는 저당권의 효력이 그 토지 위의 건물에 미치지 않음은 당연하다. 따라서 토지에 대한 경매절차에서 그 지상건물을 토지의 부합물 내지 종물로 보아 경매법원이 저당토지와 함께 경매를 진행하고 경락허가를 하였다고 하여 그 건물의 소유권에 변동이 초래될 수는 없다[대판 1997.9.26. 97다10314]. 즉 건물은 토지의 종물이나 부속물이 아니라는 것은 명백하다.

ㄴ. **제358조(저당권의 효력의 범위)** 저당권의 효력은 저당부동산에 부합된 물건과 종물에 미친다. 그러나 법률에 특별한 규정 또는 설정행위에 다른 약정이 있으면 그러하지 아니하다. 부합의 의미는 제256조에서와 동일하다. 예를 들어 건물의 엘리베이터나 냉난방시설, 주유소 부지 지하에 설치된 유류저장탱크 또는 부속건물에 저당권의 효력이 미친다[대결 2000.10.28. 2000마5527].

ㄷ.

> **제359조(과실에 대한 효력)** 저당권의 효력은 저당부동산에 대한 압류가 있은 후에 저당권설정자가 그 부동산으로부터 수취한 과실 또는 수취할 수 있는 과실에 미친다.

그러나 저당권자가 그 부동산에 대한 소유권, 지상권 또는 전세권을 취득한 제 삼자에 대하여는 압류한 사실을 통지한 후가 아니면 이로써 대항하지 못한다.

저당토지가 저당권 실행으로 압류된 후 그 토지에 관하여 발생한 저당권설정자의 차임채권은 압류된 후에 그 토지에 관하여 발생한 차임채권이므로 저당권의 우선적 효력이 미친다.(2021기)

대법원 2016. 7. 27. 선고 2015다230020 판결

민법 제359조 전문은 "저당권의 효력은 저당부동산에 대한 압류가 있은 후에 저당권설정자가 그 부동산으로부터 수취한 과실 또는 수취할 수 있는 과실에 미친다."라고 규정하고 있는데, 위 규정상 '과실'에는 천연과실뿐만 아니라 법정과실도 포함되므로, 저당부동산에 대한 압류가 있으면 압류 이후의 저당권설정자의 저당부동산에 관한 차임채권 등에도 저당권의 효력이 미친다.

ㄹ.

> **제256조(부동산에의 부합)** 부동산의 소유자는 그 부동산에 부합한 물건의 소유권을 취득한다. 그러나 타인의 권원에 의하여 부속된 것은 그러하지 아니하다.

토지에 저당권이 설정된 후 토지의 전세권자가 그 토지에 식재하고 등기한 입목은 토지와는 독립한 별개의 부동산이므로 토지저당권의 효력이 미치지 않는다.

61. 민법상 유치권에 관한 설명으로 옳은 것은?(다툼이 있으면 판례에 따름)

① 유치권자는 유치물에 대한 경매신청권이 없다.

② 유치권자는 유치물의 과실인 금전을 수취하여 다른 채권보다 먼저 피담보채권의 변제에 충당할 수 있다.

③ 유치권자는 채무자의 승낙 없이 유치물을 담보로 제공할 수 있다.

④ 채권자가 채무자를 직접점유자로 하여 간접점유하는 경우에도 유치권은 성립한다.

⑤ 유치권자는 유치물에 관해 지출한 필요비를 소유자에게 상환 청구할 수 없다.

【해설】 ···

①

> **제322조(경매, 간이변제충당)** ① 유치권자는 채권의 변제를 받기 위하여 유치물을 경매할 수 있다.(2020기)
>
> ② 정당한 이유있는 때에는 유치권자는 감정인의 평가에 의하여 유치물로 직접변제에 충당할 것을 법원에 청구할 수 있다. 이 경우에는 유치권자는 미리 채무자에게 통지하여야 한다.

②

> **제323조(과실수취권)** ① 유치권자는 유치물의 과실을 수취하여 다른 채권보다 먼저 그 채권의 변제에 충당할 수 있다.(2011기) 그러나 과실이 금전이 아닌 때에는 경매하여야 한다.
>
> ② 과실은 먼저 채권의 이자에 충당하고 그 잉여가 있으면 원본에 충당한다.

유치권자의 과실수취권은 예컨대 유치물의 법정과실인 차임이 발생할 경우 제323조 2항에 따라 과실은 먼저 채권에 충당하므로 채무자의 이익을 해치지 않을 것이다.

③

> **제324조(유치권자의 선관의무)** ① 유치권자는 선량한 관리자의 주의로 유치물을 점유하여야 한다.
> ② 유치권자는 채무자의 승낙없이 유치물의 사용, 대여 또는 담보제공을 하지 못한다.(2014기)
> 그러나 유치물의 보존에 필요한 사용은 그러하지 아니하 다.
> ③ 유치권자가 전2항의 규정에 위반한 때에는 채무자는 유치권의 소멸을 청 구할 수 있다.

④ **대판 2008.4.11. 2007다27236**은 "유치권의 성립요건이자 존속요건인 유치권자의 점유는 직접점유이든 간접점유이든 관계가 없으나, 다만 유치권은 목적물을 유치함으로써 채무자의 변제를 간접적으로 강제하는 것을 본체적 효력으로 하는 권리인 점 등에 비추어, 그 직접점유자가 채무자인 경우에는 유치권의 요건으로서의 점유에 해당하지 않는다."라고 하였다.(2010.2012.2015.2016.2019.2020기)

⑤ **민법 제325조**에 의해 유치권자가 유치물에 관하여 필요비를 지출한 때에는 소유자에게 그 상환을 청구할 수 있으며, 유익비를 지출한 때에도 그 가액의 증가가 현존한 경우에 한하여 지출한 금액이나 증가액의 상환을 청구할 수 있다.(2014기)

62.

甲에게 법정지상권 또는 관습법상 법정지상권이 인정되는 경우를 모두 고른것은?(다툼이 있으면 판례에 따름)

> ㄱ. 乙 소유의 토지 위에 乙의 승낙을 얻어 신축한 丙 소유의 건물을 甲이 매수한 경우
> ㄴ. 乙 소유의 토지 위에 甲과 乙이 건물을 공유하면서 토지에만 저당권을 설정 하였다가, 그 실행을 위한 경매로 丙이 토지소유권을 취득 한 경우
> ㄷ. 甲이 乙로부터 乙 소유의 미등기건물과 그 대지를 함께 매수하고 대지에 관해서만 소유권이전등기를 한 후, 건물에 대한 등기 전 설정된 저당권에 의해 대지가 경매되어 丙이 토지소유권을 취득한 경우

① ㄱ   ② ㄴ   ③ ㄱ, ㄷ   ④ ㄴ, ㄷ   ⑤ ㄱ, ㄴ, ㄷ

【해설】

ㄱ. 타인의 토지 위에 토지소유자의 승낙을 얻어 신축한 건물을 매수·취득한 경우에도 관습상의 법정지상권이 인정되지 않는다[**대판 1966.5.17. 66다504**].

> **대법원 1966. 5. 17. 선고 66다504,505 판결**

대지를 양도담보한 후에 채무자가 그 대지 상에 건물을 지었을 경우에는 채권자의 승낙을 얻었다 하더라도 채무자는 그 대지 상에 관습에 의한 지상권이나 또는 지상권 유사의 물권을 취득한 것이라고는 볼 수 없다.

ㄴ.

> **대법원 2011. 1. 13. 선고 2010다67159 판결**

[1] 건물공유자의 1인이 그 건물의 부지인 토지를 단독으로 소유하면서 그 토지에 관하여만 저당권을 설정하였다가 위 저당권에 의한 경매로 인하여 토지의 소유자가 달라진 경우에도, 위 토지 소유자는 자기뿐만 아니라 다른 건물공유자들을 위하여두 위 토지의 이용을 인정하고 있었다고 할 것인 점으로 보아, 위 건물공유자들은 민법 제366조에 의하여 토지 전부에 관

하여 건물의 존속을 위한 법정지상권을 취득한다고 보아야 한다.

ㄷ.

(2010기)

미등기건물을 그 대지와 함께 매수한 사람이 그 대지에 관하여만 소유권이전등기를 넘겨받고 건물에 대하여는 그 등기를 이전받지 못하고 있다가, 대지에 대하여 저당권을 설정하고 그 저당권의 실행으로 대지가 경매되어 다른 사람의 소유로 된 경우에는, 그 저당권의 설정 당시에 이미 대지와 건물이 각각 다른 사람의 소유에 속하고 있었으므로 법정지상권이 성립될 여지가 없다.

63. 지역권에 관한 설명으로 옳은 것은?(다툼이 있으면 판례에 따름)

① 요역지는 1필의 토지 일부라도 무방하다.
② 요역지의 소유권이 이전되어도 특별한 사정이 없는 한 지역권은 이전되지 않는다.
③ 지역권의 존속기간을 영구무한으로 약정할 수는 없다.
④ 지역권자는 승역지를 권원 없이 점유한 자에게 그 반환을 청구할 수 있다.
⑤ 요역지 공유자의 1인은 지분에 관하여 그 토지를 위한 지역권을 소멸하게 하지 못한다.

【해설】 ··

① 승역지는 1필의 토지 일부라도 가능하나 요역지는 1필의 토지 일부분은 허용되지 않는다. 즉 요역지는 1필의 토지이어야 한다(부동산등기법 제70조 5호 참조).(2012.2013.2015.2019.2020.2021기)

②

> **제292조(부종성)** ① 지역권은 요역지소유권에 부종하여 이전하며 또는 요역지에 대한 소유권 이
> 외의 권리의 목적이 된다. 그러나 다른 약정이 있는 때에는 그 약정에 의한다.
> ② 지역권은 요역지와 분리하여 양도하거나 다른 권리의 목적으로 하지 못한다.

요역지소유권의 처분은 지역권의 처분을 수반한다. 즉 요역지소유권이 이전되거나 다른 권리의 목적으로 되면 지역권도 이와 법률적 운명을 같이 한다.

③ 지역권의 존속기간을 영구 무한으로 정할 수 있는가에 관하여 학설은 긍정한다.(2025기)

> **대법원 1980. 1. 29. 선고 79다1704 판결**

피고가 피고 소유의 토지에 도로를 개설하여 원고로 하여금 영구히 사용케 한다고 약정하고 그 대금을 수령한 경우 위 약정은 지역권 설정에 관한 합의라고 봄이 상당하다.

④ 물권으로서 지역권의 실현이 방해당하는 경우에 그 배제를 청구할 수 있는 물권적 청구권이 발생한다. 즉 제214조의 규정을 지역권에 준용하므로 방해를 배제할 수 있으나, 지역권은 물권의 소유자가 아니므로 승역지를 권원 없이 점유한 자에게 그 반환을 구할 수는 없다.(2012.2013.2015.2018기)

⑤

> **제293조(공유관계, 일부양도와 불가분성)** ① 토지공유자의 1인은 지분에 관하여 그 토지를 위한 지
> 역권 또는 그 토지가 부담한 지역권을 소멸하게 하지 못한다.(2016.2017.2018기)
> ② 토지의 분할이나 토지의 일부양도의 경우에는 지역권은 요역지의 각 부분을 위하여 또는 그
> 승역지의 각부분에 존속한다. 그러나 지역권이 토지의 일부분에만 관한것인 때에는 다른 부분
> 에 대하여는 그러하지 아니하다.

64. 토지전세권에 관한 설명으로 옳은 것은?(다툼이 있으면 판례에 따름)

① 토지전세권을 처음 설정할 때에는 존속기간에 제한이 없다.

② 토지전세권의 존속기간을 1년 미만으로 정한 때에는 1년으로 한다.

③ 토지전세권의 설정은 갱신할 수 있으나 그 기간은 갱신한 날로부터 10년을 넘지못한다.

④ 토지 전세권자에게는 토지임차인과 달리 지상물매수청구권이 인정될 수 없다.

⑤ 토지전세권설정자가 존속기간 만료 전 6월부터 1월 사이에 갱신거절의 통지를 하지 않은 경우, 특별한 사정이 없는 한 동일한 조건으로 다시 전세권을 설정한 것으로 본다.

【해설】 ....

> **제312조(전세권의 존속기간)** ① 전세권의 존속기간은 10년을 넘지 못한다. 당사자의 약정기간이 10년을 넘는 때에는 이를 10년으로 단축한다.
> ② 건물에 대한 전세권의 존속기간을 1년 미만으로 정한 때에는 이를 1년으로 한다.
> ③ 전세권의 설정은 이를 갱신할 수 있다. 그 기간은 갱신한 날로부터 10년을 넘지 못한다.
> ④ 건물의 전세권설정자가 전세권의 존속기간 만료전 6월부터 1월까지 사이에 전세권자에 대하여 갱신거절의 통지 또는 조건을 변경하지 아니하면 갱신하지 아니한다는 뜻의 통지를 하지 아니한 경우에는 그 기간이 만료된 때에 전전세권과 동일한 조건으로 다시 전세권을 설정한 것으로 본다. 이 경우 전세권의 존속기간은 그 정함이 없는 것으로 본다.

① 전세권의 존속기간은 10년을 넘지 못하므로 당사자 간에 약정기간이 10년을 넘는 때에는 이를 10년으로 한다. 따라서 토지전세권을 처음 설정할 때에도 전세권 존속기간은 10년을 넘지 못한다.

② 건물에 대한 전세권의 존속기간을 1년 미만으로 정한 때에는 이를 1년으로 한다(제312조 제2항) 하였으므로 토지에 대한 전세권의 내용이 아니다.

③ 위 법조문 제3항의 내용으로 전세권의 설정은 이를 갱신할 수 있다. 그 기간은 갱신한 날로부터 10년을 넘지 못한다.

④ 토지전세권자도 토지임차인과 마찬가지로 지상물매수청구권을 행사할 수 있다.

> **대법원 2007. 9. 21. 선고 2005다41740 판결** (2014.2017.2020기)

토지임차인의 건물 기타 공작물의 매수청구권에 관한 민법 제643조의 규정은 성질상 토지의 전세권에도 유추 적용될 수 있다고 할 것이지만, 그 매수청구권은 토지임차권 등이 건물 기타 공작물의 소유 등을 목적으로 한 것으로서 기간이 만료되어야 하고 건물 기타 지상시설이 현존하여야만 행사할 수 있는 것이다.

⑤ 위 지문은 법조문 제312조 제4항의 건물에 관한 내용이므로 지문에서 토지전세권에 대한 것을 설명하였으므로 틀린 지문이다.

65.

甲은 乙에게 우편으로 자기 소유의 X건물을 3억 원에 매도하겠다는 청약을 하면서, 자신의 청약에 대한 회신을 2022. 10. 5까지 해줄 것을 요청하였다. 甲의 편지는 2022. 9. 14. 발송되어 2002. 9. 16. 乙에게 도달되었다. 이에 관한 설명으로 <u>틀린</u> 것을 모두 고른 것은?(다툼이 있으면 판례에 따름)

> ㄱ. 甲이 2022. 9. 23 자신이 청약을 철회한 경우, 특별한 사정이 없는 한 甲의 청약은 효력을 잃는다.
> ㄴ. 乙이 2022. 9. 20. 甲에게 승낙의 통지를 발송 하여 2022. 9. 22. 甲에게 도달한 경우, 甲과 乙의 계약은 2022. 9. 22. 성립한다.
> ㄷ. 乙이 2022. 9. 27. 매매가격을 2억 5천만 원으로 조정해 줄 것을 조건으로 승낙한 경우. 乙의 승낙은 청약의 거절과 동시에 새로 청약한 것으로 본다.

① ㄱ   ② ㄴ   ③ ㄱ, ㄴ   ④ ㄴ, ㄷ   ⑤ ㄱ, ㄴ, ㄷ

【해설】 ··

ㄱ.

> **제527조(계약의 청약의 구속력)** 계약의 청약은 이를 철회하지 못한다.(2015.2018.2021기)

승낙기간을 정하여 청약을 한 경우에, 청약자는 그 기간 내에 청약을 철회하지 못한다. 그리고 청약은 그 효력을 발생한 때(의사표시가 상대방에게 도달한 때)에는 청약자가 임의로 이를 철회하지 못한다. 이를 청약의 구속력이라고 한다. 그러므로 甲의 청약이 乙에게 2022. 9. 16. 도달하였고 도달 후인 2022. 9. 23일 철회할 수 없으므로 청약의 효력에는 아무런 영향을 미치지 못한다. 따라서 청약의 효력은 잃지 않는다. 그리고 위 조항은 임의 조항이므로 쌍방간 합의하여 달리 정하는 것은 가능하다 하겠다. 반면 승낙기간이 지나면, 청약은 그 효력, 즉 승낙적격을 잃게 되므로 철회의 문제도 생기지 않는다.

ㄴ.

> **제531조(격지자간의 계약성립시기)** 격지자간의 계약은 승낙의 통지를 발송한 때에 성립한다.(2011.2014.2015.2018기)

우리 민법은 의사표시의 효력발생 시기를 도달주의를 취하고 있으나 격지자 간의 계약은 승낙의 통지를 발송한 때에 성립한다 하였다. 그러므로 乙이 2022. 9. 20. 甲에게 승낙의 의사통지를 발송한 시점에 계약이 성립한다. 위 지문에서 격지자간 의미를 알 수 있는 것은 우편으로 甲이 乙에게 자기 소유의 X건물을 3억 원에 매도하겠다는 청약의 의사표시를 한 것으로 알 수 있다.

※ 참고 : '격지'라는 것은 떨어져 있는 장소를 의미하는 것으로 서울에서 부산으로 의사표시를 하는 경우 '격지자 간에'라는 말은 의미가 있으나 전화로 의사표시를 하였을 경우에는 대화자 간에 의사표시이므로 상대방에게 도달할 때 의사표시의 효력이 있다. 즉 장소의 개념이 아니라 시간적 개념으로 보아야 할 것이다.

ㄷ.

> **제534조(변경을 가한 승낙)** 승낙자가 청약에 대하여 조건을 붙이거나 변경을 가하여 승낙한 때에는 그 청약의 거절과 동시에 새로 청약한 것으로 본다.(2012.2013.2017기)

청약에 조건을 붙이거나 청약의 내용을 변경하여 승낙하는 경우 승낙은 객관적 합치를 이루지 못하기 때문에 승낙에 의해 계약이 성립될 수 없다(제534조).

66. 특별한 사정이 없는 한 동시이행의 관계에 있는 경우를 모두 고른 것은?(다툼이 있으면 판례에 따름)

> ㄱ. 임대차계약 종료에 따른 임차인의 임차목적물 반환의무와 임대인의 권리금회수 방해로 인한 손해배상의무
> ㄴ. 「주택임대차보호법」상 임차권등기명령에 따라 행해진 임차권등기의 말소의무와 임대차보증금 반환의무
> ㄷ. 구분소유적 공유관계의 해소로 인하여 공유지분권자 상호간에 발생한 지분이전등기의무

① ㄱ   ② ㄷ   ③ ㄱ, ㄴ   ④ ㄴ, ㄷ   ⑤ ㄱ, ㄴ, ㄷ

【해설】 ···

ㄱ.

> **대법원 2019. 7. 10. 선고 2018다242727 판결** (2010.2020.2025기)

임대인의 권리금 회수 방해로 인한 손해배상의무는 상가건물 임대차보호법에서 정한 권리금 회수기회 보호의무 위반을 원인으로 하고 있으므로, 양 채무는 동일한 법률요건이 아닌 별개의 원인에 기하여 발생한 것일 뿐 아니라 공평의 관점에서 보더라도 그 사이에 이행상 견련관계를 인정하기 어렵다.

판례에서 임대인의 권리금 회수 방해로 인한 손해배상의무는 이행상 견련관계를 인정하기 어

려우므로 동시이행관계에 있지 않다고 판시하였다.

ㄴ.

대법원 2005. 6. 9. 선고 2005다4529 판결 (2014.2020기)

임차권등기는 이미 임대차계약이 종료하였음에도 임대인이 그 보증금을 반환하지 않는 상태에서 경료되게 되므로, 이미 사실상 이행지체에 빠진 임대인의 임대차보증금의 반환의무와 그에 대응하는 임차인의 권리를 보전하기 위하여 새로이 경료하는 임차권등기에 대한 임차인의 말소의무를 동시이행관계에 있는 것으로 해석할 것은 아니고, 특히 위 임차권등기는 임차인으로 하여금 기왕의 대항력이나 우선변제권을 유지하도록 해주는 담보적 기능만을 주목적으로 하는 점 등에 비추어 볼 때, 임대인의 임대차보증금의 반환의무가 임차인의 임차권등기 말소의무보다 먼저 이행되어야 할 의무이다.

ㄷ.

대법원 2008. 6. 26. 선고 2004다32992 판결 (2011.2014.2015.2018기)

구분소유적 공유관계가 해소되는 경우 공유지분권자 상호간의 지분이전등기의무는 그 이행상 견련관계에 있다고 봄이 신의칙에 부합하고, 각 공유지분권자는 특별한 사정이 없는 한 제한이나 부담이 없는 완전한 지분소유권이전등기의무를 지므로, 그 공유지분에 근저당권설정등기 또는 압류, 가압류등기가 되어 있는 경우에는 그러한 각 등기도 말소하여 완전한 지분소유권이전등기를 해주어야 한다. 따라서 구분소유적 공유관계가 해소되는 경우 쌍방의 지분소유권이전등기의무와 아울러 그러한 근저당권설정등기 등의 말소의무 또한 동시이행의 관계에 있다.

67. 제3자를 위한 유상·쌍무계약에 관한 설명으로 옳은 것은?(다툼이 있으면 판례에 따름)

① 제3자를 위한 계약의 당사자는 요약자, 낙약자, 수익자이다.

② 수익자는 계약체결 당시 특정되어 있어야 한다.

③ 수익자는 제3자를 위한 계약에서 발생한 해제권을 가지는 것이 원칙이다.

④ 낙약자는 특별한 사정이 없는 한 요약자와의 기본관계에서 발생한 항변으로써 수익자의 청구에 대항할 수 있다.

⑤ 요약자는 특별한 사정이 없는 한 수익자의 동의 없이 낙약자의 이행불능을 이유로 계약을 해제할 수 없다.

【해설】 ....

① 제3자를 위한 계약이란 처 A가 보험회사 B와 남편 C가 사망할 경우를 대비하여 생명보험을 체결하는 경우를 말하는 것으로 처 A가 요약자, 보험회사 B는 낙약자, 남편 C는 수익자가 된다. 즉 계약은 처 A와 보험회사 B가 계약을 체결하고 제3자 남편 C는 수익자이므로 계약당사자는 기본관계로 처 A와 보험회사 B가 된다.

② 수익자는 계약 당시 현존하지 않거나 특정되지 않아도 될 뿐만 아니라 권리능력을 가지지 않더라도 무방하다(성립 전의 법인, 계약 성립 당시 포태되지 않았던 아이도 수익자로 될 수 있다). 그러나 권리취득이라는 효력이 발생하기 위해서는 수익자가 현존하여야 한다[대판 1997.10.10. 97다7264].(2016.2017.2020기)

③ 수익자는 계약 당사자가 아니므로 계약 당사자에게 주어지는 해제권이나 취소권을 행사할 수 없으며 선·악이나 과실의 유무 등은 요약자를 기준으로 판단된다. 그러나 수익자의 권리는 요약자와 낙약자 사이의 계약에 기하여 직접 발생하므로, 그는 선의의 제3자로 보호받지 못한다.(2011.2020기)

④

> **제542조(채무자의 항변권)** 채무자는 제539조의 계약에 기한 항변으로 그 계약의 이익을 받을 제삼자에게 대항할 수 있다.

수익자가 취득하는 권리도 당사자 사이의 계약에 기한 것이므로 계약 상대방(요약자)이 권리를 취득한 경우에서와 마찬가지로 낙약자는 제3자를 위한 계약에 기한 항변으로 수익자에게 대항할 수 있다. 예컨대 매수인 甲과 매도인 乙이 주택매매계약을 쌍방 체결하고 제3자 丙에게 소유권이전을 해주기로 하는 약속을 하였으나 요약자 甲이 매매대금 잔금을 낙약자 乙에게 지불하지 않자 乙이 동시이행을 주장하면서 제3자 丙에게 등기이전을 하지 않는 경우를 말한다.

⑤ 요약자는 계약 당사자로서 기본관계에 의한 채무를 이행하여야 하고, 그 계약으로부터 발생하는 취소권이나 해제·해지권을 취득하며, 요약자는 계약 당사자로서 수익자의 동의 없이 계약을 해제할 수 있다[**대판 1970.2.24. 69다1410**]. 그리고 그로 인한 원상회복관계 및 해제에 따른 손해배상관계는 수익자가 아니라 요약자에게 속한다.(2013.2014.2015.2016.2017.2018.2019.2023기)

> **대법원 1970. 2. 24. 선고 69다1410, 1411 판결**

제3자를 위한 유상 쌍무계약의 경우 요약자는 낙약자의 채무불이행을 이유로 제3자의 동의없이 계약을 해제할 수 있다.

68. 甲은 자신의 X토지를 乙에게 매도하고 소유권이전등기를 마쳐주었으나, 乙은 변제기가 지났음에도 매매대금을 지급하지 않고 있다. 이에 관한 설명으로 <u>틀린</u> 것을 모두 고른 것은?(다툼이 있으면 판례에 따름)

ㄱ. 甲은 특별한 사정이 없는 한 별도의 최고 없이 매매계약을 해제할 수 있다.
ㄴ. 甲이 적법하게 매매계약을 해제한 경우, X토지의 소유권은 등기와 무관하게 계약이 없었던 상태로 복귀한다.
ㄷ. 乙이 X토지를 丙에게 매도하고 그 소유권이전등기를 마친 후 甲이 乙을 상대로 적법하게 매매계약을 해제하였다면, 丙은 X토지의 소유권을 상실한다.

① ㄱ   ② ㄴ   ③ ㄷ   ④ ㄱ, ㄷ   ⑤ ㄴ, ㄷ

【해설】

ㄱ.

제544조(이행지체와 해제) 당사자 일방이 그 채무를 이행하지 아니하는 때에는 상대방은 상당한 기간을 정하여 그 이행을 최고하고 그 기간내에 이행하지 아니한 때에는 계약을 해제할 수 있다. 그러나 채무자가 미리 이행하지 아니할 의사를 표시한 경우에는 최고를 요하지 아니한다.

ㄴ.

제548조(해제의 효과, 원상회복의무) ① 당사자 일방이 계약을 해제한 때에는 각 당사자는 그 상대방에 대하여 원상회복의 의무가 있다. 그러나 제삼자의 권리를 해하지 못한다.
② 전항의 경우에 반환할 금전에는 그 받은 날로부터 이자를 가하여야 한다.

예컨대 甲과 乙이 계약이 乙의 귀책사유로 甲이 해제한 경우 X토지의 소유권이 乙에게 등기이전되있더라도 유인론에 의헤 계약이 없었던 상태로 원상회복된다.

ㄷ. 위 민법 제548조 제1항 단서에서 제3자에 권리를 해하지 못한다 하였으므로 제3자 丙은 소유권을 취득한다. 법문에 의하면 제3자는 선·악을 구분하지 않으나, 판례는 선의로 판단한다. **대판 2005.1.14. 2003다33004**는 "제548조 1항은 단서에서 제3자란 일반적으로 해제된 계약으로부터 해제 전에 새로운 이해관계를 가졌고, 등기, 인도 등으로 완전한 권리를 취득한 자"를 말한다고 한다.

69. 계약의 유형에 관한 설명으로 옳은 것은?

① 매매계약은 요물계약이다.
② 교환계약은 무상계약이다.
③ 증여계약은 낙성계약이다.
④ 도급계약은 요물계약이다
⑤ 임대차계약은 편무계약이다.

【해설】

쌍무계약(雙務契約) 편무계약(片務契約)

계약 당사자가 서로 대가적 상호의존적인 채무를 부담하는 계약이 쌍무계약이며, 당사자 일방만이 채무를 부담하거나 쌍방이 채무를 부담하더라도 그 채무가 서로 대가적 상호의존적인 관계에 있지 아니하는 계약이 편무계약이다. 전형계약 중에서 매매, 교환, 임대차, 이자부 소비대차, 고용, 도급 ,조합, 화해, 유상위임, 유상임치는 쌍무계약이다 그러나 증여, 사용대차, 무이자소비대차, 무상위임, 무상임치는 편무계약이다.(2017기)

유상계약(有償契約) 무상계약(無償契約)

당사자 쌍방이 서로 대가적인 재산의 출연 내지 출재를 하는 계약이 유상계약이며, 당사자 일방만이 출연 내지 출재를 하거나, 쌍방 당사자가 출연 내지 출재를 하더라도 그 출연 내지 출재가 서로 대가적인 의존관계에 있지 아니하는 계약이 무상계약이다. 매매·교환, 임대차·이자부 소비대차·고용·도급·조합·화해 유상위임·유상임치 등이 유상계약에 속하며, 증여·사용대차·무이자 소비대차·무상위임·무상임치 등이 무상계약에 속한다.

낙성계약(諾成契約), 요물계약(要物契約)

당사자 간의 의사표시의 합치 만에 의하여 성립되는 계약이 낙성계약이며, 의사표시의 합치 이외에 급부를 현실적으로 하여야만 성립하는 계약이 요물계약이다. 현행 민법상의 요물계약은, 현상광고를 계약으로 보면, 현상광고계약뿐이다. 그리고 계약금계약이 요물계약이다(예금계약도 요물계약이고, 지배적 학설은 대물변제도 요물계약으로 새긴다). 나머지는 모두 낙성계약이다.

① 매매계약은 쌍무·유상·낙성·불요식계약이다.

② 교환계약은 쌍무·유상·낙성·불요식계약이다.

③ 증여계약은 편무·무상·낙성·불요식계약이다.

④ 도급계약은 쌍무·유상·낙성·불요식계약(다만 도급계약에서는 요식을 원하는 경우가 있다 예컨대 표준도급계약서등)이다.

⑤ 임대차계약은 쌍무·유상·낙성·불요식계약이다.

70. 甲은 그 소유의 X부동산에 관하여 乙과 매매의 일방예약을 체결하면서 예약 완결권은 乙이 가지고 20년 내에 행사하기로 약정하였다. 이에 관한 설명으로 옳은 것은?(다툼이 있으면 판례에 따름)

① 乙이 예약체결시로부터 1년 뒤에 예약완결권을 행사한 경우, 매매는 예약체결시로 소급하여 그 효력이 발생한다.

② 乙의 예약완결권은 형성권에 속하므로 甲과의 약정에도 불구하고 그 행사기간은 10년으로 단축된다.

③ 乙이 가진 예약완결권은 재산권이므로 특별한 사정이 없는 한 타인에게 양도할 수 있다.

④ 乙이 예약완결권을 행사기간에 행사하였는지에 관해 甲의 주장이 없다면 법원은 이를 고려할 수 없다.

⑤ 乙이 예약완결권을 행사하더라도 甲의 승낙이 있어야 비로소 매매계약은 그 효력이 발생한다.

【해설】 ··

① 예약도 보통 청약과 승낙에 의하여 성립하고, 본 계약의 내용이 확정되어 있거나 확정 가능하여야 한다. 즉 "매매의 예약은 당사자의 일방이 매매를 완결할 의사를 표시한 때에는 매매의 효력이 생기는 것이므로 적어도 일방예약이 성립하려면 그 예약에 터 잡아 맺어질 본 계약의 요소가 되는 매매목적물, 이전방법, 매매가액 및 지급방법 등의 내용이 확정되어 있거나 확정할 수 있어야 한다."[대판 1993.5.27. 93다4908,4915,4922].

②

대법원 2000. 10. 13. 선고 99다18725 판결

매매의 일방예약에서 예약자의 상대방이 매매예약완결의 의사표시를 하여 매매의 효력을 생기게 하는 권리, 즉 매매예약의 완결권은 일종의 형성권으로서 당사자 사이에 그 행사기간을 약정한 때에는 그 기간 내에, 그러한 약정이 없는 때에는 그 예약이 성립한 때로부터 10년 내에 이를 행사하여야 하고, 그 기간이 지난 때에는 예약완결권은 제척기간의 경과로 인하여 소멸한다.

③ 예약완결권은 양도성을 가진다. 예컨대 甲이 여름휴가를 위해 콘도를 예약하고 사정이 있어 친구 乙에게 양도한 경우를 말하는 것으로서 콘도 주인도 불이익이 없을 것이다.

④ 예약완결권이의 제척기간이 경과하였는지의 여부는 법원의 직권조사사항이다

대법원 2000. 10. 13. 선고 99다18725 판결 (2025기)

매매예약완결권의 제척기간이 도과하였는지 여부는 소위 직권조사 사항으로서 이에 대한 당사자의 주장이 없더라도 법원이 당연히 직권으로 조사하여 재판에 고려하여야 하므로, 상고법원은 이를 판단하여야 한다.

⑤ 예약완결권을 행사하면, 즉 예약상의 의무자에 대하여 예약완결의 의사표시를 하면 자동적으로 본 계약이 성립한다. 즉, 甲이 예약한 일자에 콘도를 사용함으로써 본 계약이 성립한다 [대판 2015.8.27. 2013다28247].

71. 권리의 하자에 대한 매도인의 담보책임과 관련하여 '악의의 매수인에게 인정되는 권리로 옳은 것을 모두 고른 것은?

> ㄱ. 권리의 전부가 타인에게 속하여 매수인에게 이전할 수 없는 경우 계약해제권
> ㄴ. 권리의 일부가 타인에게 속하여 그 권리의 일부를 매수인에게 이전할 수 없는 경우 대금감액청구권
> ㄷ. 목적물에 설정된 저당권에 의해 매수인의 권리행사가 제한되어 계약의 목적을 달성할 수 없는 경우 계약해제권
> ㄹ. 목적물에 설정된 지상권에 의해 매수인의 권리행사가 제한되어 계약의 목적을 달성할 수 없는 경우 계약해제권

① ㄱ, ㄴ   ② ㄱ, ㄹ   ③ ㄴ, ㄷ   ④ ㄷ, ㄹ   ⑤ ㄱ, ㄴ, ㄷ

ㄱ.

> **제569조(타인의 권리의 매매)** 매매의 목적이 된 권리가 타인에게 속한 경우에는 매도인은 그 권리를 취득하여 매수인에게 이전하여야 한다.
>
> **제570조(동전-매도인의 담보책임)** 전조의 경우에 매도인이 그 권리를 취득하여 매수인에게 이전할 수 없는 때에는 매수인은 계약을 해제할 수 있다.(2011.2015기) 그러나 매수인이 계약 당시 그 권리가 매도인에게 속하지 아니함을 안 때에는 손해배상을 청구하지 못한다.

위의 지문은 타인의 권리의 매매로서 선의·악의 매수인은 민법 제570조에 의해 계약을 해제할 수 있다. 그러나 악의의 매수인은 손해배상을 청구하지 못한다.

ㄴ.

> **제572조(권리의 일부가 타인에게 속한 경우와 매도인의 담보책임)** ① 매매의 목적이된 권리의 일부가 타인에게 속함으로 인하여 매도인이 그 권리를 취득하여 매수인에게 이전할 수 없는 때에는 매수인은 그 부분의 비율로 대금의 감액을 청구할 수 있다.
> ② 전항의 경우에 잔존한 부분만이면 매수인이 이를 매수하지 아니하였을 때에는 선의의 매수인은 계약전부를 해제할 수 있다.
> ③ 선의의 매수인은 감액청구 또는 계약해제외에 손해배상을 청구할 수 있다.

선의의 매수인은 대금감액 청구권, 계약해제권, 손해배상청구권을 청구할 수 있으나 악의의 매수인은 민법 제572조 제1항에 의해 대금감액 청구권만을 행사할 수 있다.(2011.2021기)

ㄷ.

> **제576조(저당권, 전세권의 행사와 매도인의 담보책임)** ① 매매의 목적이 된 부동산에 설정된 저당권
> 또는 전세권의 행사로 인하여 매수인이 그 소유권을 취득할 수 없거나 취득한 소유권을 잃은
> 때에는 매수인은 계약을 해제할 수 있다.
> ② 전항의 경우에 매수인의 출재로 그 소유권을 보존한 때에는 매도인에 대하여 그 상환을 청
> 구할 수 있다.
> ③ 전2항의 경우에 매수인이 손해를 받은 때에는 그 배상을 청구할 수 있다.

위 민법 제576조 제1항에 의해 매수인은 선·악을 구분하지 않고 계약을 해제할 수 있으며, 손
해배상을 청구할 수 있다.(2011.2015기)

ㄹ.

> **제575조(제한물권있는 경우와 매도인의 담보책임)** ① 매매의 목적물이 지상권, 지역권, 전세권, 질
> 권 또는 유치권의 목적이 된 경우에 매수인이 이를 알지 못한 때에는 이로 인하여 계약의 목적
> 을 달성할 수 없는 경우에 한하여 매수인은 계약을 해제할 수 있다. 기타의 경우에는 손해배상
> 만을 청구할 수 있다.
> ② 전항의 규정은 매매의 목적이 된 부동산을 위하여 존재할 지역권이 없거나 그 부동산에 등
> 기된 임대차계약이 있는 경우에 준용한다.
> ③ 전2항의 권리는 매수인이 그 사실을 안 날로부터 1년내에 행사하여야 한다.

위 민법 제575조 제1항에 의해 선의의 매수인은 계약을 해제할 수 있으나 악의의 매수인은 계
약을 해제할 수 없다.(2011.2013.2015기)

72. 부동산의 환매에 관한 설명으로 <u>틀린</u> 것은?(다툼이 있으면 판례에 따름)

① 환매특약은 매매계약과 동시에 이루어져야 한다.

② 매매계약이 취소되어 효력을 상실하면 그에 부수하는 환매특약도 효력을 상실한다.

③ 환매 시 목적물의 과실과 대금의 이자는 특별한 약정이 없으면 이를 상계한 것으로 본다.

④ 환매기간을 정하지 않은 경우, 그 기간은 5년으로 한다.

⑤ 환매기간을 정한 경우, 환매권의 행사로 발생한 소유권이전등기청구권은 특별한 사정이 없는 한 그 환매기간 내에 행사하지 않으면 소멸한다.

【해설】 ⋯⋯

①

> **제590조(환매의 의의)** ① 매도인이 매매계약과 동시에 환매할 권리를 보류한 때에는 그 영수한 대금 및 매수인이 부담한 매매비용을 반환하고 그 목적물을 환매할 수 있다.
> ② 전항의 환매대금에 관하여 특별한 약정이 있으면 그 약정에 의한다.
> ③ 전2항의 경우에 목적물의 과실과 대금의 이자는 특별한 약정이 없으면 이를 상계한 것으로 본다.

환매의 특약은 매매계약과 "동시에" 하여야 한다.(2011.2013.2016.2019.2023기)

② 환매의 특약은 매매계약에 종된 계약으로, 매매계약이 효력을 상실하면 환매의 특약도 그 효력을 잃는다.

③ 위 민법 제590조 제3항의 내용으로 환매 시 목적물의 과실과 대금의 이자는 특별한 약정이 없으면 이를 상계한 것으로 본다.(2011.2021기)

④

> **제591조(환매기간)** ① 환매기간은 부동산은 5년, 동산은 3년을 넘지 못한다. 약정기간이 이를 넘는 때에는 부동산은 5년, 동산은 3년으로 단축한다.
> ② 환매기간을 정한 때에는 다시 이를 연장하지 못한다.
> ③ 환매기간을 정하지 아니한 때에는 그 기간은 부동산은 5년, 동산은 3년으로 한다.

⑤

대법원 1991.2.22. 선고 90다13420 판결

환매권의 행사로 발생한 소유권이전등기청구권은 위 기간 제한과는 별도로 환매권을 행사한 때로부터 일반채권과 같이 민법 제162조 소정의 10년의 소멸시효 기간이 진행되는 것이지, 위 제척기간 내에 이를 행사하여야 하는 것은 아니다.

73. 토지임차인에게 인정될 수 있는 권리가 아닌 것은?

① 부속물매수청구권 ② 유익비상환청구권
③ 지상물매수청구권 ④ 필요비상환청구권
⑤ 차임감액청구권

【해설】 ....

①

> **제646조(임차인의 부속물매수청구권)** ① 건물 기타 공작물의 임차인이 그 사용의 편익을 위하여 임대인의 동의를 얻어 이에 부속한 물건이 있는 때에는 임대차의 종료시에 임대인에 대하여 그 부속물의 매수를 청구할 수 있다.
> ② 임대인으로부터 매수한 부속물에 대하여도 전항과 같다.

부속물매수청구권은 민법 제646조의 내용으로 건물 기타 공작물의 임차인에게 인정되는 권리로 토지임차인에게는 해당하지 않는 사항이다.

②④ 민법 제626조 제1항에 의해 토지임차인은 필요비를 청구할 수 있고 동조 제2항에 의해 유익비를 청구할 수 있다.(제626조 참조)

③

> **제643조(임차인의 갱신청구권, 매수청구권)** 건물 기타 공작물의 소유 또는 식목, 채염, 목축을 목적으로 한 토지임대차의 기간이 만료한 경우에 건물, 수목 기타 지상시설이 현존한 때에는 제283조의 규정을 준용한다.

민법 제643조에서 토지임대차의 기간이 만료한 경우에 건물, 수목 기타 지상시설이 현존한 때에는 민법 제283조의 규정을 준용한다 하였으므로 토지임차인은 제283조 제2항에 의해 지상물매수청구권을 행사할 수 있다.

⑤

> **제628조(차임증감청구권)** 임대물에 대한 공과부담의 증감 기타 경제사정의 변동으로 인하여 약정한 차임이 상당하지 아니하게 된 때에는 당사자는 장래에 대한 차임의 증감을 청구할 수 있다.

74. 건물임대차계약상 보증금에 관한 설명으로 <u>틀린</u> 것을 모두 고른 것은?(다툼이 있으면 판례에 따름)

> ㄱ. 임대차계약에서 보증금을 지급하였다는 사실에 대한 증명책임은 임차인이 부담한다.
> ㄴ. 임대차계약이 종료하지 않은 경우, 특별한 사정이 없는 한 임차인은 보증금의 존재를 이유로 차임의 지급을 거절할 수 없다.
> ㄷ. 임대차 종료 후 보증금이 반환되지 않고 있는 한, 임차인이 목적물에 대한 점유는 적법점유이므로 임차인이 목적물을 계속하여 사용·수익하더라도 부당이득 반환의무는 발생하지 않는다.

① ㄱ   ② ㄴ   ③ ㄷ   ④ ㄱ, ㄴ   ⑤ ㄴ, ㄷ

【해설】 ··

ㄱ.

대법원 2005. 1. 13. 선고 2004다19647 판결

임대차계약에서 보증금을 지급하였다는 입증책임은 보증금의 반환을 구하는 임차인이 부담하고, 임대차계약이 성립하였다면 임대인에게 임대차계약에 기한 임료 채권이 발생하였다 할 것이므로 임료를 지급하였다는 입증책임도 임차인이 부담한다.

ㄴ.

대법원 1994. 9. 9. 선고 94다4417 판결

임차인이 임대차계약을 체결할 당시 임대인에게 지급한 임대차보증금으로 연체차임 등 임대차관계에서 발생하는 임차인의 모든 채무가 담보된다 하여 임차인이 그 보증금의 존재를 이유로 차임의 지급을 거절하거나 그 연체에 따른 채무불이행 책임을 면할 수는 없다.

ㄷ.

대법원 1998. 7. 10. 선고 98다15545 판결 (2015기)

임대차 종료 후 임차인의 임차목적물 명도의무와 임대인의 연체임료 기타 손해배상금을 공제하고 남은 임차보증금 반환의무와는 동시이행의 관계에 있으므로, 임차인이 동시이행의 항변권에 기하여 임차목적물을 점유하고 사용·수익한 경우 그 점유는 불법점유라 할 수 없어 그로 인한 손해배상책임은 지지 아니하되, 다만 사용·수익으로 실질적으로 얻은 이익이 있으면 부당이득으로서 반환하여야 한다.

75. 주택임대차보호법에 관한 설명으로 옳은 것을 모두 고른 것은?(다툼이 있으면 판례에 따름)

> ㄱ. 다가구용 단독주택 일부의 임차인이 대항력을 취득하였다면, 후에 건축물대장상으로 다가구용 단독주택이 다세대 주택으로 변경되었다는 사정만으로는 이미 취득한 대항력을 상실하지 않는다.
> ㄴ. 우선변제권 있는 임차인은 임차주택과 별도로 그 대지만이 경매된 경우, 특별한 사정이 없는 한 그 대지의 환가대금에 대하여 우선변제권을 행사할 수 있다.
> ㄷ. 임차인이 대항력을 가진 후 그 임차주택의 소유권이 양도되어 양수인이 임차보증금반환채무를 부담하게 되었더라도, 임차인이 주민등록을 이전하면 양수인이 부담하는 임차보증금반환채무는 소멸한다.

① ㄱ   ② ㄷ   ③ ㄱ, ㄴ   ④ ㄴ, ㄷ   ⑤ ㄱ, ㄴ, ㄷ

【해설】 ....

ㄱ.

대법원 2007. 2. 8. 선고 2006다70516 판결

처음에 다가구용 단독주택으로 소유권보존등기가 경료된 건물의 일부를 임차한 임차인은 이

를 인도받고 임차 건물의 지번을 정확히 기재하여 전입신고를 하면 주택임대차보호법 소정의 대항력을 적법하게 취득하고, 나중에 다가구용 단독주택이 다세대 주택으로 변경되었다는 사정만으로 임차인이 이미 취득한 대항력을 상실하게 되는 것은 아니다.

ㄴ.

대법원 2007. 6. 21. 선고 2004다26133 전원합의체 판결

대항요건 및 확정일자를 갖춘 임차인과 소액임차인은 임차주택과 그 대지가 함께 경매될 경우뿐만 아니라 임차주택과 별도로 그 대지만이 경매될 경우에도 그 대지의 환가대금에 대하여 우선변제권을 행사할 수 있고, 이와 같은 우선변제권은 이른바 법정담보물권의 성격을 갖는 것으로서 임대차 성립시의 임차 목적물인 임차주택 및 대지의 가액을 기초로 임차인을 보호하고자 인정되는 것이므로, 임대차 성립 당시 임대인의 소유였던 대지가 타인에게 양도되어 임차주택과 대지의 소유자가 서로 달라지게 된 경우에도 마찬가지이다.

ㄷ. 주택의 임차인이 제3자에 대한 대항력을 구비한 후에 임대주택의 소유권이 양도된 경우에 그 양수인이 임대인의 지위를 승계하므로, 임대인의 임차보증금반환채무도 양수인에게 이전되고, 이와 같이 양수인의 임차보증금반환채무를 부담한 이후에 임차인이 주민등록을 다른 곳으로 옮긴다 하여 이미 발생한 임차보증금반환채무가 소멸하는 것은 아니다[대판 1993.12.7. 93다36615].

76. 세종특별자치에서 소재하는 甲 소유의 X상가건물의 1층 점포를 乙이 분식점을 하려고 甲으로부터 2022. 2. 16. 보증금 6억 원 차임 월 100만 원에 임차하였고 임차권 등기는 되지 않았다. 이에 관한 설명으로 옳은 것을 모두 고른 것은?

> ㄱ. 乙이 점포를 인도받은 날에 사업자등록을 신청한 경우, 그 다음 날부터 임차권의 대항력이 생긴다.
>
> ㄴ. 乙이 대항요건을 갖춘 후 임대차계약서에 확정일자를 받은 경우, 「민사집행법」상 경매 시 乙은 임차건물의 환가대금에서 후순위권리자보다 우선하여 보증금을 변제받을 권리가 있다.
>
> ㄷ. 「乙은 감염병의 예방 및 관리에 관한 법률」 제49조제1항제2호에 따른 집합 제한 또는 금지조치를 총 3개월 이상 받음으로써 발생한 경제사정의 중대한 변동으로 폐업한 경우에는 임대차계약을 해지할 수 있다.

① ㄴ   ② ㄷ   ③ ㄱ, ㄴ   ④ ㄱ, ㄷ   ⑤ ㄱ, ㄴ, ㄷ

【해설】 ....

ㄱ. 위 지문에서 세종특별자치시의 보증금을 환산하면 보증금 6억 원에서 차임을 보증금으로 환산하면 차임 100만 원을 100으로 곱하게 되어 1억 원이 되므로 보증금 6억 원과 1억 원을 합하면 총 보증금은 7억 원이 된다. 따라서 세종특별자치시의 보호받는 보증금은 위 상가건물임대차보호법 시행령 제2조 제1항 각2호에 의해 5억4천만 원이 되므로 실질적으로 상가건물임대차보호법의 적용대상에서 제외되나 상가건물임대차보호법 제2조(적용범위) 제3항에서 제3조 대항력은 보증금액을 초과하는 임대차에 대하여도 적용한다 하였으므로 세종특별자치시의 환산보증금이 7억 원이 되더라도 본 법이 적용되므로 乙이 점포를 인도받은 날에 사업자등록을 신청한 경우, 그 다음 날부터 임차권의 대항력이 생긴다. 옳은 지문이다.

ㄴ. 대통령령으로 정하는 보증금액을 초과하는 임대차에 대하여 우선변제권은 인정되지 않는다(상임법 제2조 제3항). 따라서 乙이 대항요건을 갖춘 후 임대차계약서에 확정일자를 받았더라도, 「민사집행법」상 경매 시 乙은 임차건물의 환가대금에서 후순위권리자보다 우선하여 보증금을 변제 받을 권리가 없다.

ㄷ.

> **상가건물 임대차보호법 제11조의2(폐업으로 인한 임차인의 해지권)** ① 임차인은 「감염병의 예방및 관리에 관한 법률」 제49조제1항제2호에 따른 집합 제한 또는 금지 조치(같은 항 제2호의2에 따라 운영시간을 제한한 조치를 포함한다)를 총 3개월이상 받음으로써 발생한 경제사정의 중대한 변동으로 폐업한 경우에는 임대차계약을 해지할 수 있다.
> ② 제1항에 따른 해지는 임대인이 계약해지의 통고를 받은 날부터 3개월이 지나면 효력이 발생한다.

이 규정은 2022.1.4.에 신설되어 시행되었고, 대통령령으로 정하는 보증금액을 초과하는 임대차에 대하여도 적용된다(상임법 제2조 제3항). 따라서 乙은 위 집합 제한 또는 금지조치로 폐업한 경우에는 임대차계약을 해지할 수 있다.

77. 집합건물의 소유 및 관리에 관한 법률상 공용부분에 관한 설명으로 옳은 것을 모두 고른 것은?(다툼이 있으면 판례에 따름)

ㄱ. 관리단집회 결의나 다른 구분소유자의 동의없이 구분소유자 1인이 공용부분을 독점적으로 점유·사용하는 경우, 다른 구분소유자는 공용부분의 보존행위로써 그 인도를 청구할 수 있다.
ㄴ. 구분소유자 중 일부가 정당한 권원 없이 구조상 공용부분인 복도를 배타적으로 점유·사용하여 다른 구분소유자가 사용하지 못하였다면, 특별한 사정이 없는 한 이로 인하여 얻은 이익을 다른 구분소유자에게 부당이득으로 반환하여야 한다.
ㄷ. 관리단은 관리비 징수에 관한 유효한 규약이 없더라도 공용부분에 대한 관리비를 그 부담의무자인 구분소유자에게 청구할 수 있다.

① ㄱ   ② ㄴ   ③ ㄱ, ㄷ   ④ ㄴ, ㄷ   ⑤ ㄱ, ㄴ, ㄷ

ㄱ. 집합건물법 제16조 제1항에서 공용부분의 관리에 관한 사항은 제38조제1항에 따른 통상의 집회결의로써 결정한다. 다만, 보존행위는 각 공유자가 할 수 있다.(2024기) 그러나 공용부분의 인도를 청구할 수는 없다.

ㄴ. 일부공유자가 공유물을 배타적으로 사용·수익하거나 제3자가 공유물을 사용 수익하는 경우에 다른 공유자는 단독으로 자기의 지분범위 안에서 부당이득반환청구권 및 또는 손해배상청구권을 행사할 수 있다(판례).(2013.2015.2020기)

ㄷ.

> **대법원 2019. 12. 27. 선고 2018다42835 판결**

집합건물법상 관리단은 관리비 징수에 관한 유효한 관리단규약 등이 존재하지 않더라도, 집합건물법 제25조 제1항 등에 따라 적어도 공용부분에 대한 관리비는 이를 그 부담의무자인 구분소유자에 대하여 청구할 수 있다.

78. 가등기담보 등에 관한 법률이 적용되는 가등기담보에 관한 설명으로 옳은 것은?(다툼이 있으면 판례에 따름)

① 채무자가 아닌 제3자는 가등기담보권의 설정자가 될 수 없다.
② 귀속청산에서 변제기 후 청산금의 평가액을 채무자에게 통지한 경우, 채권자는 그가 통지한 청산금의 금액에 관하여 다툴 수 있다.
③ 공사대금채권을 담보하기 위하여 담보가등기를 한 경우, 「가등기담보등에관한법률」이 적용된다.
④ 가등기담보권자는 특별한 사정이 없는 한 가등기담보권을 그 피담보채권과 함께 제3자에게 양도할 수 있다.
⑤ 가등기담보권자는 담보 목적물에 대한 경매를 청구할 수 없다.

【해설】 ....

① 계약의 당사자는 보통 피담보채권의 채권자와 채무자이다. 그러나 담보제공자는 채무자에 한하지 않고 제3자(물상보증인)라도 무방하며, 제3자 명의의 가등기담보도 가능하다, 즉 가등기담보등에관한법률 제2조 각 2호에서 채무자등이란 채무자, 담보가등기 목적 부동산의 물상보증인, 담보가등기 후 소유권을 취득한 제삼자라고 하였다[대판 2002.12.24. 2002다50484].

②

> **가등기담보등에관한법률 제9조(통지의 구속력)** ① 채권자는 제3조 제1항에 따라 그가 통지한 청산금의 금액에 관하여 다툴 수 없다.
> ② 제1항에 따른 통지에는 통지 당시의 담보목적부동산의 평가액과 「민법」 제360조에 규정된 채권액을 밝혀야 한다. 이 경우 부동산이 둘 이상인 경우에는 각 부동산의 소유권이전에 의하여 소멸시키려는 채권과 그 비용을 밝혀야 한다.

③ 가등기담보등에관한법률 적용범위에 관한 재판례

가등기담보법은 금전소비대차나 준소비대차에 기한 차용금반환채무 외의 채무를 담보하기 위하여 경료된 가등기나 양도담보에는 적용되지 않는바, 소비대차 외의 채권을 담보하기 위하여 가등기가 경료된 경우, 가령 매매대금채권(2010기)(대판 2002.12.24. 2002다50484 이 판결에서는 대여금채권의 확보가 부수적인 목적이었다) 공사대금채권[대판 1992.4.10. 91다45356,45363](2015기) 매매계약의 해제에 따른 대금반환채권[대판 1996.11.29. 96다31895] 등의 담보에 대해서는 동법의 적용이 부정되었다.

④ 가등기담보권은 양도성을 가진다. 그런데 가등기담보권도 담보물권이므로, 담보물권의 수반성(제361조 참조)에 따라 피담보채권과 함께 양도할 수 있을 뿐이고 피담보채권과 분리하여 양도할 수 없다.

⑤

> **가등기담보등에관한법률 제12조(경매의 청구)** ① 담보가등기권리자는 그 선택에 따라 제3조에 따른 담보권을 실행하거나 담보목적부동산의 경매를 청구할 수 있다. 이경우 경매에 관하여는 담보가등기권리를 저당권으로 본다.(2014기)
> ② 후순위권리자는 청산기간에 한정하여 그 피담보채권의 변제기 도래 전이라도 담보목적부동산의 경매를 청구할 수 있다.

79. 2022. 8. 16. 甲은 조세포탈의 목적으로 친구인 乙과 명의신탁약정을 맺고 乙은 이에 따라 甲으로부터 매수자금을 받아 丙 소유의 X토지를 자신의 명의로 매수하여 등기를 이전받았다. 이에 관한 설명으로 <u>틀린</u> 것은?(다툼이 있으면 판례에 따름)

① 甲과 乙의 명의신탁약정은 무효이다.
② 甲과 乙의 명의신탁약정이 있었다는 사실을 丙이 몰랐다면, 乙은 丙으로부터 X토지의 소유권을 승계취득 한다.
③ 乙이 X토지의 소유권을 취득하더라도, 甲은 乙에 대하여 부당이득을 원인으로 X토지의 소유권 이전등기를 청구할 수 없다.
④ 甲은 乙에 대해 가지는 매수자금 상당의 부당이득반환청구권에 기하여 X토지에 유치권을 행사할 수 없다.
⑤ 만일 乙이 丁에게 X토지를 양도한 경우, 丁이 명의신탁약정에 대하여 단순히 알고 있었다면 丁은 X토지의 소유권을 취득하지 못한다.

【해설】 ....

① **부동산실권리자명의등기에관한법률 제4조** 제1항에서 명의신탁약정은 무효로 한다 하였으므로 명의신탁약정은 무효이다.

② **부동산실권리자명의등기에관한법률 제4조** 제2항 단서에서 부동산에 관한 물권을 취득하기 위한 계약에서 명의수탁자가 어느 한쪽 당사자가 되고 상대방 당사자는 명의신탁약정이 있다는 사실을 알지 못한 경우에는 그러하지 아니하다 하였으므로, 무효가 아니므로 乙은 丙으로부터 X토지의 소유권을 승계취득 한다.

> 대법원 2015. 12. 23. 선고 2012다202932 판결

구 부동산실권리자명의등기에관한법률 제4조 제1항은 "명의신탁약정은 무효로 한다."고 규정하고, 제2항은 "명의신탁약정에 따라 행하여진 등기에 의한 부동산에 관한 물권변동은 무효로 한다. 다만 부동산에 관한 물권을 취득하기 위한 계약에서 명의수탁자가 그 일방 당사자가

되고 그 타방 당사자는 명의신탁약정이 있다는 사실을 알지 못한 경우에는 그러하지 아니하다."고 규정하고 있다. 따라서 명의신탁자와 명의수탁자가 계약명의신탁약정을 맺고 명의수탁자가 당사자가 되어 명의신탁약정이 있다는 사실을 알지 못하는 소유자와 부동산의 취득에 관한 계약을 체결하면 계약은 유효하다.

③

대법원 2005. 1. 28. 선고 2002다66922 판결 (2012.2013.2014.2015)

부동산실권리자명의등기에관한법률 제4조 제1항, 제2항에 의하면, 명의신탁자와 명의수탁자가 이른바 계약명의신탁약정을 맺고 명의수탁자가 당사자가 되어 명의신탁약정이 있다는 사실을 알지 못하는 소유자와의 사이에 부동산에 관한 매매계약을 체결한 후 그 매매계약에 따라 당해 부동산의 소유권이전등기를 수탁자 명의로 마친 경우에는 명의신탁자와 명의수탁자 사이의 명의신탁약정의 무효에도 불구하고 그 명의수탁자는 당해 부동산의 완전한 소유권을 취득하게 되고, 다만 명의수탁자는 명의신탁자에 대하여 부당이득반환의무를 부담하게 될 뿐이라 할 것인데, 따라서 명의수탁자는 당해 부동산 자체가 아니라 명의신탁자로부터 제공받은 매수자금을 부당이득하였다고 할 것이다.(2016.2021기)

따라서 명의신탁자 甲은 명의수탁자 乙에게 소유권이전등기를 청구할 수 없다.

④ 민법 제320조 유치권의 내용의 제1항에서 그 물건에 대한 채권이 변제기에 있는 경우라 하였으므로 甲과 乙은 채권관계가 아니므로, 또한 동법 제2항에서 불법행위로 인한 경우에 적용하지 아니한다 하였으므로 유치권을 행사할 수 없다.

⑤ 부동산실권리자명의등기에관한법률 제4조 제3항에서 무효는 제3자에게 대항하지 못한다 하였으므로 선·악 불문하고 대항하지 못하므로 丁은 X토지의 소유권을 취득한다.(2010.2011.2012.2014.2015.2019기)

80. 집합건물의 소유 및 관리에 관한 법령상 관리인 및 관리위원회 등에 관한 설명으로 옳은 것은?

① 구분소유자가 아닌 자는 관리인이 될 수 없다.

② 구분소유자가 10인 이상일 때에는 관리단을 대표하고 관리단의 사무를 집행할 관리인을 선임하여야 한다.

③ 관리위원회를 둔 경우에도 규약에서 달리 정한 바가 없으면, 관리인은 공용부분의 보존행위를 함에 있어 관리위원회의 결의를 요하지 않는다.

④ 규약에서 달리 정한 바가 없으면, 관리인은 관리위원회의 위원이 될 수 있다.

⑤ 규약에서 달리 정한 바가 없으면, 관리위원회 위원은 부득이한 사유가 없더라도 서면이나 대리인을 통하여 의결권을 행사할 수 있다.

【해설】 ···

①② **집합건물의소유및관리에관한법률 제24조** 제1항에서 구분소유자가 10인 이상일 때에는 관리단을 대표하고 관리단의 사무를 집행할 관리인을 선임하여야 한다 하였으며, 제2항에서는 관리인은 구분소유자일 필요가 없으며, 그 임기는 2년의 범위에서 규약으로 정한다고 하였다.

③ **집합건물의소유및관리에관한법률 제25조** 제1항에서 관리인은 각 1호에 따라 공용부분이 보존행위를 할 수 있으며 동법 제26조의3(관리위원회의 설치 및 기능)에서 동법 제25조(관리인의 권한과 의무) 제1항 각 호의 행위를 하려면 규약에서 달리 정한 바가 없으면 관리위원회의 결의를 거쳐야 한다고 하였다.

④ **집합건물의소유및관리에관한법률 제26조의4** 제1항에서 관리인은 규약에 달리 정한 바가 없으면 관리위원회의 위원이 될 수 없다고 하였다.

⑤

> **집합건물의소유및관리에관한법률 시행령 제10조(관리위원회의 의결방법)** ① 관리위원회의 의사(議事)는 규약에 달리 정한 바가 없으면 관리위원회 재적위원 과반수의 찬성으로 의결한다.
>
> ② 관리위원회 위원은 질병, 해외체류 등 부득이한 사유가 있는 경우 외에는 서면이나 대리인을 통하여 의결권을 행사할 수 없다.

2022년 제33회 공인중개사 민법 정답

41	42	43	44	45	46	47	48	49	50
④	⑤	④	③	①	②	①	⑤	⑤	①
51	52	53	54	55	56	57	58	59	60
②	⑤	②	①	②	③⑤	④	①	①	③
61	62	63	64	65	66	67	68	69	70
②	②	⑤	③	③	②	④	④	③	③
71	72	73	74	75	76	77	78	79	80
⑤	⑤	①	③	③	④	④	④	⑤	②

2023년

제34회 공인중개사 민법 기출문제 해설

41. 다음 중 연결이 잘못된 것은?(다툼이 있으면 판례에 따름)

① 임차인의 필요비상환청구권 - 형성권
② 지명채권의 양도 - 형성권
③ 부동산 매매에 의한 소유권 취득 - 특정승계
④ 부동산 점유취득시효 완성으로 인한 소유권 취득 – 원시취득
⑤ 무권대리에서 추인 여부에 대한 확답의 최고 - 의사의 통지

【해설】 ···

① 형성권이란 권리자의 일방적인 의사표시에 의하여 법률관계의 변동(즉 권리의 발생·변경·소멸)을 일어나게 하는 권리를 말한다. 형성권은 이미 완성된 권리로 취소(형성권)를 하면 상대방의 의사와 무관하게 효력이 발생하는 것으로 취소된다. 지문에서 필요비상환청구권이라 하였으므로 청구권이다.

형성권: 동의권·취소권·추인권·상계권·계약의 해지권·해제권·예약완결권·약혼해제권·상속 포기권·부속물매수청구권·지상물매수청구권

청구권: 지료증감청구권·지상권소멸청구권·전세권소멸청구권·매매대금청구권 필요비상환청구권·유익비상환청구권 등

② 지명채권이란 채권자가 특정인으로 지명되어 있다고 하여 지명채권이라고 한다. 채권의 양도는 양도권자가 채권의 현실 가치를 위해 상대방에게 양도하면 양수인이 채권의 권리자가 된다. 채권발행인(채무자)의 의사와 상관없이 양도 양수할 수 있으므로(채무자에게 통지는 해야 한다) 형성권인 것이다.

③ 부동산 매매에 의한 소유권 취득은 예컨대 甲이 특정인 乙에게 아파트를 매도하였다면 乙이 소유권을 취득하므로 특정승계이다. 물권은 일물일권주의를 원칙으로 한다. 포괄승계는 전주가 가지던 다수의 권리들을 포괄적으로 취득하는 포괄승계는 상속, 포괄유증, 회사의 합

병 등에 의한 소유권의 취득을 말한다.

④ 취득시효로 인한 소유권의 취득은 원시취득이다[대판 2004.9.24. 2004다31463]. 즉 원소유자의 권리 위에 존재하던 제한은 소멸하고, 특별한 사정이 없는 한 시효완성자는 원소유의 소유권에 가해진 각종의 제한이 해소된 완전한 내용의 소유권을 취득한다.

⑤ 의사의 통지는 내심의 의도를 외부로 알리는 행위인데 최고가 대표적인 예이다. 무권대리에서 추인 여부에 대한 확답의 최고는 의사의 통지이다.

42. 甲으로부터 甲 소유 X토지의 매도 대리권을 수여받은 乙은 甲을 대리하여 丙의 X토지에 대한 매매계약을 체결하였다. 다음 설명 중 틀린 것은?(다툼이 있으면 판례에 따름)

① 乙은 특별한 사정이 없는 한 매매잔금의 수령 권한을 가진다.
② 丙의 채무불이행이 있는 경우, 특별한 사정이 없는 한 乙은 매매계약을 해제할 수 없다.
③ 매매계약의 해제로 인한 원상회복의무는 甲과 丙이 부담한다.
④ 丙이 매매계약을 해제한 경우, 丙은 乙에게 채무불이행으로 인한 손해배상을 청구할 수 없다.
⑤ 乙이 자기의 이익을 위하여 배임적 대리행위를 하였고 丙도 이를 안 경우, 乙의 대리행위는 甲에게 효력을 미친다.

【해설】 ··

① 부동산의 소유자로부터 매매계약을 체결할 대리권을 수여받은 대리인은 특별한 사정이 없는 한 그 매매계약에서 정한 바에 따라 중도금이나 잔금을 수령할 수 있지만[대판 1994.2.8. 93다39379](2013.2014.2016.2018.2019.2022기) 그 부동산을 처분할 대리권을 가지지 않음은 당연하나[대판 1991.2.12. 90다7364]. 매매계약의 체결 및 이행에 관하여 포괄적으로 대리권을 수여받은 대리인은 특별한 사정이 없는 한 상대방에 대하여 약정된 매매대금 지급기일을 연기하

여 줄 권한도 가진다[**대판 1992.4.14. 91다43107**].(2018기)

※ **보충** 보존행위는 임의대리권의 최소한의 내용이다. 따라서 보존행위는 이를 언제나 무제한으로 할 수 있다(제118조 제1호). 여기서 보존행위라 함은 대리행위의 목적인 물건의 수리행위, 대리의 목적인 물건이나 권리의 사용가치 또는 교환가치를 현상대로 유지하여 그 가치의 감소를 방지하는 행위이다. 대리의 목적인 물건의 수리행위, 대리의 목적인 권리의 소멸시효의 중단행위, 미등기부동산의 등기 등이 그 예이다. 보존행위인 여부는 실질적으로 판단하여야 한다. 즉 형식적으로 처분행위이지만 실질적으로 현상유지에 해당하는 경우, 예컨대 기한이 도래한 채무의 변제, 부패하기 쉬운 물건의 매각 등은 역시 보존행위에 해당한다고 할 것이다. 또한 대물변제(제466조) 및 경정(제500조)에 의하여 채무를 소멸시키는 것은 보존행위가 아니며, 시장가격이 하락할 것으로 전망되는 물건을 처분하여 등귀할 것으로 기대되는 물건을 구입하는 것은 보존행위가 아니고 개량행위라고 할 것이다.

※ **이용행위와 개량행위** 이용행위는 재산의 수익을 꾀하는 행위(예: 물건을 임대하거나 금전을 이자부로 대여하는 행위)를 말하고, 개량행위란 사용가치 또는 교환가치를 증가시키는 행위(예: 무이자의 금전소비대차를 이자부로 하는 경우)를 말한다. 그런데 대리인이 이용 개량행위를 함에는 일정한 제한이 따른다. 즉 대리의 목적인 물건이나 권리의 성질은 변하지 않는 범위에서만 허용된다(제118조 제2호). 그와 같은 성질의 변경이 있는지 여부는 거래 관념에 따라 판단한다(가령 예금을 주식으로 바꾼다거나 은행예금을 찾아 개인에게 빌려주는 행위는 할 수 없다).

② 계약의 해제권은 계약의 효력을 소급하여 무효화 하는 것으로 특별한 사정이 없는 한 대리인은 그 계약의 해제권은 없다. 예컨대 판례는 본인을 대리하여 금전소비대차 내지 그를 위한 담보권설정계약을 체결할 권한을 수여받은 대리인에게 본래의 계약관계를 해제할 대리권까지 있다고 볼 수 없다고 하였다[**대판 1993.1.15. 92다39365**].(2018기)

③ 대리인은 계약 해제권이 없으므로 계약의 해제로 인한 원상회복권은 본인 甲과 상대방 丙에게 있다.

④ 상대방 丙이 매매계약을 해제한 경우, 채무불이행으로 인한 손해배상 청구는 당사자인 본

인 甲에게 청구해야 한다.

⑤ 판례의 태도는 제126조 소정의 정당한 이유를 상대방의 선의 무과실로 파악하는 것으로 이해할 것이다. 또한 제107조 제1항 단서를 유추 적용하여야 한다는 견해로, 대리인이 사리를 도모할 목적으로 권한을 남용하여 배임행위를 하였더라도 일단 대리의사는 존재하므로 대리행위로서 유효하게 성립하지만, 대리인의 배임적 의도를 상대방이 알았거나 알 수 있었다면 제107조 제1항 단서를 유추하여 대리행위의 효력을 부정할 것이라고 한다. 판례는 이러한 입장을 따르고 있다**[대판 1996.4.26. 94다29850].**(2014기) 乙의 대리행위는 甲에게 효력이 없다.

대법원 1996. 4. 26. 선고 94다29850 판결

진의 아닌 의사표시가 대리인에 의하여 이루어지고 그 대리인의 진의가 본인의 이익이나 의사에 반하여 자기 또는 제3자의 이익을 위한 배임적인 것임을 그 상대방이 알았거나 알 수 있었을 경우에는, 민법 제107조 제1항 단서의 유추해석상 그 대리인의 행위는 본인의 대리행위로 성립할 수 없으므로 본인은 대리인의 행위에 대하여 아무런 책임이 없으며, 그 상대방이 대리인의 표시의사가 진의 아님을 알았거나 알 수 있었는가의 여부는 표의자인 대리인과 상대방 사이에 있었던 의사표시의 형성 과정과 그 내용 및 그로 인하여 나타나는 효과 등을 객관적인 사정에 따라 합리적으로 판단하여야 한다.

43. 불공정한 법률행위에 관한 설명으로 옳은 것은?(다툼이 있으면 판례에 따름)

① 불공정한 법률행위에도 무효행위의 전환에 관한 법리가 적용될 수 있다.

② 경락대금과 목적물의 시가에 현저한 차이가 있는 경우에도 불공정한 법률행위가 성립할 수 있다.

③ 급부와 반대급부 사이에 현저한 불균형이 있는 경우, 원칙적으로 그 불균형 부분에 한하여 무효가 된다.

④ 대리인에 의한 법률행위에서 궁박과 무경험은 대리인을 기준으로 판단한다.

⑤ 계약의 피해 당사자가 급박한 곤궁 상태에 있었다면 그 상대방에게 폭리행위의 악의가 없었더라도 불공정한 법률행위는 성립한다.

【해설】

①

> **대법원 2010. 7. 15. 선고 2009다50308 판결** (2014.2017.2018.2020.2025기)

매매계약이 약정된 매매대금의 과다로 말미암아 민법 제104조에서 정하는 '불공정한 법률행위'에 해당하여 무효인 경우에도 무효행위의 전환에 관한 민법 제138조가 적용될 수 있다. 따라서 당사자 쌍방이 위와 같은 무효를 알았더라면 대금을 다른 금액으로 정하여 매매계약에 합의하였을 것이라고 예외적으로 인정되는 경우에는, 그 대금액을 내용으로 하는 매매계약이 유효하게 성립한다.

② 당사자의 의사에 기하지 않은, 경매에 의한 재산권의 이전에는 제104조가 적용되지 않는다 [대결 1980.3.21. 80마77].(2014.2017.2020기)

적법한 절차에 의하여 이루어진 경매에 있어서 경락가격이 경매부동산의 시가에 비하여 저렴하다는 사유는 경락허가결정에 대한 적법한 불복이유가 되지 못하는 것이고, 경매에 있어서는 불공정한 법률행위 또는 채무자에게 불리한 약정에 관한 것으로서 효력이 없다는 민법 제104조는 적용될 여지가 없다.

③ 급부와 반대급부 사이에 현저한 불균형이 있는 경우에 불공정한 법률행위로 무효이므로 원칙적으로 법률행위 전체가 무효이다.

④ 대리인에 의한 법률행위에서 경솔과 무경험은 대리인을 기준으로 판단하지만, 궁박 상태에 있었는지 여부는 본인을 기준으로 판단해야 한다[대판 2002.10.22. 2002다38927]. (2013,2014,2018,2020,2025기)

대법원 2002. 10. 22. 선고 2002다38927 판결

[1] 대리인에 의하여 법률행위가 이루어진 경우 그 법률행위가 민법 제104조의 불공정한 법률행위에 해당하는지 여부를 판단함에 있어서 경솔과 무경험은 대리인을 기준으로 하여 판단하고, 궁박은 본인의 입장에서 판단하여야 한다.

[2] 불공정한 법률행위가 성립하기 위한 요건인 궁박, 경솔, 무경험은 모두 구비되어야 하는 요건이 아니라 그 중 일부만 갖추어져도 충분한데, 여기에서 '궁박'이라 함은 '급박한 곤궁'을 의미하는 것으로서 경제적 원인에 기인할 수도 있고 정신적 또는 심리적 원인에 기인할 수도 있으며, '무경험'이라 함은 일반적인 생활체험의 부족을 의미하는 것으로서 어느 특정 영역에 있어서의 경험 부족이 아니라 거래 일반에 대한 경험 부족을 뜻하고, 한편 피해 당사자가 궁박, 경솔 또는 무경험의 상태에 있었다고 하더라도 그 상대방 당사자에게 그와 같은 피해 당사자 측의 사정을 알면서 이를 이용하려는 의사, 즉 폭리행위의 악의가 없었다거나 또는 객관적으로 급부와 반대급부 사이에 현저한 불균형이 존재하지 아니한다면 불공정 법률행위는 성립하지 않는다.

⑤ 폭리행위의 악의가 없었다거나 또는 객관적으로 급부와 반대급부 사이에 현저한 불균형이 존재하지 아니한다면 불공정 법률행위는 성립하지 않는다.(위 판례 참조)

44. 복대리에 관한 설명으로 **틀린** 것은?(다툼이 있으면 판례에 따름)

① 복대리인은 행위능력자임을 요하지 않는다.

② 복대리인은 본인에 대하여 대리인과 동일한 권리의무가 있다.

③ 법정대리인은 그 책임으로 복대리인을 선임할 수 있다.

④ 대리인의 능력에 따라 사업의 성공 여부가 결정되는 사무에 대해 대리권을 수여받은 자는 본인의 묵시적 승낙으로도 복대리인을 선임할 수 있다.

⑤ 대리인이 대리권 소멸 후 선임한 복대리인과 상대방 사이의 법률행위에도 민법 제129조의 표현대리가 성립할 수 있다.

【해설】 ....

①

> **제117조(대리인의 행위능력)** 대리인은 행위능력자임을 요하지 아니한다.

복대리인도 대리인과 마찬가지로 행위능력자임을 요하지 아니하기 때문에 본인은 복대리인이 제한능력자임을 이유로 계약을 취소할 수 없다. 다만 대리인은 의사능력은 있어야 한다. 즉 대리행위의 효과가 대리인 아닌 본인에게 귀속되므로 무능력자 제도의 취지에 어긋나지 않을 뿐만 아니라 임의대리에서 본인 스스로 무능력자를 선정한 이상 그에 따른 불이익을 본인이 감수하는 것이 타당하기 때문이다. 지문에서 복대리도 본인의 대리인이므로 행위능력자임을 요하지 않는다. 다만 대리행위 당시 의사능력은 가지고 있어야 한다.

②

> **제123조(복대리인의 권한)** ① 복대리인은 그 권한내에서 본인을 대리한다.
> ② 복대리인은 본인이나 제삼자에 대하여 대리인과 동일한 권리의무가 있다.

복대리인은 그 권한 범위 내에서 직접 본인을 대리한다. 복대리인이란 대리인이 대리권의 범위에 속하는 행위를 하게 하기 위하여 대리인 자신의 이름으로 대리인의 권한으로 선임한, 본인의 대리인을 말한다.(2010,2018,2019,2020,2021,2022기)

③ 법정대리인은 언제나 복임권을 갖는다.(2019,2022,2025기)
법정대리인은 언제든지 복임권을 가지는 대신, 복대리인의 행위에 의하여 본인이 손해를 입으면, 복대리인의 선임·감독에 관하여 과실이 없더라도 그에 대하여 전적인 책임을 진다.(제122조 단서)

④ 사업의 중대성으로 인한 대리인의 능력에 따라 대리권을 수여받은 대리인은 대리행위에 신중하고 능력이 요구된다 하겠으므로 본인의 승낙이 있으면 대리인이나 복대리인을 선임할 수 있으나, 대리행위가 사업의 성공 여부가 결정되는 중대한 사항에 있어서는 본인의 승낙으로 복대리인을 선임할 경우 신중을 기하여야 하므로 본인의 묵시적인 의사표시보다는 명확한 의사표시에 의한 복대리인을 선임해야 한다 하겠다.[대판 1996.1.26. 94다30690판결]

⑤ 복대리인의 대리권이 제126조의 기본대리권에 해당하므로, 복대리인이 복대리권의 범위를 넘어서 대리행위를 한 경우에 제126조의 표현대리가 성립하고[대판 1998.3.27. 97다48982], 대리인이 대리권 소멸 후 복대리인을 선임하여 복대리인으로 하여금 상대방과 사이에 대리행위를 하도록 한 경우에도, 상대방이 대리권 소멸 사실을 알지 못하여 복대리인에게 적법한 대리권이 있는 것으로 믿었고, 그와 같이 믿은 데 과실이 없다면 제129조에 의한 표현대리가 성립할 수 있다[대판 1998.5.29. 97다55317].(2011,2012,2015,2019,2021,2022기)

45. 통정허위표시를 기초로 새로운 법률상 이해관계를 맺은 제3자에 해당하는 자를 모두 고른 것은?(다툼이 있으면 판례에 따름)

> ㄱ. 파산선고를 받은 가장채권자의 파산관재인
> ㄴ. 가장채무를 보증하고 그 보증채무를 이행하여 구상권을 취득한 보증인
> ㄷ. 차주와 통정하여 가장소비대차계약을 체결한 금융기관으로부터 그 계약을 인수한 자

① ㄱ   ② ㄷ   ③ ㄱ, ㄴ   ④ ㄴ, ㄷ   ⑤ ㄱ, ㄴ, ㄷ

【해설】 ………

ㄱ. 파산자가 상대방과 통정한 허위의 의사표시를 통하여 가장채권을 보유하고 있다가 파산이 선고된 경우, 파산관재인은 파산채권자 전체의 공동의 이익을 위하여 직무를 수행하므로 파산자와는 독립하여 그 재산에 관하여 이해관계를 가지는 제3자에 해당한다[**대판 2006.11.10. 2004다10299**].(2019.2020.2021기)

ㄴ.

대법원 2000. 7. 6. 선고 99다51258 판결 (2019.2020기)

보증인이 주채무자의 기망행위에 의하여 주채무가 있는 것으로 믿고 주채무자와 보증계약을 체결한 다음 그에 따라 보증채무자로서 그 채무까지 이행한 경우, 그 보증인이 주채무자의 채권자에 대한 채무 부담행위라는 허위표시에 기초하여 구상권 취득에 관한 법률상 이해관계를 가지게 되었다고 보아 민법 제108조 제2항 소정의 '제3자'에 해당한다고 한 사례.

ㄷ. 차주와 통정하여 가장소비대차계약을 체결한 금융기관으로부터 그 계약을 인수한 자는 통정허위표시에 따라 형성된 법률관계를 기초로 하여 새로운 법률상 이해관계를 가지게 된 민법 제108조 제2항의 제3자에 해당하지 않는다.

대법원 2004. 1. 15.선고 2002다31537 판결

소정의 계약이전은 금융거래에서 발생한 계약상의 지위가 이전되는 사법상의 법률효과를 가져오는 것이므로, 계약이전을 받은 금융기관은 계약이전을 요구받은 금융기관과 대출채무자 사이의 통정허위표시에 따라 형성된 법률관계를 기초로 하여 새로운 법률상 이해관계를 가지게 된 민법 제108조 제2항의 제3자에 해당하지 않는다.

46. 무권대리인 乙이 甲을 대리하여 甲 소유의 X토지를 丙에게 매도하는 계약을 체결하였다. 다음 설명 중 옳은 것은?(다툼이 있으면 판 에 따름)

① 위 매매계약이 체결된 후에 甲이 X토지를 丁에게 매도하고 소유권이전등기를 마쳤다면, 甲이 乙의 대리행위를 추인하더라도 丁은 유효하게 그 소유권을 취득한다.

② 乙이 甲을 단독상속한 경우, 특별한 사정이 없는 한 乙은 본인의 지위에서 추인을 거절할 수 있다.

③ 甲의 단독상속인 戊는 丙에 대해 위 매매계약을 추인할 수 없다.

④ 丙은 乙과 매매계약을 체결할 당시 乙에게 대리권이 없음을 안 경우에도 甲의 추인이 있을 때까지 그 매매계약을 철회할 수 있다.

⑤ 甲이 乙의 대리행위에 대하여 추인을 거절하면, 乙이 미성년자라도 丙은 乙에게 대해 손해배상을 청구할 수 있다.

【해설】 ···

①

> **제133조(추인의 효력)** 추인은 다른 의사표시가 없는 때에는 계약시에 소급하여 그 효력이 생긴다. 그러나 제삼자의 권리를 해하지 못한다.

대리권 없는 乙이 丙과 매매계약을 체결하였더라도 본인이 추인이 있기 전까지는 무효이므로 본인 甲이 X토지를 丁에게 매도하여 소유권이전등기를 해 주었을 경우 본인 甲이 무권대리인

乙의 대리행위를 추인을 하였더라도, 우리 민법 제133조 단서에 의해 선의의 제3자의 권리를 해하지 못한다 하였으므로 등기우선주의를 취하는 우리 물권법 법제 하에서는 丁이 소유권을 취득한다.(2016기)

② 乙이 甲을 단독상속한 경우, **대판 1994.9.27. 94다20617**은 병존설을 전제로 무권대리인인 상속인이 상속 전에 행한 무권대리행위의 추인을 거절하는 것은 신의칙에 반한다는 입장을 취한다.(2010,2011,2014,2017,2020,2021,2025기)

③ 지문에서 戊가 등장하지도 않았음에도 戊를 내세워 戊가 단독상속한 경우를 질의하였는데 본인 甲의 단독상속인 戊는 甲의 권리와 의무도 상속받으므로 戊는 甲의 위치에서 丙에 대해 위 매매계약을 추인할 수 있다.

④

> **제134조(상대방의 철회권)** 대리권없는 자가 한 계약은 본인의 추인이 있을 때까지 상대방은 본인이나 그 대리인에 대하여 이를 철회할 수 있다. 그러나 계약당시에 상대방이 대리권 없음을 안 때에는 그러하지 아니하다

丙은 乙과 매매계약을 체결할 당시 乙에게 대리권이 없음을 안 경우, 즉 丙이 악의인 경우에는 매매계약을 철회할 수가 없다.(2011,2016,2018,2024기)

⑤ 민법 **제135조** 제2항 단서에서 대리인으로서 계약을 맺은 사람이 제한능력자일 때에는 손해배상을 청구할 수 없다 하였으므로, 본인 甲이 乙의 무권대리행위에 추인을 거절하였다면 상대방 丙은 제한능력자 乙에게 손해배상을 청구할 수 없다.

47. 반사회질서의 법률행위에 해당하지 <u>않는</u> 것을 모두 고른 것은?(다툼이 있으면 판례에 따름)

> ㄱ. 2023년 체결된 형사사건에 관한 성공수수약정
> ㄴ. 반사회적 행위에 의해 조성된 비자금을 소극적으로 은닉하기 위해 체결한 임치약정
> ㄷ. 산모가 우연한 사고로 인한 태아의 상해에 대비하기 위해 자신을 보험수익자로, 태아를 피보험자로 하여 체결한 상해보험계약

① ㄱ   ② ㄷ   ③ ㄱ, ㄴ   ④ ㄴ, ㄷ   ⑤ ㄱ, ㄴ, ㄷ

【해설】 ⋯⋯⋯

ㄱ. 2015년 7.23. 전에는 형사사건에 관한 성공보수약정이 선량한 풍속 기타 사회질서에 위배되는 것으로 판결하지 아니하였으나, 2015년 전원합의체 판결로 선량한 풍속 기타 사회질서에 위배되는 것으로 변경되었다.

대법원 2015. 7. 23. 선고 2015다200111 전원합의체 판결

형사사건에서의 성공보수약정은 수사·재판의 결과를 금전적인 대가와 결부시킴으로써, 기본적 인권 옹호와 사회정의 실현을 사명으로 하는 변호사 직무의 공공성을 저해하고, 의뢰인과 일반 국민의 사법제도에 대한 신뢰를 현저히 떨어뜨릴 위험이 있으므로, 선량한 풍속 기타 사회질서에 위배되는 것으로 평가할 수 있다.

ㄴ

대법원 2001. 4. 10. 선고 2000다49343 판결

반사회적 행위에 의하여 조성된 재산인 이른바 비자금을 소극적으로 은닉하기 위하여 임치한 것이 사회질서에 반하는 법률행위로 볼 수 없다고 하여 불법원인급여가 아니라고 한 원심 판단을 수긍한 사례.

위 사례는 5공 전두환의 비자금을 은닉하기 위해 제3자에게 맡긴 사건으로서 반사회적 법률

행위에 해당한다고 볼 수 없다는 내용인 판결이다.

ㄷ. 산모가 우연한 사고로 인한 태아의 상해에 대비하기 위해 자신을 보험수익자로, 태아를 피보험자로 하여 체결한 상해보험계약은 제3자를 위한 계약으로 반사회질서의 법률행위에 해당하지 않는다.

48. 甲은 허가받을 것을 전제로 토지거래허가구역 내 자신의 토지에 대해 乙의 매매계약을 체결하였다. 다음 설명 중 옳은 것을 모두 고른 것은?(다툼이 있으면 판례에 따름)

> ㄱ. 甲은 특별한 사정이 없는 한 乙의 매매대금 이행제공이 있을 때까지 허가신청 절차 협력의무의 이행을 거절할 수 있다.
> ㄴ. 乙이 계약금 전액을 지급한 후, 당사자의 일방이 이행에 착수하기 전이라면 특별한 사정이 없는 한 甲은 계약금의 배액을 상환하고 계약을 해제할 수 있다.
> ㄷ. 일정기간 내 허가를 받기로 약정한 경우, 특별한 사정이 없는 한 그 허가를 받지 못하고 약정기간이 경과하였다는 사정만으로도 매매계약은 확정적 무효가 된다.

① ㄱ   ② ㄴ   ③ ㄱ, ㄷ   ④ ㄴ, ㄷ   ⑤ ㄱ, ㄴ, ㄷ

【해설】 ··

ㄱ, ㄴ

유동적 무효상태의 법률관계

1) 유동적으로 무효인 거래계약의 효과로 각 계약 당사자는 상대방에 대하여 토지거래허가신청절차에 협력할 의무를 부담하는데, 이 의무의 이행을 소구할 수 있고, 그런데 협력의무의 이행을 청구함에 있어서 대금채무에 관하여 이행제공을 할 필요가 없고, **ㄱ,** 따라서 매매대금의 이행제공이 없었음을 이유로 협력의무의 이행을 거절할 수 없으며**[대판 1996.10.25. 96다 23825],**(2015,2019,2023기) 관할관청으로부터 결국 허가를 받을 수 없을 것이라는 사유로 협력

의무의 이행을 거절할 수도 없다[대판 1992.10.27. 92다34414].

2) 허가를 받기 전의 유동적 무효 상태에서는 물권적 효력은 물론 채권적 효력도 발생하지 않으므로, 각 당사자는 상대방에 대하여 이행청구를 할 수 없으며[대판 1992.9.8. 92다19989], 이행청구권이 부인되는 결과 채무불이행에 기한 계약해제나 손해배상[대판 1994.1.11. 93다22043]도 인정될 여지가 없다. ㄴ, 반면 약정해제권의 행사는 가능하지만, 해약금에 기한 경우에는 당연히 당사자 일방이 이행에 착수하기 전에만 허용되는데, 대판 1997.6.27. 97다9369는 당사자의 일방이 상대방에게 토지거래허가신청절차에 협력할 것을 소구하였다 하더라도, 그 판결이 확정되지 않았다면 소송행위를 이행의 착수로 볼 수 없다고 하였다.(2023기)

ㄷ. 대판 2009.4.23. 2008다50615는 "매매계약 체결 당시 일정한 기간 안에 토지거래허가를 받기를 약정하였다고 하더라도, 그 약정된 기간 내에 토지거래허가를 받지 못할 경우 계약해제 등의 절차 없이 곧바로 매매계약을 무효로 하기로 약정한 취지라는 등의 특별한 사정이 없는 한, 이를 쌍무계약에서 이행기를 정한 것과 달리 볼 것이 아니므로, 위 약정기간이 경과하였다는 사정만으로 곧바로 매매계약이 확정적으로 무효가 된다고 할 수 없다"고 하였다.

49. 법률행위의 부관에 관한 설명으로 틀린 것은?(다툼이 있으면 판례에 따름)

① 조건이 선량한 풍속 기타 사회질서에 위반한 경우, 그 조건만 무효이고 법률행위는 유효다.

② 법률행위에 조건이 붙어 있는지 여부는 조건의 존재를 주장하는 자에게 증명책임이 있다.

③ 기한은 특별한 사정이 없는 한 채무자의 이익을 위한 것으로 추정된다.

④ 조건부 법률행위에서 기성조건이 해제조건이면 그 법률행위는 무효이다.

⑤ 종기(終期) 있는 법률행위는 기한이 도래한 때로부터 그 효력을 잃는다.

[해설] ....

① 조건이 선량한 풍속 기타 사회질서에 위반한 경우 절대적 무효로서 조건뿐만 아니라 법률행위도 전부무효가 된다.

② 조건성취 사실에 대한 증명책임은 조건의 성취로 인하여 법률행위의 효력이 확정되었음을 주장하는 자(정지조건의 경우에 권리를 취득하는 자, 해제조건의 경우에는 의무를 면하는 자)가 부담한다[대판 1984.9.25. 84다카967].(2017.2025기)

③

> **제153조(기한의 이익과 그 포기)** ① 기한은 채무자의 이익을 위한 것으로 추정한다.
> ② 기한의 이익은 이를 포기할 수 있다. 그러나 상대방의 이익을 해하지 못한다.

법률행위의 성질에 비추어 반대의 취지가 명백하지 않는 한, 기한은 채무자의 이익을 위한 것으로 추정한다.(2018.2020기)

④

> **제151조(불법조건, 기성조건)** ①조건이 선량한 풍속 기타 사회질서에 위반한 것인 때에는 그 법률행위는 무효로 한다.
> ② 조건이 법률행위의 당시 이미 성취한 것인 경우에는 그 조건이 정지조건이면 조건없는 법률행위로 하고 해제조건이면 그 법률행위는 무효로 한다.(2012.2018.2020기)
> ③ 조건이 법률행위의 당시에 이미 성취할 수 없는 것인 경우에는 그 조건이 해제조건이면 조건없는 법률행위로 하고 정지조건이면 그 법률행위는 무효로 한다.

⑤

> **제152조(기한도래의 효과)** ① 시기있는 법률행위는 기한이 도래한 때로부터 그 효력이 생긴다.(2012기)
> ② 종기있는 법률행위는 기한이 도래한 때로부터 그 효력을 잃는다.

50. 법률행위의 무효와 추인에 관한 설명으로 옳은 것을 모두 고른 것은?(다툼이 있으면 판례에 따름)

> ㄱ. 무효인 법률행위의 추인은 무효원인이 소멸된 후 본인이 무효임을 알고 추인해야 그 효력이 인정된다.
> ㄴ. 무권리자의 처분이 계약으로 이루어진 경우, 권리자가 추인하면 원칙적으로 계약의 효과는 계약체결 시에 소급하여 권리자에게 귀속된다.
> ㄷ. 양도금지특약에 위반하여 무효인 채권양도에 대해 양도대상이 될 채권의 채무자가 승낙하면 다른 확정이 없는 한 양도의 효과는 승낙 시부터 발생한다.

① ㄱ   ② ㄴ   ③ ㄱ, ㄷ   ④ ㄴ, ㄷ   ⑤ ㄱ, ㄴ, ㄷ

【해설】 ··

ㄱ.

> **제139조(무효행위의 추인)** 무효인 법률행위는 추인하여도 그 효력이 생기지 아니한다. 그러나 당사자가 그 무효임을 알고 추인한 때에는 새로운 법률행위로 본다.

무효인 법률행위는 그 효력이 발생하지 않음이 확정된 것이어서, 당사자가 임의로 유효한 것으로 추인할 수 없다. 그러나 당사자가 그 무효임을 알고 추인한 경우에, 그때부터 새로운 법률행위를 한 것으로 보더라도 문제될 수 없다.(2010.2012.2013기) 또한 무효인 법률행위에 대하여 당사자가 무효임을 알고 추인하면 새로운 법률행위를 한 것으로 간주될 뿐이고, 추인에 소급효가 인정되지 않는다[대판 1992.5.12 91다26546].(2012.2013.2017기)

ㄴ. 예를 들어 타인의 권리를 자기 이름으로 또는 자기의 권리로 처분한 후에 본인이 처분을 인정하였다면 특별한 사정이 없다면 그 처분은 본인에 대하여 효력을 발생한다. 무권리자의 처분이 계약으로 이루어진 경우, 권리자가 추인하면 원칙적으로 계약의 효과는 계약체결 시에 소급하여 권리자에게 귀속된다.

ㄷ. 채권양도 금지특약을 채권자와 채무자가 약정한 경우 특약의 위반으로 채권양도에 대해 위 무효행위의 추인에 의해 그 효력이 소급하지 아니하고 양도대상이 될 채권의 채무자가 승낙하면 다른 확정이 없는 한 양도의 효과는 승낙 시부터 발생한다.

51. 점유자의 회복자의 관계에 관한 설명으로 옳은 것은?(다툼이 있으면 판례에 따름)

① 점유물이 점유자의 책임 있는 사유로 멸실된 경우, 선의의 타주점유자는 이익이 현존하는 한도에서 배상해야 한다.

② 악의의 점유자는 특별한 사정이 없는 한 통상의 필요비를 청구할 수 있다.

③ 점유자의 필요비상환청구에 대해 법원은 회복자의 청구에 의해 상당한 상환기간을 허여할 수 있다.

④ 이행지체로 인해 매매계약이 해제된 경우, 선의의 점유자인 매수인에게 과실취득권이 인정된다.

⑤ 은비(隱祕)에 의한 점유자는 점유물의 과실을 취득한다.

【해설】 ··

①

> **제202조(점유자의 회복자에 대한 책임)** 점유물이 점유자의 책임있는 사유로 인하여 멸실 또는 훼손한 때에는 악의의 점유자는 그 손해의 전부를 배상하여야 하며 선의의 점유자는 이익이 현존하는 한도에서 배상하여야 한다. 소유의 의사가 없는 점유자는 선의인 경우에도 손해의 전부를 배상하여야 한다.(2012.2015.2016.2022기)

민법 제202조 후단에서 소유의 의사가 없는 점유자인 타주점유자는 선의인 경우에도 손해의 전부를 배상하여야 한다 하였다.

② 제203조 제1항에서 필요비는 선·악을 구분하지 않고 회복자에게 청구할 수 있다. 따라서 점유자는 그가 지출한 필요비 전액을 청구할 수 있지만, 과실을 취득하였다면 통상필요비를 청구할 수 없다.(2016.2018.2021.2022기)

③ 유익비에 대하여 법원은 회복자의 청구에 의하여 상당한 상환기간을 허여할 수 있다(제203조 제3항).(2018기)

④ 판례는 매매계약이 무효이거나 취소된 경우에 선의의 매수인에 대하여 제201조 제1항의 적용을 긍정하는 반면(대판 1993.5.14. 92다4502는 쌍무계약이 취소된 경우에 선의의 매수인에게 제201조가 적용되어 과실취득권이 인정되는 이상 선의의 매도인에게도 제587조의 유추적용에 의하여 대금의 운용이익 내지 법정이자의 반환을 부정함이 형평에 맞다고 하였다), 계약해제의 경우에는 부당이득반환에 관한 특칙인 제548조를 근거로 제201조 제1항의 적용을 부정한다[대판 1998.12.23. 98다43175]. 따라서 매매계약이 해제된 경우, 반환의무에 관하여 제548조가 적용되고, 이익의 현존 여부를 묻지 않고 받은 이익 전부를 반환해야 한다. 따라서 선의의 점유자인 매수인에게 과실취득권이 인정되지 않는다.(2020기)

⑤

> **제201조(점유자와 과실)** ① 선의의 점유자는 점유물의 과실을 취득한다.
> ② 악의의 점유자는 수취한 과실을 반환하여야 하며 소비하였거나 과실로 인하여 훼손 또는 수취하지 못한 경우에는 그 과실의 대가를 보상하여야 한다.
> ③ 전항의 규정은 폭력 또는 은비에 의한 점유자에 준용한다.

은비의 점유자는 수취한 과실을 반환하여야 하며 소비하였거나 과실로 인하여 훼손 또는 수취하지 못한 경우에는 괴실의 대가를 보상하여야 한다.(2010.2022기)

52. 민법상 합유에 관한 설명으로 <u>틀린</u> 것은?(특약은 없으며, 다툼이 있으면 판례에 따름)

① 합유자의 권리는 합유물 전부에 미친다.

② 합유자는 합유물의 분할을 청구하지 못한다.

③ 합유자 중 1인이 사망하면 그의 상속인이 합유자의 지분을 승계한다.

④ 합유물의 보존행위는 합유자 각자가 할 수 있다.

⑤ 합유자는 그 전원의 동의 없이 합유지분을 처분하지 못한다.

【해설】 ....

①

> **제271조(물건의 합유)** ① 법률의 규정 또는 계약에 의하여 수인이 조합체로서 물건을 소유하는 때에는 합유로 한다. 합유자의 권리는 합유물 전부에 미친다.
> ② 합유에 관하여는 전항의 규정 또는 계약에 의하는 외에 다음 3조의 규정에 의한다.

②

> **제273조(합유지분의 처분과 합유물의 분할금지)** ① 합유자는 전원의 동의없이 합유물에 대한 지분을 처분하지 못한다.
> ② 합유자는 합유물의 분할을 청구하지 못한다.

조합체가 존속하는 한 합유자는 합유물의 분할을 청구할 수 없다. 다만 부득이한 사유가 있으면 각 조합원은 조합체의 해산을 청구할 수 있으며(제720조), 이러한 경우에 합유의 종류에 따라 합유물이 분할될 수 있을 뿐이다.

③ **대판 1994.2.25. 93다39225**는 합유자 사이의 특약이 없는 한 상속인이 합유자로서의 지위를 승계하지 않음을 이유로 사망한 합유자의 지분은 잔존 합유자에게 귀속되는 것으로 보았다.

부동산의 합유자 중 일부가 사망한 경우 합유자 사이에 특별한 약정이 없는 한 사망한 합유자의 상속인은 합유자로서의 지위를 승계하는 것이 아니므로, 해당 부동산은 잔존 합유자가 2인 이상일 경우에는 잔존 합유자의 합유로 귀속되고 잔존 합유자가 1인인 경우에는 잔존 합유자의 단독소유로 귀속된다.

④

> **제272조(합유물의 처분, 변경과 보존)** 합유물을 처분 또는 변경함에는 합유자 전원의 동의가 있어야 한다. 그러나 보존행위는 각자가 할 수 있다.(2016,2022기)

⑤

> **제273조(합유지분의 처분과 합유물의 분할금지)** ① 합유자는 전원의 동의없이 합유물에 대한 지분을 처분하지 못한다.(2018,2022기)
> ② 합유자는 합유물의 분할을 청구하지 못한다.

53. 부동산 소유권이전등기청구권에 관한 설명으로 옳은 것은?(다툼이 있으면 판례에 따름)

① 교환으로 인한 이전등기청구권은 물권적 청구권이다.

② 점유취득시효 완성으로 인한 이전등기청구권의 양도는 특별한 사정이 없는 한 양도인의 채무자에 대한 통지만으로는 대항력이 생기지 않는다.

③ 매수인이 부동산을 인도받아 사용 수익하고 있는 이상 매수인의 이전등기청구권은 시효로 소멸하지 않는다.

④ 점유취득시효 완성으로 인한 이전등기청구권은 점유가 계속되더라도 시효로 소멸한다.

⑤ 매매로 인한 이전등기청구권의 양도는 특별한 사정이 없는 한 양도인의 채무자에 대한 통지만으로 대항력이 생긴다.

【해설】 ··

① 교환으로 인한 이전등기청구권은 채권적 청구권이다. 따라서 채권적 청구권은 소유권의무자에게 소유권이전 청구권을 행사하여 소유권이전등기가 경료 되어야만 소유권을 취득하는 것으로서 채권적 청구권의 소멸시효는 10년에 걸린다. 그러나 물권적 청구권은 소유권이전등기가 경료되지 않아도 여전히 소유권은 원상회복권리자의 소유물로서 소유권청구권은 소멸시효의 대상이 되지 않는다. 예컨대 계약이 해제되어 원상회복되는 경우 소유자의 소유물은 물권적 청구권이다.

② 점유취득시효 완성으로 인한 이전등기청구권의 양도는 특별한 사정이 없는 한 양도인의 채무자에 대한 통지만으로는 대항력이 생긴다.

> ### 대법원 2018. 7. 12. 선고 2015다36167 판결

취득시효완성으로 인한 소유권이전등기청구권은 채권자와 채무자 사이에 아무런 계약관계나 신뢰관계가 없고, 그에 따라 채권자가 채무자에게 반대급부로 부담하여야 하는 의무도 없다. 따라서 취득시효완성으로 인한 소유권이전등기청구권의 양도의 경우에는 매매로 인한 소유권이전등기청구권에 관한 양도제한의 법리가 적용되지 않는다.

③ 대판(전) 1976.11.6. 76다148과 대판(전) 1999.3.18. 98다32175는 부동산매수인이 그 목적물을 인도받아 사용·수익하고 있거나 이를 타에 처분한 경우에 소멸시효에 걸리지 않는다고 한다.(2014.2021기) 즉, 매수인이 부동산을 인도받아 사용 수익하고 있는 이상 매수인의 이전등기청구권은 시효로 소멸하지 않는다.

④ 점유취득시효 완성으로 인한 이전등기청구권은 점유가 계속되더라도 시효로 소멸하지 않는다. 위 ③해설 판례 참조.

⑤

대법원 2005. 3. 10. 선고 2004다67653, 67660 판결

매매로 인한 소유권이전등기청구권은 특별한 사정이 없는 이상 그 권리의 성질상 양도가 제한되고 그 양도에 채무자의 승낙이나 동의를 요한다고 할 것이므로 통상의 채권양도와 달리 양도인의 채무자에 대한 통지만으로는 채무자에 대한 대항력이 생기지 않으며, 반드시 채무자의 동의나 승낙을 받아야 대항력이 생긴다.

54. 물권적 청구권에 관한 설명으로 틀린 것은?(다툼이 있으면 판례에 따름)

① 저당권자는 목적물에서 임의로 분리, 반출된 물건을 자신에게 반환할 것을 청구할 수 있다.
② 진정명의회복을 원인으로 한 소유권이전등기청구권의 법적 성질은 소유권에 기한 방해배제청구권이다.
③ 소유자는 소유권을 방해하는 자에 대해 민법 제214조에 기해 방해배제 비용을 청구할 수 없다.
④ 미등기 무허가건물의 양수인은 소유권에 기한 방해배제청구권을 행사할 수 없다.
⑤ 소유권에 기한 방해배제청구권은 현재 지속되고 있는 방해 원인의 제거를 내용으로 한다.

① **대판 1996.3.22. 95다55184**는 저당권자는 점유권이 없기 때문에 설정자로부터 일탈한 저당목적물을 저당권자 자신에게 반환할 것을 청구할 수 없다. 그러나 "저당권 설정 이후 환가에 이르기까지 저당물의 교환가치에 대한 지배권능을 보유하고 있으므로 저당목적물의 소유자 또는 제3자가 저당목적물을 물리적으로 멸실 훼손하는 경우는 물론 그 밖의 행위로 저당부동산의 교환가치가 하락할 우려가 있는 등 저당권자의 우선변제청구권의 행사가 방해되는 결과가 발생한다면 저당권자는 저당권에 기한 방해배제청구권을 행사하여 방해행위의 제거를 청구할 수 있다"고 하였다.(2010,2011,2019,2020기)

② 진정명의 회복을 위한 소유권이전등기청구권은 진정한 소유자의 등기명의 회복을 위한 소유권에 기한 방해제거청구권(제214조)에 해당한다는 점에서 말소등기청구권과 그 목적, 법적 근거 및 성질을 같이하여 양자는 실질적으로 동일한 것으로 보아야 한다[**대판 2003.3.28. 2000다24856**]. 따라서 진정명의 회복을 위한 소유권이전등기를 청구할 수 있는 자는 물권자에 한한다.

③

> **제214조(소유물방해제거, 방해예방청구권)** 소유자는 소유권을 방해하는 자에 대하여 방해의 제거를 청구할 수 있고 소유권을 방해할 염려있는 행위를 하는 자에 대하여 그 예방이나 손해배상의 담보를 청구할 수 있다.

방해배제비용은 원인제공자가 부담해야 할 것으로 방해배제비용을 청구 할 수 없다.

④ **대판 2007.6.15. 2007다11347**은 "미등기 무허가 건물의 양수인이라도 그 소유권이전등기를 경료 받지 않는 한 그 건물에 대한 소유권을 취득할 수 없으므로, 건물을 신축하여 그 소유권을 원시취득한 자로부터 그 건물을 매수하였으나 아직 소유권이전등기를 갖추지 못한 자는 그 건물의 불법 점거자에 대하여 직접 소유권 등에 기하여 명도를 청구할 수는 없다"고 하였

다.(2010,2011,2012기)

⑤ 대판 2003.3.28. 2003다5917도 "소유권에 기한 방해배제청구권에 있어서 방해라 함은 이미 종결된 경우에 해당하는 '손해'의 개념과 다르다 할 것이어서 현재 계속되고 있는 방해의 원인을 제거하는 것을 내용으로 한다."고 하였다.(2018,2021기)

55. 부동산 점유취득시효에 관한 설명으로 옳은 것은?(다툼이 있으면 판례에 따름)

① 국유재산 중 일반재산이 시효완성 후 행정재산으로 되더라도 시효완성을 원인으로 소유권이전등기를 청구할 수 있다.

② 시효완성 당시의 소유권보존등기가 무효이면 그 등기명의인은 원칙적으로 시효완성을 원인으로 한 소유권이전등기청구의 상대방이 될 수 없다.

③ 시효완성 후 점유자 명의로 소유권이전등기가 경료되기 전에 부동산 소유명의자는 점유자에 대해 점유로 인한 부당이득반환청구를 할 수 있다.

④ 미등기부동산에 대한 시효가 완성된 경우, 점유자는 등기 없이도 소유권을 취득한다.

⑤ 시효완성 전에 부동산이 압류되면 시효는 중단된다.

【해설】

① 일반재산에 대하여 취득시효가 완성된 후 그 일반재산이 행정재산으로 되면 시효 완성을 이유로 소유권이전등기를 청구할 수 없다[대판 1997.11.14. 96다10782].

대법원 2010. 11. 25. 선고 2010다58957 판결

국유재산에 대한 취득시효가 완성되기 위해서는 그 국유재산이 취득시효기간 동안 계속하여 행정재산이 아닌 시효취득의 대상이 될 수 있는 일반재산이어야 한다. 또 행정재산이 기능을 상실하여 본래의 용도에 제공되지 않는 상태에 있다 하더라도 관계 법령에 의하여 용도 폐지

가 되지 아니한 이상 당연히 취득시효의 대상이 되는 일반재산이 되는 것은 아니다. 그런데 잡종재산에 대하여 취득시효가 완성된 후 그 잡종재산이 행정재산으로 되면 시효완성을 이유로 소유권이전등기를 청구할 수 없다[대판 1997.11.14. 96다10782]. 반면 가령 행정재산이라도 공용폐지에 의하여 잡종재산으로 되면, 시효취득의 대상이 된다.

② **대판 2005.5.26. 2002다43417**은 점유취득시효 완성을 원인으로 한 소유권이전등기청구는 시효 완성 당시의 소유자를 상대로 해야 하므로 시효 완성 당시의 소유권보존등기 또는 이전등기가 무효라면 원칙적으로 그 등기명의인은 시효취득을 원인으로 한 소유권이전등기청구의 상대방이 될 수 없고, 이때 시효를 완성한 점유자는 소유자를 대위하여 위 무효등기의 말소를 구하고 다시 위 소유자를 상대로 취득시효 완성을 이유로 한 소유권이전등기를 구해야 한다고 하였다.[대판 2009.12.24. 2008다71858]

③ 시효가 완성됨에 따라 시효권리자에게 등기를 해 줄 의무를 지는 소유명의자는 점유자에 대하여 불법점유임을 이유로 건물의 철거 및 또는 대지의 인도를 청구할 수 없고[대판 1988.5.10. 87다카1979], 점유로 인한 부당이득의 반환청구도 할 수 없다[대판 1993.5.25. 92다51820]. 이는 취득시효를 인정하는 법률의 규정이 법률상 원인을 이루기 때문이다.

대법원 1993. 5. 25. 선고 92다51280 판결 (2012.2021.2025기)

부동산에 대한 취득시효가 완성되면 점유자는 소유명의자에 대하여 취득시효완성을 원인으로 한 소유권이전등기절차의 이행을 청구할 수 있고, 소유명의자는 이에 응할 의무가 있으므로 점유자가 그 명의로 소유권이전등기를 경료하지 아니하여 아직 소유권을 취득하지 못하였다고 하더라도 소유명의자는 점유자에 대하여 점유로 인한 부당이득반환청구를 할 수 없다.

④ 점유취득 시효에서 시효기간의 만료만으로 권리취득의 효과가 생기는 것은 아니고, 시효완성자는 등기를 함으로써 비로소 권리를 취득하는데(제245조 제1항), 미등기 부동산이라도 등기 없이는 소유권을 취득하지 못한다.[대판 2006.9.28. 2006다22074]

※ 보충 취득시효에 의한 소유권 취득은 법률행위에 의한 것이 아니므로 원칙적으로 등기를 요하지 않지만(제187조), 그에 대한 예외로 제245조 제1항은 등기를 하여야 소유권을 취득하도록 규정한다. 즉 점유취득시효의 완성으로 "채권적인"등기청구권이 발생한다. 또한 점유취득시효의 완성에 의한 권리의 취득은 원시취득이므로 보존등기의 형식에 의하여야 하지만 실무상 이전등기의 형식에 의한다.

⑤ **대판 2019.4.3. 2018다296878**은 "점유로 인한 부동산소유권의 시효취득에 있어 취득시효의 중단사유는 종래의 점유 상태의 계속을 파괴하는 것으로 인정될 수 있는 사유이어야 하는데, '압류 또는 가압류'는 금전채권의 강제집행을 위한 수단이고 보전수단에 불과하여 취득시효 기간의 완성 전에 부동산에 압류 또는 가압류 조치가 이루어졌다고 하더라도 이로써 종래의 점유 상태의 계속이 파괴되었다고는 할 수 없으므로 이는 취득시효의 중단사유가 될 수 없다."고 하였다.(2019기)

56. 민법 제187조(등기를 요하지 아니하는 부동산 물권취득)에 관한 설명으로 **틀린** 것은?(다툼이 있으면 판례에 따름)

① 상속인은 상속 부동산의 소유권을 등기 없이 취득한다.
② 민법 제187조 소정의 판결은 형성판결을 의미한다.
③ 부동산 강제경매에서 매수인이 매각 목적인 권리를 취득하는 시기는 매각대금 완납 시이다.
④ 부동산소유권이전을 내용으로 하는 화해조서에 기한 소유권취득에는 등기를 요하지 않는다.
⑤ 신축에 의한 건물소유권취득에는 소유권보존등기를 요하지 않는다.

【해설】 ....

> **제187조(등기를 요하지 아니하는 부동산물권취득)** 상속, 공용징수, 판결, 경매 기타 법률의 규정에 의한 부동산에 관한 물권의 취득은 등기를 요하지 아니한다. 그러나 등기를 하지 아니하면 이를 처분하지 못한다.

법률행위에 의하지 않은 물권변동을 흔히 법률규정에 의한 물권변동이라고 하지만, 법률에 규정이 있는 경우에 한정되지 않고 "**상속**, 공용징수, 판결, 경매" 외에 기타 법률규정에 의한 물권변동의 원인으로 취득시효(제245조 이하. 다만 점유취득시효의 경우에 예외적으로 등기를 요한다), 무주물 선점(제252조), 유실물 습득(제253조), 매장물 발견(제254조), 첨부(제256조) 등이 있다.

① 상속으로 인하여 부동산물권이 취득되는 시기는 피상속인의 사망 시이다. 상속에 의한 부동산 물권은 법률규정에 의한 물권 변동으로 등기를 요하지 않는다.(2011.2013.2015. 2020.2022.2025기)

② 제187조에서 판결이란 실체법상의 형성판결만을 말한다. 즉 이때의 판결이란 판결 자체에 의하여 부동산물권 취득의 효력이 생기는 형성판결을 말하고, 당사자 사이에 이루어진 법률행위를 원인으로 하여 부동산 소유권이전등기절차의 이행을 명하는 것과 같은 내용의 이행판결은 이에 포함되지 않는다**[대판 1970.6.30. 70다568].**(2015.2019.2020.2025기) 형성판결에 의한 물권변동의 시기는 판결이 확정된 때이다(민사소송법 제498조).

③ 경매에 의한 물권변동은 매각대금을 완납한 때에 일어나며, 보통 민사집행법 제144조 제1항에 의한 촉탁등기가 이루어진다. 따라서 부동산 강제경매에서 매수인이 매각 목적인 권리를 취득하는 시기는 매각대금 완납 시이다.(2020.2022기)

④ 화해란 분쟁에 대해 쌍방이 분쟁을 끝내기로 합의함으로써 성립하는 것으로서 화해를 원인으로 한 소유권 취득은 법률행위로 인한 부동산소유권이전이므로 등기를 요한다.

⑤ 자기의 비용과 노력으로 건물을 신축한 자는 그 건축허가가 타인의 명의인지 여부와 관계없이 그 소유권을 원시취득 한다. 신축에 의한 건물소유권 취득에는 원시취득으로 소유권보존등기를 요하지 않는다.(2011.2014.2020.2025기)

57. 물권에 관한 설명으로 옳은 것은?(다툼이 있으면 판례에 따름)

① 물건 이외의 재산권은 물권의 객체가 될 수 없다.

② 물권은 「부동산 등기규칙」에 의해 창설될 수 있다.

③ 구분소유의 목적이 되는 건물의 등기부상 표시에서 전유부분의 면적 표시가 잘못된 경우, 그 잘못 표시된 면적만큼의 소유권보존등기를 말소할 수 없다.

④ 1필의 토지의 일부를 객체로 하여 지상권을 설정할 수 없다.

⑤ 기술적인 착오로 지적도의 경계선이 실제 경계선과 다르게 작성된 경우, 토지의 경계는 지적도의 경계선에 의해 확정된다.

【해설】 ....

① 물권의 객체는 원칙적으로 물건이어야 하지만, 예외적으로 재산권을 객체로 하는 경우도 있다. 그 밖에 광업권과 조광권, 어업권 등도 물건을 전속적으로 용익할 수 있는 권리로 물권에 준하여 다루어지며, 배타적 지배가 가능한 정신적 창작물에 대한 지식재산권도 마찬가지이다.

②

> **제185조(물권의 종류)** 물권은 법률 또는 관습법에 의하는 외에는 임의로 창설하지 못한다.

물권은 민법 제185조에 명시된 것과 같이 법률 또는 관습법에 의해서만 창설된다.

③ 구분소유의 목적이 되는 건물의 등기부상 표시에서 전유부분의 면적 표시가 잘못된 경우, 그 잘못 표시된 면적만큼의 소유권보존등기를 말소하지 않고 경정등기의 절차에 의할 것이다.

대법원 2000. 10. 27.선고 2000다39582 판결

구분소유의 목적이 되는 하나의 부동산에 대한 등기부상 표시 중 전유부분의 면적 표시가 잘못된 경우, 이는 경정등기의 방법으로 바로 잡아야 하는 것이고 그 잘못 표시된 면적만큼의 소유권보존등기의 말소를 구하는 소는 법률상 허용되지 아니하여 부적법하다고 한 사례.

④ 지상권의 객체인 토지는 1필의 토지임을 원칙으로 한다. 다만 그 일부라도 무방하지만 등기해야 한다(부동산등기법 제69조 6호).(2022기) 나아가 지상권의 객체인 토지의 소유권은 그 상하에 미치지만, 지상 또는 지하의 공간을 구분하여 지상권의 목적으로 할 수도 있다(구분지상권). 또한 지상권은 물권으로서 당연히 양도성과 상속성을 가진다(제282조).

⑤ 지적도를 작성할 때 그 기점을 잘못 선택하는 등 기술상의 착오로 인하여 지적도상의 경계선이 진실한 경계선과 다르게 작성되었고 당사자들의 의사도 진실한 경계선에 의하는 것이었다고 인정되면, 예외적으로 현실의 경계에 의한다[대판 2006.9.22. 2006다24971].(2021기)

58. 전세권에 관한 설명으로 옳은 것은?(다툼이 있으면 판례에 따름)

① 전세권설정자의 목적물 인도는 전세권의 성립요건이다.
② 타인의 토지에 있는 건물에 전세권을 설정한 경우, 전세권의 효력은 그 건물의 소유를 목적으로 한 지상권에 미친다.
③ 전세권의 사용 수익 권능을 배제하고 채권담보만을 위해 전세권을 설정하는 것은 허용된다.
④ 전세권설정자는 특별한 사정이 없는 한 목적물의 현상을 유지하고 그 통상의 관리에 속한 수선을 해야 한다.
⑤ 건물전세권이 법정갱신된 경우, 전세권자는 이를 등기해야 제3자에게 대항할 수 있다.

[해설] ··

① 전세 목적부동산의 인도는 그 요건이 아니다. 따라서 전세권자가 전세목적물을 인도받지 않더라도 전세권의 성립에는 영향이 없고, 인도받은 부동산을 타인에게 대차하는 것도 가능하다. **대판 1995.2.10. 94다18508**도 "당사자가 주로 채권담보의 목적으로 전세권을 설정하였고, 그 설정과 동시에 목적물을 인도하지 아니한 경우라 하더라도, 장차 전세권자가 목적물을 사용 수익하는 것을 완전히 배제하는 것이 아니라면, 그 전세권의 효력을 부인할 수는 없다"고 하였다.

②

> **제304조(건물의 전세권, 지상권, 임차권에 대한 효력)** ① 타인의 토지에 있는 건물에 전세권을 설정한 때에는 전세권의 효력은 그 건물의 소유를 목적으로 한 지상권 또는 임차권에 미친다.(2012,2020,2025기)
> ② 전항의 경우에 전세권설정자는 전세권자의 동의 없이 지상권 또는 임차권 을 소멸하게 하는 행위를 하지 못한다.

여기서 「미친다」의 의미는 건물의 소유자와 마찬가지로 그 토지를 이용할 수 있다는 의미로 새길 것이다[**대판 2010.8.19. 2010다43801**].

③ **대판 1995.2.10. 94다18508**도 "당사자가 주로 채권담보의 목적으로 전세권을 설정하였고, 그 설정과 동시에 목적물을 인도하지 아니한 경우라 하더라도, 장차 전세권자가 목적물을 사용 수익하는 것을 완전히 배제하는 것이 아니라면, 그 전세권의 효력을 부인할 수는 없다"고 하였으므로,(2010,2016,2017,2018,2021,2025기) 전세권의 사용 수익 권능을 배제하고 채권담보만을 위해 전세권을 설정하는 것은 허용되지 않는다.

④

> **제309조(전세권자의 유지, 수선의무)** 전세권자는 목적물의 현상을 유지하고 그 통상의 관리에 속한 수선을 하여야 한다.

'전세권자는 목적물의 현상을 유지하고 그 통상의 관리에 필요한 수선'을 할 의무를 부담하므로, 그 목적, 목적 부동산의 통상적 유지 및 관리를 위하여 필요비를 지출하였더라도, 전세권자는 그 비용의 상환을 청구하지 못한다(제310조 제1항 참조).

⑤ 건물전세권의 법정갱신은 '의제된 법률행위'로서, 등기를 요하지 않는다[**대판 1989.7.11. 88다카21029**].(2014.2015.2016.2017.2020.2021기) 전세권이 법정갱신 된 경우에 그 존속기간을 정하지 않은 것으로 본다.

59.
乙은 甲과의 지상권설정 계약으로 甲 소유의 X토지에 지상권을 취득한 후, 그 지상에 Y건물을 완성하여 소유권을 취득하였다. 다음 설명 중 옳은 것을 모두 고른 것은?(다툼이 있으면 판례에 따름)

> ㄱ. 乙은 지상권을 유보한 채 Y건물 소유권만을 제3자에게 양도할 수 있다.
> ㄴ. 乙은 Y건물 소유권을 유보한 채 지상권만을 제3자에게 양도할 수 있다.
> ㄷ. 지료지급약정이 있음에도 乙이 3년분의 지료를 미지급한 경우, 甲은 지상권소멸을 청구할 수 있다.

① ㄱ ② ㄷ ③ ㄱ, ㄴ ④ ㄴ, ㄷ ⑤ ㄱ, ㄴ, ㄷ

【해설】 ....

ㄱ.

> **제282조(지상권의 양도, 임대)** 지상권자는 타인에게 그 권리를 양도하거나 그 권리의 존속기간 내에서 그 토지를 임대할 수 있다.

지상권자는 지상권만 양도하거나 지상권을 건물과 함께 양도 임대하거나 담보로 제공할 수 있다. 지상권은 물권으로 지상권을 유보한 채 지상권자 乙 소유 Y건물 소유권만을 제3자에게 양도할 수 있다[**대판 1991.11.8. 90다15176**].(2012.2015.2017기)

<u>대법원 1991. 11. 8. 선고 90다15716 판결</u>

입목에 대한 벌채권의 확보를 위하여 지상권을 설정하였다 할지라도 지상권에는 부종성이 인정되지 아니하므로 벌채권이 소멸하였다 하더라도 지상권마저 소멸하는 것은 아니고, 지상권은 독립된 물권으로서 다른 권리에 부종함이 없이 그 자체로서 양도될 수 있으며, 그 양도성은 민법 제282조, 제289조에 의하여 절대적으로 보장되고 있으므로 소유자의 의사에 반하여도 자유롭게 타인에게 양도할 수 있다.

ㄴ. 지상권자 乙은 Y건물 소유권을 유보한 채 지상권만을 제3자에게 양도할 수 있다. 예컨대 乙이 甲 소유 X토지 500평을 지상권을 설정하고 200평 건물을 신축한 후 나머지 300평을 제3자 丙에게 지상권을 양도할 수 있으며, 반대로 지상권을 유보한 채 Y건물을 제3자 丙에게 매도하거나 임차할 수 있다. 이는 채권인 임대차와 달리 토지 소유자의 동의를 득할 필요가 없다.

ㄷ.

> **제287조(지상권소멸청구권)** 지상권자가 2년 이상의 지료를 지급하지 아니한 때에는 지상권설정자는 지상권의 소멸을 청구할 수 있다.

지상권자가 2년 이상의 지료를 연체하는 때에는 토지소유자로 하여금 지상권의 소멸을 청구할 수 있도록 함으로써 토지소유자의 이익을 보호하려는 취지에 기한 것이다[대판 2001.3.13. 99다17142].(2012.2.15.2018.2020.2021기) 참고로 지상권자의 지료지급 연체가 토지소유권의 양도 전후에 걸쳐 이루어진 경우에 토지양수인에 대한 연체기간이 2년이 되지 않는다면 양수인은 지상권소멸청구를 할 수 없다.

60. 지역권에 관한 설명으로 **틀린** 것은?(다툼이 있으면 판례에 따름)

① 지역권은 요역지와 분리하여 양도할 수 없다.
② 공유자 중 1인이 지역권을 취득한 때에는 다른 공유자도 이를 취득한다.
③ 통행지역권을 주장하는 자는 통행으로 편익을 얻는 요역지가 있음을 주장 증명해야 한다.
④ 요역지의 불법점유자도 통행지역권을 시효취득 할 수 있다.
⑤ 지역권은 지속되고 표현된 것에 한하여 시효취득 할 수 있다.

【해설】 ....

①

> **제292조(부종성)** ① 지역권은 요역지소유권에 부종하여 이전하며 또는 요역지에 대한 소유권이외의 권리의 목적이 된다. 그러나 다른 약정이 있는 때에는 그 약정에 의한다.
> ② 지역권은 요역지와 분리하여 양도하거나 다른 권리의 목적으로 하지 못한다.

지역권은 요역지소유권의 내용이 아니라 별개의 권리이지만, 요역지소유권으로부터 독립된 권리가 아니라 그에 종된 권리이다. 따라서 요역지로부터 분리하여 양도하거나 다른 권리의 목적(예: 담보제공)으로 하지 못한다.(2012.2015.2016.2017.2018.2021기)

②

> **제295조(취득과 불가분성)** ① 공유자의 1인이 지역권을 취득한 때에는 다른 공유자도 이를 취득한다.
> ② 점유로 인한 지역권 취득기간의 중단은 지역권을 행사하는 모든 공유자에 대한 사유가 아니면 그 효력이 없다.

공유자 1인이 지역권을 취득하면 다른 공유자도 그 지역권을 취득하는 반면, 취득시효의 중단은 지역권을 행사하는 공유자 전원에 대하여 해야 한다.(2012.2013.2015.2019.2020.2021기) 지역권은 원칙적으로 요역지 전부의 편익을 위하여 승역지 전부를 이용하는 권리이다. 따라서 토지공유자의 1인은 그의 지분에 관하여 그 토지를 위한 또는 그 토지가 부담하는 지역권을 소멸하게 하지 못한다.(2016.2017.2018.2022기)

③

> **대법원 1992. 12. 8. 선고 92다22725 판결**

지역권은 일정한 목적을 위하여 타인의 토지를 자기의 토지의 편익에 이용하는 용익물권으로서 요역지와 승역지 사이의 권리관계에 터잡은 것이므로 어느 토지에 대하여 통행지역권을 주장하려면 그 토지의 통행으로 편익을 얻는 요역지가 있음을 주장 입증하여야 한다.

④ 제245조 제1항에서 "20년간 소유의 의사로 평온, 공연하게 부동산을 점유하는 자는 등기함으로써 그 소유권을 취득한다."하였으므로 요역지의 불법점유자는 평온 공연 요건에 걸리므로 통행지역권을 시효취득 할 수 없다.

⑤

> **제294조(지역권취득기간)** 지역권은 계속되고 표현된 것에 한하여 제245조의 규정을 준용한다.(2015.2016.2019.2021기)

61.
甲은 乙에게 1억 원을 대여하면서 乙 소유의 Y건물에 저당권을 취득하였다. 다음 설명 중 옳은 것을 모두 고른 것은?(다툼이 있으면 판례에 따름)

> ㄱ. 乙이 甲에게 피담보채권 채권 전부를 변제한 경우, 甲의 저당권은 말소등기를 하지 않아도 소멸한다.
> ㄴ. 甲은 Y건물의 소실로 인하여 乙이 취득한 화재보험금청구권에 대하여 물상대위권을 행사할 수 있다.
> ㄷ. 甲은 저당권을 피담보채권과 분리하여 제3자에게 양도하지 못한다.

① ㄱ　　② ㄷ　　③ ㄱ, ㄴ　　④ ㄴ, ㄷ　　⑤ ㄱ, ㄴ, ㄷ

【해설】..

ㄱ.

> 제369조(부종성) 저당권으로 담보한 채권이 시효의 완성 기타 사유로 인하여 소멸한 때에는 저당권도 소멸한다.

존속기간이 있는 제한물권은 그 기간의 만료로 인하여 당연히 소멸하는 바, 말소등기를 요하지 않는다. 따라서 乙이 甲에게 피담보채권 채권 전부를 변제한 경우, 甲의 저당권은 말소등기를 하지 않아도 소멸한다.(2011, 2013기)

ㄴ. **대판 2004.12.24. 2004다52798**은 화재보험계약상의 보험금청구권에 대하여 저당권자가 물상대위권을 행사할 수 있다고 하였다.(2016기)

ㄷ.

> 제361조(저당권의 처분제한) 저당권은 그 담보한 채권과 분리하여 타인에게 양도하거나 다른 채권의 담보로 하지 못한다.

62. 근저당권에 관한 설명으로 틀린 것은?(다툼이 있으면 판례에 따름)

① 채권최고액에는 피담보채무의 이자가 산입된다.

② 피담보채무 확정 전에는 채무자를 변경할 수 있다.

③ 근저당권자가 피담보채무의 불이행을 이유로 경매신청을 한 경우, 특별한 사정이 없는 한 피담보채무액은 그 신청 시에 확정된다.

④ 물상보증인은 채권최고액을 초과하는 부분의 채권액까지 변제할 의무를 부담한다.

⑤ 특별한 사정이 없는 한, 존속기간이 있는 근저당권은 그 기간이 만료한 때 피담보채무가 확정된다.

【해설】

① 근저당권의 효력이 미치는 피담보채권의 범위는 우선 근저당권설정계약에 의하여 결정되지만, 그 계약이 정함이 없으면 제360조가 적용된다. 따라서 원본, 이자(2020기) 위약금, 채무불이행으로 인한 손해배상, 저당권의 실행비용 등이 근저당권에 의하여 담보된다.(**대판 2009.12.10. 2008.72318**은 근저당권의 피담보채권 중 지연이자는 근저당권의 채권최고액의 한도 내에서 그 전액이 포함된다고 하였다) 다만 지연손해금은 1년분에 한정될 필요가 없으며, 근저당권의 실행비용이 최고액에 포함되는지에 관하여 견해가 나뉜다.

② 상속이나 합병 등 포괄승계사유가 발생하면, 근저당권은 법률상 당연히 기본계약상의 지위와 함께 상속인 또는 합병 후의 법인에게 이전되는 경우와 마찬가지로 피담보채무 확정 전후를 불문하고 채무자를 변경할 수 있다.

③ 근저당권자가 피담보채무의 불이행을 이유로 경매신청을 하면 피담보채무가 확정되고, 그 후부터 근저당권은 부종성을 가지게 되어 보통저당권과 같게 된다. 이 경우 피담보채권의 확정 시기는 경매신청 시이다.(2012.2013.2020.2022기)

④ 물상보증인이나 근저당부동산의 제3취득자는 채권최고액만을 변제하고 근저당권의 소멸을 청구할 수 있다[대판1974.12.10. 74다998].(2010.2012기)

⑤ 피담보채무의 확정은 계속적 거래관계의 종료와 근저당권 존속기간의 만료, 기본계약상의 결산기의 도래, 당사자의 합의 또는 기본계약의 해지(2020기) 등에 기하여 계속적 거래관계가 종료하여 피담보채무로 예정된 원본채무가 더 이상 발생할 가능성이 없어지면, 그때까지의 잔존채무로 피담보채무가 확정된다[대판 1996.10.29. 95다2494].

63. 민법상 유치권에 관한 설명으로 **틀린** 것은?(다툼이 있으면 판례에 따름)

① 유치권자는 유치물에 대한 경매권이 있다.
② 유치권 발생을 배제하는 특약은 무효이다.
③ 건물 신축공사를 도급받은 수급인이 사회통념상 독립한 건물이 되지 못한 건물을 토지에 설치한 상태에서 공사가 중단된 경우, 그 토지에 대해 유치권을 행사할 수 없다.
④ 유치권은 피담보채권의 변제기가 도래하지 않으면 성립할 수 없다.
⑤ 유치권자는 선량한 관리자의 주의로 유치물을 점유해야 한다.

【해설】 ....

① **제322조(경매, 간이변제충당)** 제1항 유치권자는 그 채권의 변제를 받기 위하여 목적물을 현금화할 수 있다. 현금화의 방법은 경매(2020.2022기)에 의하는 것이 원칙이지만, 특별한 경우에 감정인의 평가에 의한 현금화도 가능하다.

② **대판 2018.1.24. 2016다234043**도 "유치권 배제특약(2019.2020기)이 있는 경우 다른 법정요건이 모두 충족되더라도 유치권은 발생하지 않는데, 유치권 배제특약에도 조건을 붙일 수 있는데, 조건을 붙이고자 하는 의사가 있는지는 의사표시에 관한 법리에 따라 판단하여 한다."

고 했다.

③ **대결 2008.5.30. 2007마98**은 건물의 신축공사를 도급받은 수급인이 사회통념상 독립한 건물이라고 볼 수 없는 정착물을 토지에 설치한 상태에서 공사가 중단된 경우에, 위 정착물은 토지의 부합물에 불과하여 이러한 정착물에 대하여 유치권을 행사할 수 없고, 또한 공사중단 시까지 발생한 공사금 채권은 토지에 관하여 생긴 것이 아니므로 위 공사금 채권에 기하여 토지에 관하여 생긴 것이 아니므로 위 공사금 채권에 기하여 「토지」에 대하여 유치권을 행사할 수 없다고 하였다.

④ 채권의 변제기 도래는 일반적으로 담보권을 실행하기 위한 요건이지만, 유치권의 경우에 변제기의 도래는 그 성립요건이다. 따라서 채권의 변제기가 도래하지 않은 동안에는 유치권이 성립하지 않는다[**대판 2007.9.21. 2005다41740**].(2019기)

⑤

> **제324조(유치권자의 선관의무)** ① 유치권자는 선량한 관리자의 주의로 유치물을 점유하여야 한다.(2016기)
> ② 유치권자는 채무자의 승낙없이 유치물의 사용, 대여 또는 담보제공을 하지 못한다. 그러나 유치물의 보존에 필요한 사용은 그러하지 아니하다.
> ③ 유치권자가 전2항의 규정에 위반한 때에는 채무자는 유치권의 소멸을 청구할 수 있다.

64. 저당권에 관한 실행으로 옳은 것은?(다툼이 있으면 판례에 따름)

① 전세권은 저당권의 객체가 될 수 없다.

② 저당권 설정은 권리의 이전적 승계에 해당한다.

③ 민법 제365조에 따라 토지와 건물의 일괄경매를 청구한 토지 저당권자는 그 건물의 경매대가에서 우선변제를 받을 수 있다.

④ 건물 신축 개시 전의 나대지에 저당권이 설정될 당시 저당권자가 그 토지소유자의 건물 건축에 동의한 경우, 저당토지의 임의경매로 인한 법정지상권은 성립하지 않는다.

⑤ 저당물의 소유권을 취득한 제3자는 그 저당물의 보존을 위해 필요비를 지출하더라도 특별한 사정이 없는 한 그 저당물의 경매대가에서 우선상환을 받을 수 없다.

【해설】 ....

①

> **제371조(지상권, 전세권을 목적으로 하는 저당권)** ① 본장의 규정은 지상권 또는 전세권을 저당권의 목적으로 한 경우에 준용한다.
> ② 지상권 또는 전세권을 목적으로 저당권을 설정한 자는 저당권자의 동의없이 지상권 또는 전세권을 소멸하게 하는 행위를 하지 못한다.

전세권자는 전세권을 저당권 또는 양도담보의 객체로 할 수 있다.

② 저당권 설정은 권리의 설정적 승계에 해당한다.

③

> **제365조(저당지상의 건물에 대한 경매청구권)** 토지를 목적으로 저당권을 설정한 후 그 설정자가 그 토지에 건물을 축조한 때에는 저당권자는 토지와 함께 그 건물에 대하여도 경매를 청구할 수 있다. 그러나 그 건물의 경매대가에 대하여는 우선변제를 받을 권리가 없다.(2012기)

④ 토지매매에 수반하여 토지소유자가 토지대금을 다 받기 전에 매수인에게 그 토지 위에 건물을 신축할 수 있도록 토지사용을 승낙하였더라도, 특별한 사정이 없는 한 매매당사자 사이에 그 토지에 관한 지상권설정의 합의까지 있었다고 할 수 없으므로, 그 매매계약이 적법하게 해제된 경우에, 토지매수인은 위 사용 승낙에 기하여 건물을 신축 중 있더라도 그 토지를 신축 건물의 부지로 점유할 권원을 상실하고, 당초에 건물과 그 대지가 동일인의 소유였다가 경매 등의 사유로 소유자를 달리하게 되는 경우가 아닌 이상 관습에 의한 법정지상권도 성립되지 않는다[대판 1988.6.28. 87다카2895].

⑤

> **제367조(제삼취득자의 비용상환청구권)** 저당물의 제삼취득자가 그 부동산의 보존, 개량을 위하여 필요비 또는 유익비를 지출한 때에는 제203조 제1항, 제2항의 규정에 의하여 저당물의 경매대가에서 우선상환을 받을 수 있다.

제3취득자가 그 부동산의 보존, 개량을 위하여 필요비 또는 유익비를 지출한 경우에, 그는 점유자의 비용상환청구권의 규정에 따라 저당물의 매각대금에서 그 비용의 우선상환을 받을 수 있다.(2015.2017.2018.2021기)

65. 민법상 환매에 관한 설명으로 틀린 것은?

① 환매권은 양도할 수 없는 일신전속권이다.
② 매매계약이 무효이면 환매특약도 무효이다.
③ 환매기간을 정한 경우에는 그 기간을 다시 연장하지 못한다.
④ 환매특약등기는 매수인의 권리취득의 등기에 부기하는 방식으로 한다.
⑤ 환매특약은 매매계약과 동시에 한다.

【해설】 ··

환매란 매도인이 매매계약과 동시에 매수인과의 특약으로 환매권을 보류한 경우에, 일정한 기간 내에 그 환매권을 행사하여 그 매매목적물을 도로 찾는 것을 말한다[**대판 2017.3.15. 2015다238963**].

① 환매권은 일신전속권이 아니므로 양도성과 상속성을 가진다.

② 매매계약이 효력을 상실하면 환매의 특약도 그 효력을 잃는다.

③

> **제591조(환매기간)** ① 환매기간은 부동산은 5년, 동산은 3년을 넘지 못한다. 약정기간이 이를 넘는 때에는 부동산은 5년, 동산은 3년으로 단축한다.
> ② 환매기간을 정한 때에는 다시 이를 연장하지 못한다.
> ③ 환매기간을 정하지 아니한 때에는 그 기간은 부동산은 5년, 동산은 3년으로 한다.

④ 환매특약의 등기는 권리취득을 위한 소유권이전등기에 대한 부기등기의 형식으로 이루어지는데, 매수인이 지급한 대금, 매매비용 및 환매기간이 등기사항이다.

⑤ 환매특약은 매매계약과 동시에 해야 한다(제590조 제1항).(2011.2013.2016.2019.2022기)

66.
甲은 그 소유의 토지를 乙에게 매도하면서 甲의 丙에 대한 채무면제를 위해 乙이 그 대금 전액을 丙에게 지급하기로 하는 제3자를 위한 계약을 乙과 체결하였고 丙도 乙에 대해 수익의 의사표시를 하였다. 다음 설명 중 **틀린** 것은?(다툼이 있으면 판례에 따름)

① 乙은 甲과 丙 사이의 채무부존재의 항변으로 丙에게 대항할 수 없다.

② 丙은 乙의 채무불이행을 이유로 甲과 乙 사이의 계약을 해제할 수 없다.

③ 乙이 甲의 채무불이행을 이유로 계약을 해제한 경우, 특별한 사정이 없는 한 乙은 이미 이행한 급부의 반환을 丙에게 청구할 수 있다.

④ 甲이 乙의 채무불이행을 이유로 계약을 해제하면, 丙은 乙에게 채무불이행으로 인해 자신이 입은 손해의 배상을 청구할 수 있다.

⑤ 甲은 丙의 동의 없이도 乙의 채무불이행을 이유로 계약을 해제할 수 있다.

【해설】

① 甲과 丙 사이의 채무부존재의 다툼이 있더라도 별개의 문제로서 낙약자 乙은 수익의사표시를 한 丙에게 대항할 수 없다. **대판 2002.1.25. 2001다30285**는 "계약 당사자가 제3자의 권리를 임의로 변경·소멸시키는 행위를 하였더라도 이는 제3자에 대하여 효력이 없다고 하였다."

② 수익자 丙은 계약 당사자가 아니므로, 계약 당사자에게 주어지는 해제권이나 취소권을 행사할 수 없으므로 甲과 乙 사이의 계약을 해제할 수 없다.(2010,2011,2013,2016,2021,2022기)

③ 계약은 甲과 乙 사이에 이루어졌으므로 乙이 甲의 채무불이행을 이유로 계약을 해제한 경우, 특별한 사정이 없는 한 乙은 이미 이행한 급부의 반환을 丙에게 청구할 수 없으며, 계약 당사자인 甲에게 급부반환을 요구해야 한다.

④ **대판 1994.8.12. 92다41559**는 "제3자를 위한 계약에 있어서 수익의 의사표시를 한 수익자는 낙약자에게 직접 그 이행을 청구할 수 있을 뿐만 아니라 요약자가 계약을 해제한 경우에는 낙약자에게 자기가 입은 손해의 배상을 청구할 수 있는 것이므로, 수익자가 완성된 목적물

의 하자로 인하여 손해를 입었다면 수급인은 그 손해를 배상할 의무가 있다"고 하였다.(2011.2013.2015.2016.2017.2020기)

⑤ 요약자는 계약 당사자로서 기본관계에 의한 채무를 이행하여야 하고, 그 계약으로부터 발생하는 취소권이나 해제·해지권을 취득하며[대판 1970.2.24. 69다1410·1411], 요약자는 계약 당사자로서 수익자의 동의 없이 계약을 해제할 수 있다. 그리고 그로 인한 원상회복관계 및 해제에 따른 손해배상관계는 수익자가 아니라 요약자에게 속한다.(2013.2014.2015.2016.2018.2019.2021기)

67. 甲과 乙은 甲 소유의 X토지에 대하여 매매계약을 체결하였으나 그 후 甲의 채무인 소유권이전등기의무의 이행이 불가능하게 되었다. 다음 설명 중 옳은 것을 모두 고른 것은?(다툼이 있으면 판례에 따름)

ㄱ. 甲의 채무가 쌍방의 귀책사유 없이 불능이 된 경우, 이미 대금을 지급한 乙은 그 대금을 부당이득법리에 따라 반환청구 할 수 있다.

ㄴ. 甲의 채무가 乙의 귀책사유로 불능이 된 경우, 특별한 사정이 없는 한 甲은 乙에게 대금지급을 청구할 수 있다.

ㄷ. 乙의 수령지체 중에 쌍방의 귀책사유 없이 甲의 채무가 불능이 된 경우, 甲은 乙에게 대금지급을 청구할 수 없다.

---

① ㄱ   ② ㄴ   ③ ㄱ, ㄴ   ④ ㄴ, ㄷ   ⑤ ㄱ, ㄴ, ㄷ

【해설】 ···

ㄱ. 계약이 해제되면 각 당사자는 상대방을 계약이 체결되지 않았으면 있었을 상태로 복귀시킬 의무를 부담한다. 즉 해제로 인한 원상회복의무는 부당이득반환의 성질을 가지므로[대판 1996.4.12. 96다28892] 甲의 채무가 쌍방의 귀책사유 없이 불능이 된 경우, 이미 대금을 지급

한 乙은 그 대금을 부당이득법리에 따라 반환청구 할 수 있다.(2013.2020기)

ㄴ.

> **제538조(채권자귀책사유로 인한 이행불능)** ① 쌍무계약의 당사자 일방의 채무가 채권자의 책임있는 사유로 이행할 수 없게 된 때에는 채무자는 상대방의 이행을 청구할 수 있다. 채권자의 수령지체 중에 당사자 쌍방의 책임없는 사유로 이행할 수 없게 된 때에도 같다.
> ② 전항의 경우에 채무자는 자기의 채무를 면함으로써 이익을 얻은 때에는 이를 채권자에게 상환하여야 한다.

채권자 乙의 귀책사유로 불능이 된 경우, 위 제538조 제1항에 의해 특별한 사정이 없는 한 채무자 甲은 채권자 乙에게 대금지급을 청구할 수 있다.

ㄷ. 乙의 수령지체 중에 쌍방의 귀책사유 없이 甲의 채무가 불능이 된 경우, 법 제538조 제1항 후단에 의해 甲은 乙에게 대금지급을 청구할 수 있다.

68. 매매에서 과실의 귀속과 대금의 이자 등에 관한 설명으로 옳은 것을 모두 고른 것은?(대금의 지급과 목적물인도는 동시이행관계에 있고, 다툼이 있으면 판례에 따름)

> ㄱ. 매매계약 후 목적물이 인도되지 않더라도 매수인이 대금을 완제한 때에는 그 시점 이후 목적물로부터 생긴 과실은 매수인에게 귀속된다.
> ㄴ. 매수인이 대금지급을 거절할 정당한 사유가 있는 경우, 매수인은 목적물을 미리 인도받더라도 대금이자의 지급의무가 없다.
> ㄷ. 매매계약이 취소된 경우, 선의의 점유자인 매수인의 과실취득권이 인정되는 이상 선의의 매도인도 지급받은 대금의 운용이익 내지 법정이자를 반환할 의무가 없다.

① ㄱ   ② ㄴ   ③ ㄱ, ㄷ   ④ ㄴ, ㄷ   ⑤ ㄱ, ㄴ, ㄷ

ㄱ.

> **제587조(과실의 귀속, 대금의 이자)** 매매계약 있은 후에도 인도하지 아니한 목적물로부터 생긴 과
> 실은 매도인에게 속한다. 매수인은 목적물의 인도를 받은 날로부터 대금의 이자를 지급하여야
> 한다. 그러나 대금의 지급에 대하여 기한이 있는 때에는 그러하지 아니하다.

매매계약 후 목적물이 인도되지 않더라도 매수인이 대금을 완제한 때에는 소유권은 매수인에게 귀속되므로 이후 목적물로부터 생긴 과실은 매수인에게 귀속된다.

ㄴ.

> **제588조(권리주장자가 있는 경우와 대금지급거절권)** 매매의 목적물에 대하여 권리를 주장하는 자
> 가 있는 경우에 매수인이 매수한 권리의 전부나 일부를 잃을 염려가 있는 때에는 매수인은 그
> 위험의 한도에서 대금의 전부나 일부의 지급을 거절할 수 있다. 그러나 매도인이 상당한 담보를
> 제공한 때에는 그러하지 아니하다.

위 제588조 조문에 의해 매수인이 대금지급을 거절할 정당한 사유가 있는 경우, 매수인은 목적물을 미리 인도받더라도 대금 이자의 지급의무가 없다.

ㄷ. 쌍무계약이 취소된 경우, 선의의 매수인은 수령한 매매목적물로부터 수취한 과실을 반환할 필요가 없으므로(제201조 제1항 참조, 형평의 관점에서 제587조를 유추하여) 선의의 매도인도 수령한 매매대금으로부터 수취한 이자(또는 대금의 운용이익)를 반환할 필요가 없다[**대판 1993.5.14. 92다45025**].

69. 매매의 일방예약에 관한 설명으로 <u>틀린</u> 것은?(다툼이 있으면 판례에 따름)

① 일방예약이 성립하려면 본 계약인 매매계약의 요소가 되는 내용이 확정되어 있거나 확정할 수 있어야 한다.

② 예약완결권의 행사기간 도과 전에 예약완결권자가 예약 목적물인 부동산을 인도받은 경우, 그 기간이 도과되더라도 예약완결권은 소멸되지 않는다.

③ 예약완결권은 당사자 사이에 행사기간을 약정한 때에는 그 기간 내에 행사해야 한다.

④ 상가에 관하여 매매계약이 성립한 이후 법령상의 제한에 의해 일시적으로 분양이 금지되었다가 다시 허용된 경우, 그 예약완결권 행사는 이행불능이라 할 수 없다.

⑤ 예약완결권 행사의 의사표시를 담은 소장 부본의 송달로써 예약완결권을 재판상 행사하는 경우, 그 행사가 유효하기 위해서는 그 소장 부본이 제척기간 내에 상대방에게 송달되어야 한다.

【해설】 ··

①

> **대법원 1993. 5. 27. 선고 93다4908, 4915, 4922 판결**

매매의 예약은 당사자의 일방이 매매를 완결할 의사를 표시한 때에 매매의 효력이 생기는 것이므로, 적어도 일방예약이 성립하려면 그 예약에 터 잡아 맺어질 본 계약의 요소가 되는 매매목적물, 이전 방법, 매매가액 및 지급 방법 등의 내용이 확정되어 있거나 확정할 수 있어야 한다.

② 예약완결권의 행사기간 도과 전에 예약완결권자가 예약 목적물인 부동산을 인도받은 경우, 그 기간이 도과되면 예약완결권은 소멸된다. 즉, 예약완결권을 쌍방이 합의해서 정한경우 예약완결권 행사 기일 전에 목적물을 인수받은 경우에는 예약완결권 목적이 실현되었으므로 예약완결권은 소급하여 소멸된다.

③ 예약완결권은 형성권이므로 당사자 사이에 그 행사기간을 약정한 때에는 그 기간 내에, 그

러한 약정이 없는 때에는 그 예약이 성립한 때부터 10년 내에 이를 행사하여야 하고, 그 기간이 지난 때에는 예약완결권은 제척기간의 경과로 인하여 소멸한다.(2010.2015.2017.2022기) 한편 당사자 사이에 약정되는 예약완결권의 행사기간에 특별한 제한은 없다[대판 2017.1.25. 2016다42077].

④ 상가에 관하여 매매계약이 성립한 이후 법령상의 제한에 의해 일시적으로 분양이 금지되었다가 다시 허용된 경우, 그 예약완결권 행사는 이행불능이라 할 수 없다.

⑤

대법원 2019. 7. 25. 선고 2019다227817 판결

예약완결권자가 예약완결권 행사의 의사표시를 담은 소장 부본을 상대방에게 송달함으로써 재판상 행사하는 경우에는 그 소장 부본이 상대방에게 도달한 때에 비로소 예약완결권 행사의 효력이 발생하여 예약완결권자와 상대방 사이에 매매의 효력이 생기므로, 예약완결권 행사의 의사표시가 담긴 소장 부본이 제척기간 내에 상대방에게 송달되어야만 예약완결권자가 제척기간 내에 적법하게 예약완결권을 행사하였다고 볼 수 있다.

70. 민법상 매매계약에 관한 설명으로 <u>틀린</u> 것은?

① 매매계약은 낙성 불요식계약이다.
② 타인의 권리도 매매계약의 목적이 될 수 있다.
③ 매도인의 담보책임 규정은 그 성질이 허용되는 한 교환계약에도 준용된다.
④ 매매계약에 관한 비용은 특약이 없는 한 매수인이 전부 부담한다.
⑤ 경매목적물에 하자가 있는 경우, 매도인은 물건의 하자로 인한 담보책임을 지지 않는다.

【해설】 ....

① 매매는 당사자 일방, 즉 매도인이 일정한 재산권을 상대방, 즉 매수인에게 이전할 것을 약정하고, 상대방은 이에 대하여 대금을 지급할 것을 약정함으로써 성립하는 낙성·쌍방·불요식의 유상계약이다.

②

> **제569조(타인의 권리의 매매)** 매매의 목적이 된 권리가 타인에게 속한 경우에는 매도인은 그 권리를 취득하여 매수인에게 이전하여야 한다.

위 조문에 따라 타인의 권리도 매매계약의 목적이 될 수 있다.

③ 교환도 유상계약이기 때문에 매매에 관한 규정이 일반적으로 준용된다(제567조). 따라서 양 당사자는 담보책임을 부담한다.(2011.2013.2014.2016.2017.2020.2021기) 나아가 교환은 쌍무계약이므로, 동시이행의 항변권 및 위험부담에 관한 규정이 적용된다.

④

> **제566조(매매계약의 비용의 부담)** 매매계약에 관한 비용은 당사자 쌍방이 균분하여 부담한다.

⑤

> **제580조(매도인의 하자담보책임)** ① 매매의 목적물에 하자가 있는 때에는 제575조 제1항의 규정을 준용한다. 그러나 매수인이 하자있는 것을 알았거나 과실로 인하여 이를 알지 못한 때에는 그러하지 아니하다.
> ② 전항의 규정은 경매의 경우에 적용하지 아니한다.

71. 甲은 2023. 9. 30. 乙에게 자신 소유의 X부동산을 3억 원에 매도하되, 계약금 2천만 원은 계약 당일, 중도금 2억 원은 2023. 10. 30. 잔금 8천만 원은 2023. 11. 30.에 지급받기로 하는 매매계약을 체결하고, 乙로부터 계약 당일 계약금 전액을 지급받았다. 다음 설명 중 옳은 것을 모두 고른 것은?(특별한 사정은 없으며, 다툼이 있으면 판례에 따름)

> ㄱ. 乙이 2023. 10. 25. 중도금 2억 원을 甲에게 지급한 경우, 乙은 2023. 10. 27. 계약금을 포기하더라도 계약을 해제할 수 없다.
> ㄴ. 乙이 2023. 10. 25. 중도금 2억 원을 甲에게 지급한 경우, 甲은 2023. 10. 27. 계약금의 배액을 상환하더라도 계약을 해제할 수 없다.
> ㄷ. 乙이 계약 당시 중도금 중 1억 원의 지급에 갈음하여 자신의 丙에 대한 대여금 채권을 甲에게 양도하기로 약정하고 그 자리에 丙도 참석하였다면, 甲은 2023. 10. 27. 계약금의 배액을 상환하더라도 계약을 해제할 수 없다.

① ㄱ   ② ㄷ   ③ ㄱ, ㄴ   ④ ㄴ, ㄷ   ⑤ ㄱ, ㄴ, ㄷ

【해설】 ··

> **제565조(해약금)** ① 매매의 당사자 일방이 계약 당시에 금전 기타 물건을 계약금, 보증금 등의 명목으로 상대방에게 교부한 때에는 당사자간에 다른 약정이 없는 한 당사자의 일방이 이행에 착수할 때까지 교부자는 이를 포기하고 수령자는 그 배액을 상환하여 매매계약을 해제할 수 있다.
> ② 제551조의 규정은 전항의 경우에 이를 적용하지 아니한다.

ㄱ, ㄴ **대판 1994.5.13.선고 93다56954**는 중도금의 지급은 이행의 착수로 보았으므로, 매수인 乙은 계약금을 포기하더라도 계약을 해제할 수 없으며, 매도인 甲 또한 계약금의 배액을 상환하더라도 계약을 해제할 수 없다.

ㄷ. 매매계약 당시 매수인이 중도금 일부의 지급에 갈음하여 매도인에게 제3자에 대한 대여금 채권을 양도하기로 약정하고 그 자리에 제3자도 참석한 경우, 매수인은 매매계약과 함께 채무의 일부 이행에 착수하였으므로 매도인은 민법 제565조 제1항에 정한 해제권을 행사할 수 없

다[대판 2006.11.24. 2005다39594].

72. 민법상 임대차계약에 관한 설명으로 틀린 것은?(다툼이 있으면 판례에 따름)

① 임대인이 목적물을 임대할 권한이 없어도 임대차계약은 유효하게 성립한다.

② 임차기간을 영구로 정한 임대차계약은 특별한 사정이 없는 한 허용된다.

③ 임차인은 특별한 사정이 없는 한 자신이 지출한 임차물의 보존에 관한 필요비 금액의 한도에서 차임의 지급을 거절할 수 있다.

④ 임대차가 묵시적 갱신이 된 경우, 전임대차에 대해 제3자가 제공한 담보는 원칙적으로 소멸하지 않는다.

⑤ 임대차 종료로 인한 임차인의 원상회복의무에는 임대인이 임대 당시의 부동산 용도에 맞게 다시 사용할 수 있도록 협력할 의무까지 포함된다.

【해설】 ···

① 임대인이 목적물을 임대할 권한이 없어도 이는 타인 권리의 매매로 민법 제569조 "매매의 목적이 된 권리가 타인에게 속한 경우에는 매도인은 그 권리를 취득하여 매수인에게 이전하여야 한다."고 하였으므로 이를 유추적용하여 임대차계약은 유효하게 성립한다.

② 과거 임대차 최장기간을 제한하였으나 **헌재결 2013.12.26. 2011헌바234**의 다수 의견에 따라 2016년 제651조가 삭제되었으므로 임차기간을 영구로 정한 임대차계약은 특별한 사정이 없는 한 허용된다.

③

대법원 2019. 11. 14. 선고 2016다227694 판결

임대차계약에서 임대인은 목적물을 계약존속 중 사용·수익에 필요한 상태를 유지하게 할 의무를 부담하고, 이러한 의무와 관련한 임차물의 보존을 위한 비용도 임대인이 부담해야 하므로, 임차인이 필요비를 지출하면, 임대인은 이를 상환할 의무가 있다. 임대인의 필요비상환의무는 특별한 사정이 없는 한 임차인의 차임지급의무와 서로 대응하는 관계에 있으므로, 임차인은 지출한 필요비 금액의 한도에서 차임의 지급을 거절할 수 있다.

④

> **제639조(묵시의 갱신)** ① 임대차기간이 만료한 후 임차인이 임차물의 사용, 수익을 계속하는 경우에 임대인이 상당한 기간내에 이의를 하지 아니한 때에는 전임대차와 동일한 조건으로 다시 임대차한 것으로 본다. 그러나 당사자는 제635조의 규정에 의하여 해지의 통고를 할 수 있다.
> ② 전항의 경우에 전임대차에 대하여 제삼자가 제공한 담보는 기간의 만료로 인하여 소멸한다.

대법원 2005. 4. 14. 선고 2004다63293 판결

민법 제639조 제1항의 묵시의 갱신은 임차인의 신뢰를 보호하기 위하여 인정되는 것이고, 이 경우 같은 조 제2항에 의하여 제3자가 제공한 담보는 소멸한다고 규정한 것은 담보를 제공한 자의 예상하지 못한 불이익을 방지하기 위한 것이라 할 것이므로, 민법 제639조 제2항은 당사자들의 합의에 따른 임대차 기간 연장의 경우에는 적용되지 않는다.

⑤ 임차인의 원상회복의무에는 임차인이 사용하던 부동산의 점유를 임대인에게 이전하는 것은 물론 임대인이 임대 당시의 부동산 용도에 맞게 다시 사용할 수 있도록 협력할 의무도 포함된다[대판 2008.10.9. 2008다34903].

73. 甲은 건물 소유를 목적으로 乙 소유의 X토지를 임차한 후, 그 지상에 Y건물을 신축하여 소유하고 있다. 위 임대차계약이 종료된 후, 甲이 乙에게 Y건물에 관하여 지상물매수청구권을 행사하는 경우에 관한 설명으로 <u>틀린</u> 것은?(다툼이 있으면 판례에 따름)

① 특별한 사정이 없는 한 Y건물이 미등기 무허가건물이라도 매수청구권의 대상이 될 수 있다.
② 임대차 기간이 만료되면 甲이 Y건물을 철거하기로 한 약정은 특별한 사정이 없는 한 무효이다.
③ Y건물이 X토지의 제3자 소유의 토지 위에 걸쳐서 건립되었다면, 甲은 Y건물 전체에 대하여 매수청구를 할 수 있다.
④ 甲의 차임연체를 이유로 임대차계약이 해지된 경우, 甲은 매수청구권을 행사할 수 없다
⑤ 甲이 적법하게 매수청구권을 행사한 후에도, Y건물의 점유 사용을 통하여 X토지를 계속하여 점유 사용하였다면, 甲은 乙에게 X토지의 임료 상당액의 부당이득 반환의무를 진다.

【해설】 ....

① 행정관청의 허가를 받지 않은 무허가건물이라도 그 대상이 될 수 있다.

> **대법원 1997. 12. 23. 선고 97다37753 판결** (2014.2019.2025기)

민법 제643조가 정하는 건물 소유를 목적으로 하는 토지 임대차에 있어서 임차인이 가지는 건물매수청구권은 건물의 소유를 목적으로 하는 토지 임대차계약이 종료되었음에도 그 지상 건물이 현존하는 경우에 임차인이 임대인에게 상당한 가액으로 그 지상 건물의 매수를 청구할 수 있는 권리로서 임대차계약 종료시에 경제적 가치가 잔존하고 있는 건물은 특별한 사정이 없는 한, 비록 행정관청의 허가를 받은 적법한 건물이 아니더라도 임차인의 건물매수청구권의 대상이 될 수 있다.

② 지상물매수청구권은 임차인을 위한 제도로, 그에 관한 제643조는 편면적 강행규정이다(제652조). 즉 임대차가 종료하기 전에 임차인이 임대인과 건물 기타 지상시설 일체를 포기하기로 약정하였더라도, 임대차계약의 조건이나 계약이 체결된 경위 등 제반 사정이 인정되지 않는 한 위와 같은 약정은 임차인에게 불리한 것으로서 효력이 없다[대판 2002.5.31. 2001다

42080]. (2013.2014.2018.2025기)

③ **대판(전) 1996.3.21. 93다42634**는 "건물 소유를 목적으로 하는 토지임대차에 있어서 임차인 소유 건물이 임대인이 임대한 토지 외에 임차인 또는 제3자 소유의 토지 위에 걸쳐서 건립되어 있는 경우에는, 임차지상에 서 있는 건물 부분 중 구분소유의 객체가 될 수 있는 부분에 한하여 임차인에게 매수청구가 허용된다."고 하였다.(2014기)

④ 임차인의 채무불이행(예컨대, 차임연체)을 이유로 임대차가 종료(해지)되면, 매수청구권은 인정되지 않는다[**대판 2003.4.22. 2003다7685**].(2019기)

⑤ 甲이 적법하게 매수청구권을 행사한 후에도, Y건물의 점유 사용을 통하여 X토지를 계속하여 점유 사용하였다면, 그로 인한 부당이득으로서 부지의 임료상당액은 이를 반환할 의무가 있다[**대판 2001.6.1. 99다60535**].(2012기)

74. 매매계약의 법정해제에 관한 설명으로 옳은 것을 모두 고른 것은?(다툼이 있으면 판례에 따름)

> ㄱ. 일방 당사자의 계약 위반을 이유로 상대방의 계약해제 의사표시에 의해 계약이 해제되었음에도 상대방이 계약의 존속함을 전제로 계약상 의무의 이행을 구하는 경우, 특별한 사정이 없는 한 계약을 위반한 당사자도 당해 계약이 상대방의 해제로 소멸되었음을 들어 그 이행을 거절할 수 있다.
> ㄴ. 계약해제로 인한 원상회복의 대상에는 매매대금은 물론 이와 관련하여 그 계약의 존속을 전제로 수령한 지연손해금도 포함된다.
> ㄷ. 과실상계는 계약해제로 인한 원상회복의무의 이행으로서 이미 지급한 급부의 반환을 구하는 경우에는 적용되지 않는다.

① ㄱ   ② ㄴ   ③ ㄱ, ㄷ   ④ ㄴ, ㄷ   ⑤ ㄱ, ㄴ, ㄷ

ㄱ.

대법원 2001. 6. 29. 선고 2001다21441 판결 (2011기)

판례는 "계약의 해제권은 일종의 형성권으로서 당사자의 일방에 의한 계약해제의 의사표시가 있으면 그 효과로서 새로운 법률관계가 발생하고 각 당사자는 그에 구속되는 것이므로, 일방 당사자의 계약위반을 이유로 한 상대방의 계약해제 의사표시에 의하여 계약이 해제되었음에도 상대방이 계약이 존속함을 전제로 계약상 의무의 이행을 구하는 경우 계약을 위반한 당사자도 당해 계약이 상대방의 해제로 소멸되었음을 들어 그 이행을 거절할 수 있다."고 하였다.

ㄴ. 원상회복의무에 이자부가 의무가 포함되는 바, 원상회복의무가 이행지체에 빠지면 금전 및 법정이자(최고에 의해 확정된 액)에 대한 지연이자도 포함된다.

대법원 2013.4.26.선고 2011다50509 판결

계약해제 시 반환할 금전에 가산할 이자에 관하여 당사자 사이에 약정이 있는 경우에는 특별한 사정이 없는 한 이행지체로 인한 지연손해금도 그 약정이율에 의하기로 하였다고 보는 것이 당사자의 의사에 부합한다. 또한 계약해제로 인한 원상회복 시 반환할 금전에 받은 날로부터 가산할 이자의 지급의무를 면제하는 약정이 있는 때에도 그 금전반환의무가 이행지체 상태에 빠진 경우에는 법정이율에 의한 지연손해금을 청구할 수 있는 점과 비교해 볼 때 그렇게 보는 것이 논리와 형평의 원리에 맞기 때문이다.

ㄷ.

대법원 2014. 3. 13. 선고 2013다34143 판결

과실상계는 본래 채무불이행 또는 불법행위로 인한 손해배상책임에 대하여 인정되는 것이고, 매매계약이 해제되어 소급적으로 효력을 잃은 결과 매매 당사자에게 당해 계약에 기한 급부가 없었던 것과 동일한 재산 상태를 회복시키기 위한 원상회복의무의 이행으로서 이미 지급한 매매대금 기타의 급부의 반환을 구하는 경우에는 적용되지 아니한다.

75. 집합건물의 소유 및 관리에 관한 법률상 집합건물의 전부 공용부분 및 대지 사용권에 관한 설명으로 <u>틀린</u> 것은(특별한 사정은 없으며, 다툼이 있으면 판례에 따름)

① 공용부분은 취득시효에 의한 소유권 취득의 대상이 될 수 없다.

② 각 공유자는 공용부분을 그 용도에 따라 사용할 수 있다.

③ 구조상 공용부분에 관한 물권의 득실 변경은 등기가 필요하지 않다.

④ 구분소유자는 규약 또는 공정증서로써 달리 정하지 않는 한 그가 가지는 전유부분과 분리하여 대지사용권을 처분할 수 없다.

⑤ 대지사용권은 전유부분과 일체성을 갖게 된 후 개시된 강제경매절차에 의해 전유부분과 분리되어 처분될 수 있다.

【해설】 ....

①

> **대법원 2013. 12. 12. 선고 2011다78200 7821 판결**

공용부분에 대하여 취득시효의 완성을 인정하여 그 부분에 대한 소유권을 인정한다면 전유부분과 분리하여 공용부분의 처분을 허용하고 일정 기간의 점유로 인하여 공용부분이 전유부분으로 변경되는 결과가 되어 집합건물법의 취지에 어긋나게 된다. 따라서 집합건물의 공용부분은 취득시효에 의한 소유권 취득의 대상이 될 수 없다고 봄이 타당하다.

②

> **집합건물의소유및관리에관한법률 제11조(공유자의 사용권)** 각 공유자는 공용부분을 그 용도에 따라 사용할 수 있다.(2020기)

③

> **집합건물의소유및관리에관한법률 제13조(전유부분과 공용부분에 대한 지분의 일체성)** ① 공용부분에
> 대한 공지의 지분은 그가 가지는 전유부분의 처분에 따른다.
> ② 공유자는 그가 가지는 전유부분과 분리하여 공용부분에 대한 지분을 처분할 수 없다.
> ③ 공용부분에 관한 물권의 득실변경은 등기가 필요하지 아니하다.

④⑤ 법은 전유부분과 대지사용권의 밀접불가분의 관계를 고려하여 처분(양도 또는 담보제공)에서의 일체성을 정한다. 이러한 구분소유권과 대지사용권의 일체성은 집합건물의 전유부분과 대지사용권이 분리되는 것을 최대한 억제하여 대지사용권 없는 구분소유권의 발생을 방지함으로써 집합건물에 관한 법률관계에의 안정과 합리적 규율을 도모함에 그 취지가 있다. 구체적으로 구분소유자의 대지사용권은 전유부분의 처분에 따르고(법 제20조 제1항), 규약으로 또는 건물부분의 전부 또는 부속건물을 소유하는 이가 공정증서로써 달리 정하지 않았다면, 구분소유자는 전유분분과 분리하여 대지사용권을 처분할 수 없는데 강제경매절차에서도 다르지 않다[대판 2015.1.15. 2012다74175,7419].

76. 가등기담보 등에 관한 법률이 원칙적으로 적용되는 것은?(단, 이자는고려하지 않으며, 다툼이 있으면 판례에 따름)

① 1억 원을 차용하면서 부동산에 관하여 가등기나 소유권이전등기를 하지 않은 경우
② 매매대금채무 1억 원의 담보로 2억 원 상당의 부동산 소유권이전등기를 한 경우
③ 차용금채무 1억 원의 담보로 2억 원 상당의 부동산 소유권이전등기를 한 경우
④ 차용금채무 3억 원 담보로 이미 2억 원의 다른 채무에 대한 저당권이 설정된 4억 원 상당의 부동산에 대해 대물변제예약을 하고 가등기한 경우
⑤ 1억 원 차용하면서 2억 원 상당의 그림을 양도담보로 제공한 경우

> **가등기담보등에관한법률 제607조(대물반환의 예약)** 차용물의 반환에 관하여 차주가 차용물에 갈음하여 다른 재산권을 이전할 것을 예약한 경우에는 그 재산의 예약 당시의 가액이 차용액 및 이에 붙인 이자의 합산액을 넘지 못한다.

① 가등기담보법은 등기 또는 등록에 의하여 공시되는 물건 또는 재산권을 목적으로 하는 비전형담보에 적용된다. 즉 가등기담보뿐만 아니라 양도담보에 대해서도 적용된다. 지문에서 1억 원을 차용하면서 부동산에 관하여 가등기나 소유권이전등기를 하지 않은 경우는 가등기담보법이 적용되지 않는다.

② 가등기담보법은 금전소비대차에 기한 차용금반환채무 외의 채무를 담보하기 위하여 경료된 가등기나 양도담보에 적용되지 않는 바, 소비대차 외의 채권을 담보하기 위하여 가등기가 경료된 경우, 매매대금 채권[**대판 2002.12.24. 2002다50484**], 공사대금채권[**대판 1992.4.10. 91다45356**], 매매계약의 해제에 따른 대금반환채권[**대판 1996.11.29. 96다31865**] 등의 담보에 대해서는 동법이 부정되었다.(2010.2015.2022기)

③ 차용금채무 1억 원의 담보로 2억 원 상당의 부동산 소유권이전등기를 한 경우 부동산가액이 차용액을 초과하므로 가등기담보법이 적용된다.

④ 차용금채무 3억 원 담보로 이미 2억 원의 다른 채무에 대한 저당권이 설정된 4억 원 상당의 부동산에 대해 대물변제예약을 하고 가등기한 경우는 차용금액 합이 5억 원이고 부동산가액이 4억 원이므로 차용금액이 부동산 시가를 초과하므로 가담법이 적용되지 않는다.

⑤ 양도담보도 가등기담보법이 적용되나 지문에서 그림을 양도담보로 제공한 경우 그림은 등기 또는 등록에 의하여 공시되는 물건이 되지 못하므로 가등기담보법이 적용되지 않는다.

77. 부동산 명의신탁약정과 그에 따른 등기의 무효로 대항할 수 없는 제3자(부동산 실권리자명의 등기에 관한 법률 제4조 제3항)에 해당하는 자를 모두 고른 것은?(다툼이 있으면 판례에 따름)

> ㄱ. 명의수탁자의 상속인
> ㄴ. 명의신탁 된 부동산을 가압류한 명의수탁자의 채권자
> ㄷ. 명의신탁자의 명의신탁 된 부동산소유권을 취득하기 위한 계약을 맺고 등기명의만을 명의수탁자로부터 경료받은 것과 같은 외관을 갖춘 자.
> ㄹ. 학교법인이 명의수탁자로서 기본재산에 관한 등기를 마친 경우, 기본재산 처분에 관하여 허가권을 갖는 관할청

① ㄴ   ② ㄱ, ㄷ   ③ ㄷ, ㄹ   ④ ㄱ, ㄴ, ㄷ   ⑤ ㄴ, ㄷ, ㄹ

【해설】 ··

ㄱ. 명의수탁자의 상속인은 포괄승계인으로서 명의수탁자와 동일시한 자로 부동산 실권리자 명의 등기에 관한 법률 제4조 제3항에 해당하지 않는다.

ㄴ. "판례도 여기서의 '제3자'라 함은, 수탁자가 물권자임을 기초로 그와의 사이에 새로운 이해관계를 맺는 자를 말하고, 여기에는 소유권이나 저당권 등 물권을 취득한 자뿐만 아니라 압류 또는 가압류채권자도 포함되며, 제3자의 선의·악의를 묻지 않는다."고 하는데, 대항력 있는 임차권[대판 2013.2.28. 2010다89814]을 설정받은 자, (가)압류채권자와 같이 명의신탁약정의 당사자나 포괄승계인이 아닌 자로서 명의수탁자가 물권자임을 기초로 그와의 사이에 직접 새로운 이해관계를 맺은 사람을 의미한다고 하였다[대판 2009.3.12. 2008다36022]. 명의수탁자로부터의 가등기권리자, (가)압류채권자 등이 그 예이다.(2010.2015기)

ㄷ. 이와 달리 오로지 명의신탁자와 부동산에 관한 물권을 취득하기 위한 계약을 맺고 단지 등기명의만을 명의수탁자로부터 경료받은 것 같은 외관을 갖춘 자는 위 법률 조항의 제3자에 해당하지 않으므로, 이러한 자로서는 자신의 등기가 실체관계에 부합하여 유효라고 주장하는 것은 별론으로 하더라도 같은 법 제4조 제3항을 들어 무효인 명의신탁등기에 터 잡아 경료된

자신의 등기의 유효를 주장할 수는 없다고 하였다[대판 2004.8.30. 2002다48771].

ㄹ. 학교법인이 명의수탁자로서 기본재산에 관한 등기를 마친 경우, 기본재산 처분에 관하여 허가권을 갖는 관할청은 행정상 허가권을 갖는 주체이므로 대항할 수 있다.

78. 甲은 2023. 1. 5. 乙로부터 그 고유의 X부동산을 보증금 2억 원, 월 임료 50만 원, 기간은 계약일로부터 1년으로 정하여 임차하는 내용의 계약을 체결하고, 당일 乙에게 보증금을 지급함과 동시에 X주택을 인도받아 주민등록을 마치고 확정일자를 받았다. 다음 중 주택임대차보호법의 적용에 관한 설명으로 <u>틀린</u> 것은?(다툼이 있으면 판례에 따름)

① 甲은 2023. 1. 6. 오전 영시부터 대항력을 취득한다.
② 제3자에 의해 2023. 5. 9. 경매가 개시되어 X주택이 매각된 경우, 甲은 경매절차에서 배당요구를 하지 않아도 보증금에 대해 우선변제를 받을 수 있다.
③ 乙이 X주택을 丙에게 매도하고 소유권이전등기를 마친 경우, 乙은 특별한 사정이 없는 한 보증금반환의무를 면한다.
④ 甲이 2기의 차임액에 달하는 차임을 연체하면 묵시적 갱신이 인정되지 않는다.
⑤ 묵시적 갱신이 된 경우, 갱신된 임대차계약의 존속기간은 2년이다.

[해설] ···

①

> **주택임대차보호법제3조(대항력 등)** ① 임대차는 그 등기(登記)가 없는 경우에도 임차인(賃借人)이 주택의 인도(引渡)와 주민등록을 마친 때에는 그 다음 날부터 제삼자에 대하여 효력이 생긴다. 이 경우 전입신고를 한 때에 주민등록이 된 것으로 본다.

그 다음 날부터라고 하였으므로 다음날인 1월 6일 오전 0시부터 대항력을 취득한다.

② 제3자에 의해 2023. 5. 9. 경매가 개시되어 X주택이 매각된 경우, 확정일자를 경료하였으므로 甲은 경매절차에서 배당요구를 하여야 보증금에 대해 우선변제를 받을 수 있다.

③ 지문에서 임차주택의 양수인 丙이 임대인 乙의 지위를 승계하므로 乙은 특별한 사정이 없는 한 보증금반환의무를 면한다. 즉 丙이 소유권이전등록까지 마쳤으므로 보증금 반환의무의 丙에 대하여 다툼이 없을 것이다,

④

> **주택임대차보호법 제6조(계약의 갱신)** ① 임대인이 임대차기간이 끝나기 6개 월 전부터 2개월 전까지의 기간에 임차인에게 갱신거절(更新拒絶)의 통지를 하지 아니하거나 계약조건을 변경하지 아니하면 갱신하지 아니한다는 뜻의 통지를 하지 아니한 경우에는 그 기간이 끝난 때에 전 임대차와 동일한 조건으로 다시 임대차한 것으로 본다. 임차인이 임대차기간이 끝나기 2개월 전 까지 통지하지 아니한 경우에도 또한 같다.
> ② 제1항의 경우 임대차의 존속기간은 2년으로 본다.
> ③ 2기(期)의 차임액(借賃額)에 달하도록 연체하거나 그 밖에 임차인으로서의 의무를 현저히 위반한 임차인에 대하여는 제1항을 적용하지 아니한다.

⑤ 위 주택임대차보호법 제6조 제1항에서 "갱신거절(更新拒絶)의 통지를 하지 아니하거나 계약조건을 변경하지 아니하면 갱신하지 아니한다는 뜻의 통지를 하지 아니한 경우에는 그 기간이 끝난 때에 전 임대차와 동일한 조건으로 다시 임대차한 것으로 본다." 하였으므로 묵시적 갱신이 된 경우, 갱신된 임대차계약의 존속기간은 2년이다.(2013.2017.2018.2019.2025기)

79. 乙은 식당을 운영하기 위해 2023. 5. 1. 甲으로부터 그 소유의 서울특별시 소재 X상가건물을 보증금 10억 원, 월 임료 100만 원, 기간은 정함이 없는 것으로 하여 임차하는 상가임대차계약을 체결하였다. 상가건물임대차보호법상 乙의 주장이 인정되는 것을 모두 고른 것은?(다툼이 있으면 판례에 따름)

ㄱ. X상가건물을 인도받고 사업자등록을 마친 乙이 대항력을 주장하는 경우
ㄴ. 乙이 甲에게 1년의 존속기간을 주장하는 경우
ㄷ. 乙이 甲에게 계약갱신요구권을 주장하는 경우

① ㄱ   ② ㄷ   ③ ㄱ, ㄴ   ④ ㄴ, ㄷ   ⑤ ㄱ, ㄴ, ㄷ

【해설】

상가건물임대차보호법시행령 제2조(적용범위) ①「상가건물 임대차보호법」(이하 "법"이라 한다) 제2조 제1항 단서에서 "대통령령으로 정하는 보증금액"이란 다음 각 호의 구분에 의한 금액을 말한다.
1. 서울특별시 : 9억 원

ㄱ. 위 지문에서 환산보증금은 {10억 원 + 월임대료(100만 원 × 100 = 1억 원)} 11억 원이므로 상가건물임대차보호법은 적용이 배제된다. 그러나 상가건물임대차보호법 제2조(적용 범위) 제2조 제3항 적용 범위에서 제2조 제1항 단서에도 불구하고 제3조, 제10조 제1항, 제2항, 제3항 본문, 제10조의2부터 제10조의9까지의 규정, 제11조의2 및 제19조는 보증금액을 초과하는 임대차에 대하여도 적용한다 하였으므로 X상가건물을 인도받고 사업자등록을 마친 乙이 상가건물임대차보호법 제3조 대항력을 주장하는 경우 적용 보증금이 9억 원을 초과하더라도 대항력이 인정된다.

ㄴ. 상가건물임대차보호법 제9조(임대차기간 등) 제1항에서 기간을 정하지 아니하거나 기간을 1년 미만으로 정한 임대차는 그 기간을 1년으로 본다 하였으나 이 조항은 임차보증금이 초과

하는 경우에 예외 조항에 해당하지 않으므로 상가건물임대차보호법을 적용하지 않으므로 乙의 주장이 인정되지 않는다.

ㄷ.

상가건물임대차보호법(이하 '상가임대차법'이라고 한다)에서 기간을 정하지 않은 임대차는 그 기간을 1년으로 간주하지만(제9조 제1항), 대통령령으로 정한 보증금액을 초과하는 임대차는 위 규정이 적용되지 않으므로(제2조 제1항 단서), 원래의 상태 그대로 기간을 정하지 않은 것이 되어 민법의 적용을 받는다. 민법 제635조 제1항, 제2항 제1호에 따라 이러한 임대차는 임대인이 언제든지 해지를 통고할 수 있고 임차인이 통고를 받은 날로부터 6개월이 지남으로써 효력이 생기므로, 임대차기간이 정해져 있음을 전제로 기간 만료 6개월 전부터 1개월 전까지 사이에 행사하도록 규정된 임차인의 계약갱신요구권(상가임대차법 제10조 제1항)은 발생할 여지가 없다.

80. 甲은 법령상 제한을 회피할 목적으로 2023. 5. 1. 배우자 乙과 자신 소유의 X건물에 대해 명의신탁약정을 하고, 甲으로부터 乙 앞으로 소유권이전등기를 마쳤다. 다음 설명 중 틀린 것은?(특별한 사정은 없으며, 다툼이 있으면 판례에 따름)

① 甲은 乙을 상대로 진정명의 회복을 원인으로 한 소유권이전등기를 청구할 수 있다.
② 甲은 乙을 상대로 부당이득 반환을 원인으로 한 소유권이전등기를 청구할 수 있다.
③ 甲은 乙을 상대로 명의신탁 해지를 원인으로 한 소유권이전등기를 청구할 수 없다.
④ 乙이 丙에게 X건물을 매도하고 소유권이전등기를 해준 경우, 丙은 소유권을 취득한다.
⑤ 乙이 丙에게 X건물을 매도하고 소유권이전등기를 해준 경우, 乙은 甲에게 불법행위 책임을 부담한다.

【해설】 ....

① 명의신탁약정과 명의신탁등기가 모두 무효이므로 甲은 여전히 소유권을 가진다. 따라서 甲은 乙을 상대로 소유권에 기한 방해제거청구권(제214조)을 행사하여 乙 명의 등기말소(또는 진정명의 회복을 원인으로 하는 소유권이전등기)를 구할 수 있다. 이때 스스로 명의신탁등기를 한 甲이 나중에 자신의 행위가 강행규정인 부동산실명법에 위반되어 무효임을 내세워 물권적 청구권을 행사하더라도 신의칙에 위반되지 않는다.

② 위 ①에서와 같이 甲은 乙을 상대로 소유권에 기한 방해제거청구권(제214조)을 행사하여 乙 명의 등기말소(또는 진정명의 회복을 원인으로 하는 소유권이전등기)를 구할 수 있을 뿐 乙이 부당이득반환을 원인으로 한 소유권이전등기를 청구할 수 없다. 예컨대 "(제741조 부당이득) 법률상 원인없이 타인의 재산 또는 노무로 인하여 이익을 얻고 이로 인하여 타인에게 손해를 가한 자는 그 이익을 반환하여야 한다." 하였으나, 乙은 甲에게 손해를 가하거나 이익을 얻은 바가 없으므로 부당이득을 취한 바도 없다.

③ 甲과 乙의 명의신탁약정은 위법하므로 위 조항에서 언급한 해지의 권리가 존재하지 않으므로 해지권을 행사하여 원상회복 하는 것이 아니라 위 ①에서 설명한 바와 같이 진정명의 회복 내지는 소유권에 기한 방해물제거권을 행사하여 원소유자인 명의신탁자 甲에게 원상회복되어야 할 것이다.

④ 丙은 제3자로서 위 부동산실권리자 명의등기에 관한 법률 제4조 3항에 의해 선·악을 불문하고 소유권을 취득한다. 그 이유는 甲과 乙의 명의신탁약정은 법령상 제한을 회피할 목적으로 명의신탁약정을 하였으므로 법의 보호를 받지 못한다. 따라서 선·악을 불문하고 제3자에게 대항을 하지 못하므로 丙은 소유권을 취득한다.(2010.2011.2012.2014.2015.2019.2022기)

⑤ 乙이 丙에게 X건물을 매도하고 소유권이전등기를 해준 경우 형사상 횡령죄가 성립하지 않지만, 그 처분행위는 甲의 소유권을 침해하는 행위로서 민법상 불법행위에 해당하여 乙은 甲

에게 손해배상책임을 부담한다[대판 2021.6.3. 2016다34007].

대법원 2021. 6. 3.선고 2016다34007 판결

명의수탁자가 양자간 명의신탁에 따라 명의신탁자로부터 소유권이전등기를 넘겨받은 부동산을 임의로 처분한 행위가 형사상 횡령죄로 처벌되지 않더라도, 위 행위는 명의신탁자의 소유권을 침해하는 행위로서 형사상 횡령죄의 성립 여부와 관계없이 민법상 불법행위에 해당하여 명의수탁자는 명의신탁자에게 손해배상책임을 부담한다.

2023년 제34회 공인중개사 민법 정답

41	42	43	44	45	46	47	48	49	50
①	⑤	①	④	③	①	④	②	①	⑤

51	52	53	54	55	56	57	58	59	60
②	③	③	①	②	④	③	②	⑤	④

61	62	63	64	65	66	67	68	69	70
⑤	④	②	④	①	③	③	⑤	②	④

71	72	73	74	75	76	77	78	79	80
⑤	④	③	⑤	⑤	③	①	②	①	②

2024년

제35회 공인중개사
민법 기출문제 해설

41. 반사회질서의 법률행위에 해당하는 것은?(다툼이 있으면 판례에 의함)

① 법령에서 정한 한도를 초과하는 부동산 중개수수료 약정
② 강제집행을 면할 목적으로 허위의 근저당권을 설정하는 행위
③ 다수의 보험계약을 통해 보험금을 부정취득할 목적으로 체결한 보험계약
④ 반사회적 행위에 의하여 조성된 비자금을 소극적으로 은닉하기 위한 임치계약
⑤ 양도소득세를 회피할 목적으로 실제 거래가액보다 낮은 금액을 대금으로 기재한 계약

【해설】

① **대판(전) 2007.12.20. 2005다32159**는 국민의 재산권 보호에 기여하고자 하는 구 부동산중개업법의 입법 취지 등에 비추어 부동산중개수수료에 관한 위와 같은 규정들은 중개수수료약정 중 소정의 한도를 초과하는 부분에 대한 사법상의 효력을 제한하는 이른바 강행법규에 해당하고, 구 부동산중개업법 등 관련 법령에서 정한 한도를 초과하는 부동산중개수수료약정은 "그 한도를 초과하는 범위 내에서 무효"라고 판시함으로써 입장을 명확히 하였다.

②

대법원 2004. 5. 28. 선고2003다70041 판결

[1] 강제집행을 면할 목적으로 부동산에 허위의 근저당권설정등기를 경료하는 행위는 민법 제103조의 선량한 풍속 기타 사회질서에 위반한 사항을 내용으로 하는 법률행위로 볼 수 없다.(2011.2012.2014.2015.2016.2020기)

[2] 통정한 허위표시에 의하여 외형상 형성된 법률관계로 생긴 채권을 가압류한 경우, 그 가압류권자는 허위표시에 기초하여 새로운 법률상 이해관계를 가지게 되므로 민법 제108조 제2항의 제3자에 해당한다고 봄이 상당하고, 또한 민법 제108조 제2항의 제3자는 선의이면 족하고 무과실은 요건이 아니다.

③

대법원 2005. 7. 28. 선고 2005다23858 판결 (2019기)

보험계약자가 다수의 보험계약을 통하여 보험금을 부정취득할 목적으로 보험계약을 체결한 경우, 사회적 상당성을 일탈하게 될 뿐만 아니라, 또한 합리적인 위험의 분산이라는 보험제도의 목적을 해치고 위험 발생의 우발성을 파괴하며 다수의 선량한 보험 가입자들의 희생을 초래하여 보험제도의 근간을 해치게 되므로, 이와 같은 보험계약은 소정의 선량한 풍속 기타 사회질서에 반하여 무효이다.

④

대법원 2001. 4. 10. 선고 2000다49343 판결

반사회적 행위에 의하여 조성된 재산인 이른바 비자금을 소극적으로 은닉하기 위하여 임치한 것이 사회질서에 반하는 법률행위로 볼 수 없다고 하여 불법원인급여가 아니라고 한 원심 판단을 수긍한 사례.

⑤

대법원 2007. 6. 14. 선고 2007다3285 판결 (2011.2016기)

양도소득세의 일부를 회피할 목적으로 매매계약서에 실제로 거래한 가액보다 낮은 금액을 매매대금으로 기재한 것만으로 그 매매계약이 사회질서에 반하는 법률행위로서 무효로 되는지 여부에서 "양도소득세의 일부를 회피할 목적으로 매매계약서에 실제로 거래한 가액을 매매대금으로 기재하지 아니하고 그보다 낮은 금액을 매매대금으로 기재하였다 하여, 그것만으로 그 매매계약이 사회질서에 반하는 법률행위로서 무효로 된다고 할 수는 없다."고 하였다.

〈참고〉 대법원 1993. 5. 25. 선고 93다296 판결

[1] 국토이용관리법상의 신고의무에 위반한 거래계약의 사법상 효력(=유효)

국토이용관리법 소정의 신고 구역에 관한 규정은 단속법규에 속하고 신고의무에 위반한 거래계약의 사법적 효력까지 부인되는 것은 아니다.

[2] 매매계약에서 매도인에게 부과될 공과금을 매수인이 책임진다는 취지의 특약을 하였다 하더라도 이는 공과금이 부과되는 경우 그 부담을 누가 할 것인가에 관한 약정으로서 그 자체가 불법조건이라고 할 수 없고, 이것만 가지고 사회질서에 반한다고 단정하기도 어렵다.

42. 甲은 강제집행을 피하기 위해 자신의 X부동산을 乙에게 가장매도하여 소유권이전등기를 해주었는데, 乙이 이를 丙에게 매도하고 소유권이전등기를 해주었다. 다음 설명 중 틀린 것은?(다툼이 있으면 판례에 따름)

① 甲과 乙 사이의 계약은 무효이다.
② 甲과 乙 사이의 계약은 채권자취소권의 대상이 될 수 있다.
③ 丙이 선의인 경우, 선의에 대한 과실의 유무를 묻지 않고 丙이 소유권을 취득한다.
④ 丙이 악의라는 사실에 관한 증명책임은 허위표시의 무효를 주장하는 자에게 있다.
⑤ 만약 악의의 丙이 선의의 丁에게 X부동산을 매도하고 소유권이전등기를 해주더라도 丁은 소유권을 취득하지 못한다.

【해설】 ···

① 우리 민법 제108조 1항에서 상대방과 통정한 허위의 의사표시는 무효로 한다 하였으므로 채무를 이행할 필요가 없다(또한 허위이므로 매매대금을 주고받은 사실이 없다). 즉 알면서 진의와 다른 의사표시를 한 표의자뿐만 아니라 처음부터 그 의사표시가 진의 아님을 알면서 통정한 상대방 역시 보호가치 없으므로, 원칙으로 돌아가 진의와 일치하지 않은 표시에 따른 효과가 발생하지 않는 것이므로 무효이고, 누구든지 그 무효를 주장할 수 있다.(2011기)

② 판례는 채무자의 법률행위가 허위표시로 무효인 경우에도 채권자취소권(제406조)의 대상이

될 수 있고, 다른 한편 채권자취소권의 대상으로 된 채무자의 법률행위라도 허위표시의 요건을 갖춘 경우에는 무효라고 한다[대판 2001.5.8. 2000다9611].(2019.2020.2025기)

③

대법원 2004. 5. 25. 선고 2003다70041. 판결 (2015.2020.2024기)

민법 제108조 제2항에서 선의의 제3자에게 대항하지 못한다 하였으므로 丙이 선의이면 되고 무과실까지 갖출 필요는 없다. 즉 선의는 당해 의사표시가 허위표시임을 알지 못하는 경우를 말하므로 제3자가 보호되기 위하여 선의이면 족하고 무과실까지 요구되지 않는다. 즉 통정허위표시에서 제3자는 그 선의 여부가 문제이지 이에 관한 과실 유무를 따질 것이 아니라고 한다.

④ 甲은 丙의 악의를 증명하여야 한다. 즉 자기에게 유리한 입장을 주장하는 자가 입증책임이 있다. 선의의 증명책임에 관하여 법문 상 제3자가 자신이 선의임을 증명하여야 할 것으로 보이지만, 통설적 입장은 제3자의 선의가 추정되므로 무효를 주장하는 자가 제3자의 악의를 증명하여야 한다고 하면서 판례도 같은 입장이라고 한다.

대판 2006.3.10. 2002다1321 판결 (2016.2021기)

민법 제108조 제1항에서 상대방과 통정한 허위의 의사표시를 무효로 규정하고, 제2항에서 그 의사표시의 무효는 선의의 제3자에게 대항하지 못한다고 규정하고 있는데, 여기에서 제3자는 특별한 사정이 없는 한 선의로 추정할 것이므로, 제3자가 악의라는 사실에 관한 주장·입증책임은 그 허위표시의 무효를 주장하는 자에게 있다.

⑤ 선의의 제3자에게 대항하지 못한다 하였으므로 丁은 선의의 제3자이므로 丙이 악의라도 소유권을 취득한다. 즉 제3자란 당사자를 제외한 모든 자를 말하므로, 丙은 물론 丁도 제3자에 속한다. (즉 악의의 乙=악의의 丙) ⇨ 丁은 선의이므로 소유권을 취득한다.

43. 착오로 인한 의사표시에 관한 설명으로 옳은 것을 모두 고른 것은?(다툼이 있으면 판례에 따름)

> ㄱ. 착오로 인한 의사표시의 취소는 선의의 제3자에게 대항하지 못한다.
> ㄴ. 의사표시의 상대방이 의사표시의 착오를 알고 이용한 경우, 착오가 중대한 과실로 인한 것이라도 의사표시자는 의사표시를 취소할 수 있다.
> ㄷ. X토지를 계약의 목적물로 삼은 당사자가 모두 지번에 착오를 일으켜 계약서에 목적물을 Y토지로 표시한 경우, 착오를 이유로 의사표시를 취소할 수 있다.

① ㄱ　　② ㄴ　　③ ㄱ, ㄴ　　④ ㄴ, ㄷ　　⑤ ㄱ, ㄴ, ㄷ

【해설】 ··

ㄱ.

> **제109조(착오로 인한 의사표시)** ① 의사표시는 법률행위의 내용의 중요부분에 착오가 있는 때에는 취소할 수 있다. 그러나 그 착오가 표의자의 중대한 과실로 인한 때에는 취소하지 못한다.
> ② 전항의 의사표시의 취소는 선의의 제삼자에게 대항하지 못한다.

ㄴ. 표의자에게 중대한 과실이 있다고 하여 언제나 취소권이 배제되는 것은 아니라는 점이다. 즉 상대방이 표의자의 착오를 알면서 이를 이용한 경우에, 표의자에게 중대한 과실이 있더라도 표의자는 그 의사표시를 취소할 수 있다고 할 것이다[**대판 1955.11.10. 민상321**].

대법원 2014. 11. 27. 선고 2013다49794 판결 (2017,2020,2025기)

민법 제109조 제1항 단서는 의사표시의 착오가 표의자의 중대한 과실로 인한 때에는 그 의사표시를 취소하지 못한다고 규정하고 있는데, 위 단서 규정은 표의자의 상대방의 이익을 보호하기 위한 것이므로, 상대방이 표의자의 착오를 알고 이를 이용한 경우에는 착오가 표의자의 중대한 과실로 인한 것이라고 하더라도 표의자는 의사표시를 취소할 수 있다.

ㄷ. 이는 착오의 문제가 아니라 법률행위 해석의 문제인 것이므로(자연적 해석) 법률행위 해석이 선행되어 쌍방 일치한 대로 효력이 발생하므로 착오로 취소할 수 없다. 즉, 양 당사자는 X토지에 합의가 있었으나, Y토지로 잘못 표시하였으므로 오 표시 무효의 원칙에 따라 합의한 대로 법률효과가 주어지므로 X토지로 계약의 효과가 발생한다.

44. 사기 강박에 의한 의사표시에 관한 설명으로, 옳은 것을 모두 고른 것은?(다툼이 있으면 판례에 따름)

ㄱ. 아파트 분양자가 아파트단지 인근에 대규모 공동묘지가 조성된 사실을 알면서 수분양자에게 고지하지 않은 경우, 이는 기망행위에 해당한다.
ㄴ. 교환계약의 당사자가 목적물의 시가를 묵비한 것은 원칙적으로 기망행위에 해당한다.
ㄷ. '제3자의 강박'에 의한 의사표시에서 상대방의 대리인은 제3자에 포함되지 않는다.

① ㄱ   ② ㄴ   ③ ㄱ, ㄷ   ④ ㄴ, ㄷ   ⑤ ㄱ, ㄴ, ㄷ

【해설】··

ㄱ. 신의성실의 원칙 및 거래 관념에 비추어 중요 상황을 고지할 법률상의 의무가 있음에도 불구하고 이를 고지하지 않음으로써 분양계약자에게 실제와 다른 관념을 야기 강화 유지하게 하였다면 침묵에 의한 부작위(不作爲)로 기망행위로 본다.

대법원 2007. 6. 1. 선고 2005다5812,5829 판결 (2016기)

우리 사회의 통념상으로는 공동묘지가 주거 환경과 친한 시설이 아니어서 분양계약의 체결 여부 및 가격에 상당한 영향을 미치는 요인일 뿐만 아니라 대규모 공동묘지를 가까이에서 조망할 수 있는 곳에 아파트단지가 들어선다는 것은 통상 예상하기 어렵다는 점 등을 감안할 때 아파트 분양자는 아파트단지 인근에 공동묘지가 조성되어 있는 사실을 수분양자에게 고지할 신의칙상의 의무를 부담한다고 하였다.

ㄴ.

일반적으로 교환계약을 체결하려는 당사자는 서로 자기가 소유하는 교환 목적물은 고가로 평가하고, 상대방이 소유하는 목적물은 염가로 평가하여, 보다 유리한 조건으로 교환계약을 체결하기를 희망하는 이해상반의 지위에 있고, 일방 당사자가 자기가 소유하는 목적물의 시가를 묵비하여 상대방에게 고지하지 아니하거나, 혹은 허위로 시가보다 높은 가액을 시가라고 고지하였다 하더라도, 이는 상대방의 의사결정에 불법적인 간섭을 한 것이라고 볼 수 없으므로 불법행위가 성립한다고 볼 수 없다. 즉 기망행위에 해당한다고 말할 수 없으므로 불법행위에 해당하지 않는다.

ㄷ.

제110조(사기, 강박에 의한 의사표시) ① 사기나 강박에 의한 의사표시는 취소할 수 있다.
② 상대방있는 의사표시에 관하여 제삼자가 사기나 강박을 행한 경우에는 상대방이 그 사실을 알았거나 알 수 있었을 경우에 한하여 그 의사표시를 취소할 수 있다.
③ 전2항의 의사표시의 취소는 선의의 제삼자에게 대항하지 못한다.

대리인은 본인과 이해관계가 같은 자로서 민법 제110조 제2항에서 말하는 제3자가 아니고 본인과 동일시한 인물로 제3자에 포함되지 않는다. 즉 상대방의 대리인과 같이 사회경제적 관점에서 상대방과 동일시할 수 있는 이의 기망 또는 강박에 대하여 상대방이 선의 무과실이라도 제110조 제2항이 아니라 제1항을 적용해야 한다.(2011.2012.2016.2024기)

45. 의사표시의 취소에 관한 설명으로 옳은 것을 모두 고른 것은?

> ㄱ. 취소권은 추인할 수 있는 날로부터 10년이 경과하더라도 행사할 수 있다.
> ㄴ. 강박에 의한 의사표시를 한 자는 강박 상태를 벗어나기 전에도 이를 취소할 수 있다.
> ㄷ. 취소할 수 있는 법률행위의 상대방이 확정되었더라도 상대방이 그 법률행위로부터 취득한 권리를
>   제3자에게 양도하였다면 취소의 의사표시는 그 제3자에게 해야 한다.

① ㄱ   ② ㄴ   ③ ㄷ   ④ ㄱ, ㄴ   ⑤ ㄴ, ㄷ

【해설】 ......

ㄱ.

> **제146조(취소권의 소멸)** 취소권은 추인할 수 있는 날로부터 3년내 법률행위를 한날로부터 10년 내
> 에 행사하여야 한다.(2016.2018.2021.2022.2025기)

여기서 추인할 수 있는 날이란 취소의 원인이 종료되어 취소권 행사에 관한 장애가 없어져서
취소권자가 취소의 대상인 법률행위를 추인할 수도 있고 취소할 수도 있는 상태가 된 때를 가
리킨다[대판 1998.11.27. 98다7421].

ㄴ.

> **제140조(법률행위의 취소권자)** 취소할 수 있는 법률행위는 제한능력자, 착오로 인하거나 사기·강박
> 에 의하여 의사표시를 한 자, 그의 대리인 또는 승계인만이 취소할 수 있다.

추인은 우리 민법 제144조 제1항에 의하여 취소 원인이 소멸된 후에 하여야만 효력이 있다 하
였으나, 강박에 의한 의사표시를 한 자는 강박 상태를 벗어나기 전에도 이를 취소할 수 있다.
예컨대 추인은 이미 체결한 취소 사유가 있는 계약에 대하여, 추후에 인정하는 것으로 강박
상태에서 벗어난 후(제정신으로 복귀된 후)에 추인을 해야 효력이 발생하지만, 취소는 강박 상태
중이라도 민법 제140조에 의해 취소의 의사표시를 하여 강박에 의한 부당한 법률행위를 무효

화하는 것은 당연하다.

ㄷ.

> **제142조(취소의 상대방)** 취소할 수 있는 법률행위의 상대방이 확정한 경우에는 그 취소는 그 상대
> 방에 대한 의사표시로 하여야 한다.

상대방이 그 행위로 취득한 권리를 양도하였더라도 양수인이 아니라 원래의 상대방에 대하여
취소해야 한다. 예컨대 甲이 乙에게 컴퓨터 한 대를 매매하고 乙은 다시 丙에게 매도한 경우
甲이 乙의 기망에 의하여 헐값으로 매도한 경우 甲은 乙에게 취소권을 행사해야 한다. 지문에
서 취소할 수 있는 법률행위의 상대방이 확정되었다고 하였으므로 확정된 자에게 취소권을 행
사해야 한다.(2012,2018기)

46. 甲의 乙에 대한 의사표시에 관한 설명으로 옳은 것은?(다툼이 있으면 판례에 따름)

① 甲이 부동산 매수청약의 의사표시를 발송한 후 사망하였다면 그 효력은 발생하지 않는다.
② 乙이 의사표시를 받은 때에 제한능력자이더라도 甲은 원칙적으로 그 의사표시의 효력을 주장
할 수 있다.
③ 甲의 의사표시가 乙에게 도달되었다고 보기 위해서는 乙이 그 내용을 알았을 것을 요한다.
④ 甲의 의사표시가 등기우편의 방법으로 발송된 경우, 상당한 기간에 도달되었다고 추정할 수 없
다.
⑤ 乙이 정당한 사유 없이 계약해지 통지의 수령을 거절한 경우 乙이 그 통지의 내용을 알 수 있
는 객관적 상태에 놓여 있는 때에 의사표시의 효력이 생긴다.

①

> **제111조(의사표시의 효력발생시기)** ① 상대방이 있는 의사표시는 상대방에게 도달한 때에 그 효력이 생긴다.
> ② 의사표시자가 그 통지를 발송한 후 사망하거나 제한능력자가 되어도 의사표시의 효력에 영향을 미치지 아니한다.

청약의 의사표시를 발신한 후 청약자가 사망하였더라도 그 의사표시는 승낙기간 내에 승낙자에게 도달하였다면 계약은 유효하게 성립하여 그 효력이 있다.(2011.2013.2016.2019기) 포수가 곰에게 총을 발사한 후 뒤에 있는 낭떠러지에 추락하여 사망하였더라도 총알은 곰에게 도달하였으므로 효력이 있다. 다만 그 곰을 가져갈 수 없을 뿐이다.

②

> **제112조(제한능력자에 대한 의사표시의 효력)** 의사표시의 상대방이 의사표시를 받은 때에 제한능력자인 경우에는 의사표시자는 그 의사표시로써 대항할 수 없다. 다만, 그 상대방의 법정대리인이 의사표시가 도달한 사실을 안 후에는 그러하지 아니하다.

제한능력자는 독자적으로 법률행위를 할 수 없으므로 甲은 제한능력자 乙에게 한 의사표시를 주장할 수 없다.

③ 도달은 상대방이 의사표시의 내용을 알 수 있는 상태에 있으면 족하기 때문에, 상대방이 그 내용을 알지 못하였더라도 도달은 있다. 따라서 상대방이 의사표시의 내용을 확인하지 않은 채 그 수령을 거절한 경우에도 원칙적으로 상대방이 그 통지의 내용을 알 수 있는 객관적 상태에 놓여 있는 때에 의사표시가 도달된 것으로 보아야 한다[대판 2008.6.12. 2008다19973].(2016.2019기) 따라서 채무자가 이를 현실적으로 수령하였다거나 그 통지의 내용을 알았을 것까지는 필요로 하지 않는다고 판시하고 있다[대판 1997.11.25. 97다3128].

④ 판례는 등기우편을 이용하였다 하여, 의사표시가 언제나 상대방에게 도달하였다고 볼(간주) 수는 없다 하였다. 추정할 수 없다 하였으므로 틀린 지문이 된다.

대법원 1993. 11. 26.선고 93누17478 판결 (2011기)

우편물이 배달되면 우편물이 정당하게 교부된 것으로 인정하여 국가의 배달업무를 다하였다는 것일 뿐 우편물의 송달로써 달성하려고 하는 법률효과까지 발생하게 하는 것은 아니므로, 위 규정에 따라 우편물이 배달되었다고 하여 언제나 상대방 있는 의사표시의 통지가 상대방에게 도달하였다고 볼 수는 없다.

⑤

대법원 2008. 6. 12. 선고 2008다19973 판결 (2016.2019.2024기)

도달이라 함은 사회통념상 상대방이 통지의 내용을 알 수 있는 객관적 상태에 놓여 있는 경우를 가리키는 것으로서, 상대방이 통지를 현실적으로 수령하거나 통지의 내용을 알 것까지 필요로 하지 않는 것이므로 "상대방이 정당한 사유 없이 통지의 수령을 거절한 경우에는 상대방이 그 통지의 내용을 알 수 있는 객관적 상태에 놓여 있는 때에 의사표시의 효력이 생기는 것으로 보아야 한다."고 하였다.

47. 계약의 무권대리에 관한 설명으로 옳은 것은?(다툼이 있으면 판례에 따름)

① 본인이 추인하면 특별한 사정이 없는 한 그때부터 계약의 효력이 생긴다.

② 본인의 추인의 의사표시는 무권대리행위로 인한 권리의 승계인에 대하여 할 수 없다.

③ 계약 당시 무권대리 행위임을 알았던 상대방은 본인의 추인이 있을 때까지 의사표시를 철회할 수 있다.

④ 무권대리의 상대방은 상당한 기간을 정하여 본인에게 추인 여부의 확답을 최고할 수 있고, 본인이 그 기간 내에 확답을 발하지 않으면 추인한 것으로 본다.

⑤ 본인이 무권대리 행위를 한 후 그것이 자기에게 효력이 없다고 이의를 제기하지 않고 이를 장시간 방치한 사실만으로는 추인하였다고 볼 수 없다.

【해설】

①

> **제133조(추인의 효력)** 추인은 다른 의사표시가 없는 때에는 계약시에 소급하여 그 효력이 생긴다. 그러나 제삼자의 권리를 해하지 못한다.(2012, 2015, 2019, 2022기)

② 추인은 명시적으로뿐만 아니라 묵시적인 방법으로 가능하며[대판 1974.2.26. 73다934](2019기), 그 의사표시는 무권대리인이나 그 상대방 어느 쪽에 하여도 무방하다[대판 1992.10.27. 92다19033]. 여기서의 상대방은 무권대리행위의 직접상대방뿐만 아니라 그 무권대리행위로 인한 권리나 법률관계의 승계인도 포함한다.(2012, 2017기)

③

> **제134조(상대방의 철회권)** 대리권없는 자가 한 계약은 본인의 추인이 있을 때까지 상대방은 본인이나 그 대리인에 대하여 이를 철회할 수 있다. 그러나 계약당시에 상대방이 대리권 없음을 안 때에는 그러하지 아니하다.(2011, 2016, 2018, 2023, 2024기)

④

> **제131조(상대방의 최고권)** 대리권없는 자가 타인의 대리인으로 계약을 한 경우에 상대방은 상당한 기간을 정하여 본인에게 그 추인 여부의 확답을 최고할 수 있다. 본인이 그 기간내에 확답을 발하지 아니한 때에는 추인을 거절한 것으로 본다.(2011.2016.2022.2023기)

⑤

> **대법원 1998. 2. 10. 선고 97다31113 판결**

무권대리행위에 대한 추인이 있었다고 하려면 그러한 의사가 표시되었다고 볼 만한 사유가 있어야 하고, 무권대리행위가 범죄가 되는 경우에 대하여 그 사실을 알고도 장기간 형사고소를 하지 아니하였다 하더라도 그 사실만으로 묵시적인 추인이 있었다고 할 수는 없다.

---

48. 甲은 자신의 토지에 관한 매매계약 체결을 위해 乙에게 대리권을 수여하였고, 乙은 甲의 대리인으로서 丙과 매매계약을 체결하였다. 다음 설명 중 옳은 것을 모두 고른 것은?(다툼이 있으면 판례에 따름)

> ㄱ. 乙은 원칙적으로 복대리인을 선임할 수 있다.
> ㄴ. 乙은 특별한 사정이 없는 한 계약을 해제할 권한이 없다.
> ㄷ. 乙이 丙에게 甲의 위임장을 제시하고 계약을 체결하면서 계약서상 매도인을 乙로 기재한 경우, 특별한 사정이 없는 한 甲에게 그 계약의 효력이 미치지 않는다.

① ㄴ   ② ㄷ   ③ ㄱ   ④ ㄱ, ㄷ   ⑤ ㄴ, ㄷ

ㄱ.

> **제120조(임의대리인의 복임권)** 대리권이 법률행위에 의하여 부여된 경우에는 대리인은 본인의 승낙이 있거나 부득이한 사유있는 때가 아니면 복대리인을 선임하지 못한다.

위 법조문에 의하면 "본인의 승낙이 있거나 부득이한 사유 있는 때가 아니면 복대리인을 선임하지 못한다." 하였으므로 원칙적으로는 선임할 수 없다.

ㄴ. 대리의 목적인 물건이나 권리의 성질을 변하지 아니하는 범위에서 그 이용 또는 개량하는 행위만을 인정하므로 대리인 乙은 권리의 성질을 변화시키는 계약해제권은 없다. 즉 특별한 사정이 없는 한 본인을 대리하여 금전소비대차 내지 그를 위한 담보권설정계약을 체결할 권한을 수여받은 대리인에게 본래의 계약관계를 해제할 대리권까지 있다고 볼 수 없다[대판 1993.1.15. 92다39365].(2018.2023기)

ㄷ.

대법원 1982. 5. 25. 선고 81다1349, 81다카1209 판결

매매위임장을 제시하고 매매계약을 체결하는 자는 특단의 사정이 없는 한 소유자를 대리하여 매매행위를 하는 것이라고 보아야 하고, 매매계약서에 대리관계의 표시 없이 그 자신의 이름을 기재하였다고 해서 그것만으로 그 자신이 매도인으로서 타인물을 매매한 것이라고 볼 수는 없다. 이미 위임장에 甲이 乙에게 권한을 위임하였다는 법률관계가 존속하므로 대리인 乙이 매도인으로 기명하였더라도 위임장에 표시된 본인 甲이 매도인으로서 지위에 변함이 없다.

49. 취소할 수 있는 법률행위의 법정추인 사유가 <u>아닌</u> 것은?

① 혼동
② 경개
③ 취소권자의 이행청구
④ 취소권자의 강제집행
⑤ 취소권자인 채무자의 담보제공

【해설】 ....

> **제145조(법정추인)** 취소할 수 있는 법률행위에 관하여 전조의 규정에 의하여 추인할 수 있는 후에 다음 각호의 사유가 있으면 추인한 것으로 본다. 그러나 이의를 보류한 때에는 그러하지 아니하다.
>
> 1. 전부나 일부의 이행
> 2. 이행의 청구
> 3. 경개
> 4. 담보의 제공
> 5. 취소할 수 있는 행위로 취득한 권리의 전부나 일부의 양도
> 6. 강제집행

① 혼동이란 서로 대립하는 두 개의 법률상의 지위 또는 자격이 동일인에게 귀속되는 것을 말한다. 이러한 경우에 양 지위를 모두 존속시키는 것은 무의미하므로, 어느 한 지위를 다른 지위에 흡수시켜 소멸하게 하는 것을 말하며, 법정추인은 당사자의 의사와 관계없이 법률상 당연히 추인한 것으로 간주하는 바, 이것을 법정추인이라고 한다(민법 제145조).(2014기) 따라서 혼동은 법률효과를 발생시키려는 의도적인 것이 아니라 자연스러운 결과일 뿐 법정추인이 아니다.

50. 법률행위의 부관에 관한 설명으로 틀린 것은?(다툼이 있으면 판례에 따름)

① 조건의사가 있더라도 외부에 표시되지 않으면 그것만으로는 조건이 되지 않는다.

② 기한이익 상실 특약은 특별한 사정이 없는 한 정지조건부 기한이익 상실 특약으로 추정한다.

③ 조건을 붙일 수 없는 법률행위에 조건을 붙인 경우, 다른 정함이 없으면 그 법률행위 전부가 무효로 된다.

④ 정지조건부 법률행위에 해당한다는 사실에 대한 증명책임은, 그 법률행위로 인한 법률효과의 발생을 다투는 자에게 있다.

⑤ 불확정한 사실이 발생한 때를 이행 기한으로 정한 경우, 그 사실의 발생이 불가능하게 된 때에도 기한이 도래한 것으로 보아야 한다.

【해설】

① 부관인 조건도 법률행위로 의사표시의 원칙에 따라 외부에 표시되지 않으면 조건으로서 법률효력이 발생하지 않는다.

> **대법원 2003. 5. 13. 선고 2003다10797 판결**

조건은 법률행위의 효력의 발생 또는 소멸을 장래의 불확실한 사실의 성부에 의존케 하는 법률행위의 부관으로서 당해 법률행위를 구성하는 의사표시의 일체적인 내용을 이루는 것이므로, 의사표시의 일반 원칙에 따라 조건을 붙이고자 하는 의사, 즉 조건의사와 그 표시가 필요하며, 조건의사가 있더라도 그것이 외부에 표시되지 않으면 법률행위의 동기에 불과할 뿐이고 그것만으로는 법률행위의 부관으로서의 조건이 되는 것은 아니다.

②

> **대법원 2002. 9. 4. 선고 2002다28340 판결** (2012.2019.2020기)

기한이익 상실의 특약은 그 내용에 의하여 일정한 사유가 발생하면 채권자의 청구 등을 요함이 없이 당연히 기한의 이익이 상실되어 이행기가 도래하는 것으로 하는 정지조건부 기한이익 상실의 특약과 일정한 사유가 발생한 후 채권자의 통지나 청구 등 채권자의 의사행위를 기다려 비로소 이행기가 도래하는 것으로 하는 형성권적 기한이익 상실의 특약의 두 가지로 대별할 수 있고, 일반적으로 기한이익 상실의 특약이 채권자를 위하여 둔 것인 점에 비추어 명백히 정지조건부 기한이익 상실의 특약이라고 볼 만한 특별한 사정이 없는 이상 형성권적 기한이익 상실의 특약으로 추정하는 것이 타당하다.

③ 조건을 붙일 수 없는 법률행위에 조건을 붙인 경우의 효과에 관하여 법률에 규정이 있으면 그에 따르고, 그에 규정이 없다면 일부 무효의 법리에 따라 법률행위의 전부가 무효로 된다.(2020기) 예컨대 동거생활의 종료를 해제조건으로 하는 증여계약은 부첩관계를 유지시키고 부첩관계의 종료에 지장을 주는 조건이 붙은 행위로서, 사회질서에 반하므로 무효이다.(2013기)

④

대법원 2006. 11. 24. 선고 2006다35766 판결 (2020기)

조건은 법률행위의 당사자가 그 의사표시에 의하여 그 법률행위와 동시에 그 법률행위의 내용으로서 부가시켜 그 법률행위의 효력을 제한하는 법률행위의 부관이므로 구체적인 사실관계가 어느 법률행위에 붙은 조건의 성취에 해당하는지 여부는 의사표시의 해석에 속하는 경우도 있다고 할 수 있지만, 어느 법률행위에 어떤 조건이 붙어 있었는지 아닌지는 사실 인정의 문제로서 그 조건의 존재를 주장하는 자가 이를 입증하여야 한다고 할 것이다.

⑤ 부관에 표시된 사실이 발생하지 않으면 부관의 효력이 발생하지 않는다고 보는 것이 상당하다면 조건으로 보아야 하는 반면, 표시된 사실이 발생한 때는 물론이고 발생하지 않는 것으로 확정되더라도 부관의 효력이 발생하는 것으로 보는 것이 상당한 경우에는 표시된 사실의 발생 여부가 확정되는 것을 불확정기한으로 정한 것으로 보아야 한다[대판 2003.8.19. 2003다24215].(2019.2022.2025기)

51. 물권에 관한 설명으로 옳은 것은?(다툼이 있으면 판례에 따름)

① 관습법에 의한 물권은 인정되지 않는다.

② 저당권은 법률규정에 의해 성립할 수 없다.

③ 부동산 물건변동에 관해서 공신의 원칙이 인정된다.

④ 1필의 토지의 일부에 대해서는 저당권이 성립할 수 없다.

⑤ 물건의 집단에 대해서는 하나의 물권이 성립하는 경우가 없다.

【해설】

①

> **제185조(물권의 종류)** 물권은 법률 또는 관습법에 의하는 외에는 임의로 창설하지 못한다.

물권법정주의를 규정하는 제185조에 따라 법률이나 관습법에 의하여 인정되는 종류의 물권만 성립할 수 있고, 그것도 법률이나 관습법이 정하는 내용대로의 효력만 인정된다.

②

> **제649조(임차지상의 건물에 대한 법정저당권)** 토지임대인이 변제기를 경과한 최후 2년의 차임채권에 의하여 그 지상에 있는 임차인 소유의 건물을 압류한 때에는 저당권과 동일한 효력이 있다.

법정저당권은 토지임대인의 일정 범위의 차임채권을 보호하기 위하여 법률규정에 의해 당연히 성립되는 저당권을 말한다. 법정저당권의 목적은 임대차의 목적이 된 토지 위에 있는 임차인 소유의 건물이다. 법정저당권의 성립은 법률의 규정에 의한 물권변동이므로 등기를 요하지 않는다.

③

> **제186조(부동산물권변동의 효력)** 부동산에 관한 법률행위로 인한 물권의 득실 변경은 등기하여야 그 효력이 생긴다.

동산은 공신의 원칙이 인정되지만(소유하고 있으면 소유주로 본다) 부동산에 관해서는 공시의 원칙으로 누구나가 볼 수 있는 공적 장부에 기재가 되어 있어야 소유주로 본다. 즉 공시 방법을 갖추어야 비로소 권리변동의 효력이 발생한다(제186조).

④ 부동산의 일부는 저당권의 객체가 되지 못한다. 즉 저당권의 불가분성이 인정되므로 토지의 일부를 객체로 저당권을 설정할 수 없다.

⑤ 입목에 관한 법률에 따른 등기, 수목의 집단이나 미분리 과실에 관한 명인방법 등 물건의 집단에 대해서 하나의 물권이 성립하는 경우가 있다.

52. 등기 없이도 부동산 물권취득의 효력이 있는 경우를 모두 고른 것은?(다툼이 있으면 판례에 따름)

> ㄱ. 매매
> ㄴ. 건물 신축
> ㄷ. 점유시효취득
> ㄹ. 공유물의 현물분할 판결

① ㄱ, ㄴ   ② ㄴ, ㄷ   ③ ㄴ, ㄹ   ④ ㄷ, ㄹ   ⑤ ㄱ, ㄷ, ㄹ

【해설】 ··

ㄱ. 매매로 인한 부동산의 물권변동은 민법 제186조에 의해 등기를 해야 물권변동이 일어난다.

ㄴ. 건물의 신축은 최초 취득인 원시취득으로 등기를 요하지 아니한다. 그러나 등기를 하지 않으면, 이를 처분하지 못한다. 즉 매매를 하기 위해서는 보존등기를 하여야한다.

ㄷ. 점유취득시효는 기타 법률 규정에 의한(제187조) 취득시효이다. 즉 점유취득 시효는 법률 규정에 의한 물권변동이지만 등기함으로써 물권을 취득한다. 취득시효에 의한 소유권 취득은 법률행위에 의한 것이 아니므로 원칙적으로 등기를 요하지 않지만, 제187조에 대한 유일한 예외로 제245조 제1항은 등기를 하여야 소유권을 취득하도록 규정하고 있다.(2013.2023기)

ㄹ. 공유물분할에 의하여 공유관계는 종료하고, 각 공유자는 분할된 부분에 대하여 소유권을 취득한다. 그 효력발생 시기는 협의상 분할의 경우에 등기시인 반면, 재판상 분할의 경우는 판결확정시이며, 제187조에 따라 등기를 요하지 않지만, 공유토지의 현물분할에 관한 조정이 성립한 경우에는 제186조가 적용된다. 분할의 효과는 소급하지 않는다. 지문에서 현물분할판결이라고 하였으므로 판결에 의한 분할은 등기를 요하지 않는다.

53. 점유보호청구권에 관한 설명으로 틀린 것은?(다툼이 있으면 판례에 따름)

① 점유권에 기인한 소는 본권에 관한 이유로 재판하지 못한다.
② 과실 없이 점유를 방해하는 자에 대해서도 방해배제를 청구할 있다.
③ 점유자가 사기를 당해 점유를 이전한 경우, 점유물반환을 청구할 수 없다.
④ 공사로 인하여 점유의 방해를 받은 경우, 그 공사가 완성한 때에는 방해의 제거를 청구하지 못한다.
⑤ 타인의 점유를 침탈한 뒤 제3자에 의해 점유를 침탈당한 자는 점유물 반환청구권의 상대방이 될 수 없다.

①

> **제208조(점유의 소와 본권의 소와의 관계)** ① 점유권에 기인한 소와 본권에 기인한 소는 서로 영향을 미치지 아니한다.
> ② 점유권에 기인한 소는 본권에 관한 이유로 재판하지 못한다.

점유보호청구권에 의한 소를 '점유의 소'라고 하는데 대하여, 소유권·전세권·임차권 등의 '점유할 수 있는 권리'에 의한 소를 본권의 소라고 한다. 예컨대 甲이 점유하고 있던 그의 소유물을 乙이 빼앗은 경우에, 甲은 점유에 의한 반환청구의 소를 제기할 수 있고, 또한 본권인 소유권에 의거한 반환청구의 소를 제기할 수도 있다. 앞의 것이 점유의 소이고 뒤의 것은 본권의 소이다. '점유권에 기인한 소는 본권에 관한 이유로 재판하지 못한다.'(2017기) 즉 두 가지의 소는 전혀 별개의 것으로서 다루어야 하기 때문에, 점유의 소의 옳고 그름을 판단하는 데는 본권적 이유를 내놓지 못하도록 한 것이다. 예컨대, 점유물반환청구의 소에 있어서, 상대방이 소유권 기타의 본권을 가지고 있다고 하더라도, 이것을 이유로 점유물반환의 청구를 부인하지 못한다[대판 1964.10.20. 64다802].

② 점유침탈자의 고의 과실은 요건이 아니다. 예컨대 태풍이 불어 甲 소유 나무가 이웃집 담을 넘어 乙 소유 토지로 넘어갔을 경우, 乙은 甲에게 방해제거청구권을 행사할 수 있으므로 상대방 甲의 귀책사유를 요하지 않는다. 다만 손해배상을 청구하기 위해서는 점유침탈자에게 고의 과실이 있어야 한다.

③

대법원 1992. 2. 28. 선고 91다17443 판결 (2010.2021기)

사기의 의사표시에 의해 건물을 명도해 준 것이라면 건물의 점유를 침탈당한 것이 아니므로 피해자는 점유회수의 소권을 가진다고 할 수 없다.

지문에서 피해자는 점유를 침탈당한 것이 아니므로 사기에 대한 점유회수의 소권으로 건물을 명도받아야 할 것이므로 틀린 지문으로 처리하였다.

④

> **제205조(점유의 보유)** ① 점유자가 점유의 방해를 받은 때에는 그 방해의 제거 및 손해의 배상을 청구할 수 있다.
> ② 전항의 청구권은 방해가 종료한 날로부터 1년내에 행사하여야 한다.
> ③ 공사로 인하여 점유의 방해를 받은 경우에는 공사 착수 후 1년을 경과하거나 그 공사가 완성한 때에는 방해의 제거를 청구하지 못한다.

공사가 완성되었음에도 방해제거를 요구하는 것은 불합리하므로 적절한 손해배상으로 처리되어야 할 것이다.

⑤ A 소유의 컴퓨터를 B가 훔쳤는데 이를 다시 C가 훔쳤을 경우 B가 C에 대해 점유물 반환청구권을 행사할 수 있을까? 소유권에 기한 반환청구권은 불가하지만 점유권에 기한 반환청구권은 가능하다. 예컨대 물건을 절취한 B라도 점유권은 있으므로 그러하다. 우리 민법 제200조 권리의 적법 추정에서 점유자가 점유물에 대하여 행사하는 권리는 적법하게 보유한 것으로 추정한다 하였다.

54. 甲은 자신의 토지를 乙에게 매도하여 인도하였고, 乙은 그 토지를 점유·사용하다가 다시 丙에게 매도하여 인도하였다. 甲과 乙은 모두 대금 전부를 수령하였고, 甲·乙·丙 사이에 중간생략등기의 합의가 있었다. 다음 설명 중 옳은 것은?(다툼이 있으면 판례에 따름)

① 甲은 丙을 상대로 소유물반환을 청구할 수 있다.
② 甲은 乙을 상대로 소유물반환을 청구할 수 없다.
③ 丙은 직접 甲을 상대로 소유권이전등기를 청구할 수 없다.
④ 丙은 乙을 대위하여 甲을 상대로 소유권이전등기를 청구할 수 없다.
⑤ 만약 乙이 인도받은 후 현재 10년이 지났다면, 乙은 甲에 대해 소유권이전등기를 청구할 수 없다.

【해설】

① 3자간 중간생략등기의 합의가 있은 상태에서 대금 수령이 완료되어 인도되었으므로 특별한 사정이 없는 한 甲은 丙에게 소유물 반환청구를 할 수 없다.

② 3자간 중간생략등기의 합의가 있은 상태에서 甲에서 乙로 乙에서 丙으로 소유권이 이전되었고, 대금지급이 완료되고 丙에게 인도되었으므로 특별한 사정이 없는 한 甲은 乙에게 소유권 반환청구를 할 수 없다.

③ 甲·乙·丙 전원 중간생략등기의 합의가 있었으므로 丙은 직접 甲에게 소유권이전등기청구권을 행사할 수 있다[대판 1995.5.24. 93다47738].(2011,2020기)

④ 丙은 乙을 대위하여 甲을 상대로 소유권이전등기를 청구할 수도 있다. 다만 甲·乙·丙 전원 의사합치가 없다면 乙의 동의가 있었더라도 丙은 甲을 상대로 직접 소유권이전 등기를 청구할 수 없고, 乙을 대위하여 甲에 대하여 乙에게 소유권이전등기를 할 것을 청구할 수 있을 뿐이다.

⑤ 채권의 소멸시효 기간은 10년이지만 판례에 따르면 토지를 인도받아 점유하고 있었다면 등기

청구권은 소멸시효에 걸리지 않으므로 乙은 甲에게 소유권이전 등기청구권을 행사할 수 있다.

55. 부동산 공유에 관한 설명으로 **틀린** 것은?(다툼이 있으면 판례에 따름)

① 공유물의 보존행위는 공유자 각자가 할 수 있다.

② 공유자는 공유물 전부를 지분의 비율로 사용·수익할 수 있다.

③ 공유자는 다른 공유자의 동의 없이 공유물을 처분하거나 변경하지 못한다.

④ 공유자는 자신의 지분에 관하여 단독으로 제3자의 취득시효를 중단시킬 수 없다.

⑤ 공유물 무단점유자에 대한 차임 상당 부당이득반환청구권은 특별한 사정이 없는 한 각 공유자에게 지분 비율만큼 귀속된다.

【해설】 ....

①

> **제265조(공유물의 관리, 보존)** 공유물의 관리에 관한 사항은 공유자의 지분의 과반수로써 결정한다. 그러나 보존행위는 각자가 할 수 있다.

②

> **제263조(공유지분의 처분과 공유물의 사용, 수익)** 공유자는 그 지분을 처분할 수 있고 공유물 전부를 지분의 비율로 사용, 수익할 수 있다.

③

> **제264조(공유물의 처분, 변경)** 공유자는 다른 공유자의 동의없이 공유물을 처분하거나 변경하지 못한다.(2016,2025기)

④

> **제265조(공유물의 관리, 보존)** 공유물의 관리에 관한 사항은 공유자의 지분의 과반수로써 결정한다. 그러나 보존행위는 각자가 할 수 있다.

공유자는 자신의 지분에 관하여는 물론 공유물에 대하여 보존행위로 단독으로 제3자의 취득시효를 중단시킬 수 있다[대판 1999.8.20. 99다14146].

⑤ 제3자가 공유물을 무단 점유한 경우 각 공유자는 보존행위로서 단독으로 공유물 전부의 인도를 청구할 수 있을 뿐만 아니라, 무단 점유한 기간 동안 차임상당 부당이득금을 취득하여 각 지분 비율만큼 귀속시킬 수 있다[대판 2021.12. 16. 2021다257255].

56. 공유물 분할에 관한 설명으로 옳은 것을 모두 고른 것은?(다툼이 있으면 판례에 따름)

> ㄱ. 재판상 분할에서 분할을 원하는 공유자의 지분만큼은 현물분할하고, 분할을 원하지 않는 공유자는 계속 공유자로 남게 할 수 있다.
> ㄴ. 토지의 협의분할은 등기를 마치면 그 등기가 접수된 때 물권변동의 효력이 미친다.
> ㄷ. 공유자는 다른 공유자가 분할로 인하여 취득한 물건에 대하여 그 지분의 비율로 매도인과 동일한 담보책임이 있다.
> ㄹ. 공유자 사이에 이미 분할협의가 성립하였는데 일부 공유자가 분할에 따른 이전등기에 협조하지 않은 경우, 공유물분할소송을 제기할 수 없다.

① ㄱ　　② ㄴ, ㄷ　　③ ㄷ, ㄹ　　④ ㄱ, ㄴ, ㄹ　　⑤ ㄱ, ㄴ, ㄷ, ㄹ

【해설】 ⋯⋯⋯⋯⋯⋯⋯⋯⋯⋯⋯⋯⋯⋯⋯⋯⋯⋯⋯⋯⋯⋯⋯⋯⋯⋯⋯⋯⋯⋯⋯⋯⋯⋯⋯⋯

ㄱ.

> 대법원 1993. 12. 7. 선고 93다27819 판결

일정한 요건이 갖추어진 경우에는 공유자 상호간에 금전으로 경제적 가치의 과부족을 조정하게 하여 분할을 하는 것도 현물분할의 한 방법으로 허용되고, 여러 사람이 공유하는 물건을 현물분할하는 경우에는 분할을 원하지 않는 나머지 공유자는 공유로 남는 방법도 허용된다.

ㄴ. 공유분할에 의하여 공유관계는 종료하고, 각 공유자는 분할된 부분에 대하여 소유권을 취득한다(대금분할의 경우는 당연히 제외하고). 그 효력발생 시기는 협의상 분할의 경우에 등기시인 반면(물권변동의 효력은 등기가 접수된 때이다) 재판상 분할의 경우에는 판결확정시이다. 다만 그 등기가 접수된 때 물권변동의 효력이 미친다.

대법원 2013. 11. 21. 선고 2011두1917 전원합의체 판결

공유물분할의 소송절차 또는 조정절차에서 공유자 사이에 공유토지에 관한 현물분할의 협의가 성립하여 그 합의사항을 조서에 기재함으로써 조정이 성립하였다고 하더라도, 공유자들이 협의한 바에 따라 토지의 분필절차를 마친 후 각 단독소유로 하기로 한 부분에 관하여 다른 공유자의 공유지분을 이전받아 등기를 마침으로써 비로소 그 부분에 대한 대세적 권리로서의 소유권을 취득하게 된다고 보아야 한다.

ㄷ.

> **제270조(분할로 인한 담보책임)** 공유자는 다른 공유자가 분할로 인하여 취득한 물건에 대하여 그 지분의 비율로 매도인과 동일한 담보책임이 있다.

ㄹ. 협의에 의한 분할이 성립하지 않는 경우(처음부터 협의가 불가능한 경우를 포함하여)에 재판상 분할이 행하여지고(제269조 제1항), 분할에 관한 협의가 성립한 경우에 공유물분할의 소를 제기하거나 유지하는 것은 허용되지 않는다[대판 1995.1.12. 94다30348].(2018기)

57. 甲 소유 토지에 乙이 무단으로 건물을 신축한 뒤 丙에게 임대하여 丙이 현재 그 건물을 점유하고 있다. 다음 설명 중 **틀린** 것은?(다툼이 있으면 판례에 따름)

① 甲은 丙을 상대로 건물에서의 퇴거를 청구할 수 없다.
② 甲은 乙을 상대로 건물의 철거 및 토지의 인도를 청구할 수 있다.
③ 甲은 乙을 상대로 토지의 무단 사용을 이유로 부당이득반환청구권을 행사할 수 있다.
④ 만약 乙이 임대하지 않고 스스로 점유하고 있다면, 甲은 乙을 상대로 건물에서 퇴거를 청구할 수 없다.
⑤ 만약 丙이 무단으로 건물을 점유하고 있다면, 乙은 丙을 상대로 건물의 인도를 청구할 수 있다.

【해설】 ⋯⋯⋯⋯⋯⋯⋯⋯⋯⋯⋯⋯⋯⋯⋯⋯⋯⋯⋯⋯⋯⋯⋯⋯⋯⋯⋯⋯⋯⋯⋯⋯⋯⋯⋯⋯

① 甲 소유 토지에 무단으로 건물을 신축한 乙이 이 건물을 丙에게 임대한 경우에 토지소유자 甲은 丙을 상대로 퇴거를 청구할 수 있다. 그 이유는 아래 판례와 같다.

> **대법원 2010. 8. 19. 선고 2010다43801 판결** (2011.2012.2020기)

건물이 그 존립을 위한 토지사용권을 갖추지 못하여 토지의 소유자가 건물의 소유자에 대하여 당해 건물의 철거 및 그 대지의 인도를 청구할 수 있는 경우에라도 건물 소유자가 아닌 사람이 건물을 점유하고 있다면 토지 소유자는 그 건물 점유를 제거하지 아니하는 한 위의 건물 철거 등을 실행할 수 없다. 따라서 그때 토지소유권은 위와 같은 점유에 의하여 그 원만한 실현을 방해당하고 있다고 할 것이므로, 토지 소유자는 자신의 소유권에 기한 방해배제로서 건물 점유자에 대하여 건물로부터의 퇴출을 청구할 수 있다. 그리고 이는 건물 점유자가 건물 소유자로부터의 임차인으로서 그 건물임차권이 이른바 대항력을 가진다고 해서 달라지지 아니한다. 건물임차권의 대항력은 기본적으로 건물에 관한 것이고 토지를 목적으로 하는 것이 아니므로 이로써 토지 소유권을 제약할 수 없고, 토지에 있는 건물에 대하여 대항력 있는 임차권이 존재한다고 하여도 이를 토지 소유자에 대하여 대항할 수 있는 토지사용권이라고 할 수는 없다.

② 타인의 토지 위에 무단으로 건물을 신축한 경우에, 토지 소유자는 건물 신축자에 대하여 방해제거청구(제214조)로써 건물의 철거 및 반환청구(제213조)로써 대지의 인도를 구할 수 있다.(2016,2020기)

③ 토지 소유자 甲은 무단으로 건물을 신축한 乙에게 무단건축물이 없었더라면 얻을 수 있었던 경제적 이익의 침해에 대하여 부당이득 반환청구권을 乙에게 행사할 수 있다. 예를 들어 甲의 토지에 丁이 토지에 대해 임차권을 설정하여 임차료를 지불하기로 되어 있었다면 그로 인한 경제적 이익 등을 말한다.

④

대법원 1999. 7. 9. 선고 98다57457, 57464 판결   (2016,2020기)

건물의 소유자가 그 건물의 소유를 통하여 타인 소유의 토지를 점유하고 있다고 하더라도 그 토지 소유자로서는 그 건물의 철거와 그 대지 부분의 인도를 청구할 수 있을 뿐, 자기 소유의 건물을 점유하고 있는 자에 대하여 그 건물에서 퇴거할 것을 청구할 수는 없다.

⑤ 乙 소유의 건물에 丙이 무단으로 건물을 점유하고 있다면, 乙은 丙을 상대로 소유권에 기한 반환청구권(제213조)을 행사하여 건물의 인도를 청구할 수 있다. 甲소유 토지에 乙이 무단으로 건물을 신축하였다 하더라도 건물의 소유관계에 있어서 乙이 건물의 소유권이 있으므로 무단으로 건물을 점유한 丙에게 건물인도를 구할 수 있음은 당연하다.

58. 분묘기지권에 관한 설명으로 옳은 것을 모두 고른 것은?(다툼이 있으면 판례에 따름)

> ㄱ. 분묘기지권은 봉분 등 외부에서 분묘의 존재를 인식할 수 있는 형태를 갖추고 등기하여야 성립한다.
> ㄴ. 토지 소유자의 승낙을 얻어 분묘를 설치함으로써 분묘기지권을 취득한 경우, 설치할 당시 토지 소유자와의 합의에 의하여 정한 지료지급의무의 존부나 범위의 효력은 그 토지의 승계인에게는 미치지 않는다.
> ㄷ. 자기 소유 토지에 분묘를 설치한 사람이 그 토지를 양도하면서 분묘기지권을 취득한 경우, 분묘기지권자는 특별한 사정이 없는 한 분묘기지권이 성립한 때부터 지료를 지급할 의무가 있다.

① ㄱ   ② ㄷ   ③ ㄱ, ㄴ   ④ ㄴ, ㄷ   ⑤ ㄱ, ㄴ, ㄷ

【해설】 ....

ㄱ.

> **대법원 1996. 6. 14. 선고 96다14036 판결** (2013.2024기)

타인 소유의 토지에 소유자의 승낙 없이 분묘를 설치한 경우에는 20년간 평온, 공연하게 그 분묘의 기지를 점유하면 지상권 유사의 관습상의 물권인 분묘기지권을 시효로 취득하는데, 이러한 분묘기지권은 봉분 등 외부에서 분묘의 존재를 인식할 수 있는 형태를 갖추고 있는 경우에 한하여 인정되고, 평장되어 있거나 암장되어 있어 객관적으로 인식할 수 있는 외형을 갖추고 있지 아니한 경우에는 인정되지 않으므로, 이러한 특성상 분묘기지권은 등기 없이 취득한다.

ㄴ. **대판 2021.9.16. 2017다271834·271841** "분묘 기지인 토지가 분묘의 설치를 승낙한 때에는 그 분묘의 기지에 관하여 분묘기지권을 설정한 것으로 보아야 한다. 이와 같이 승낙에 의하여 성립하는 분묘기지권의 경우 성립 당시 토지 소유자와 분묘의 수호·관리자가 지료지급의무의 존부나 범위 등에 관하여 약정을 하였다면 그 약정의 효력은 분묘기지의 승계인에 대하여도 미친다."

ㄷ.

대법원 2021. 5. 27. 선고 2020다295892 판결

자기 소유 토지에 분묘를 설치한 사람이 그 토지를 양도하면서 분묘를 이장하겠다는 특약을 하지 않음으로써 분묘기지권을 취득한 경우, 특별한 사정이 없는 한 분묘기지권자는 분묘기지권이 성립한 때부터 토지 소유자에게 그 분묘의 기지에 대한 토지 사용의 대가로써 지료를 지급할 의무가 있다.

참고로 다수 의견으로 "20년간 평온 공연하게 분묘의 기지를 점유함으로써 분묘기지권을 시효로 취득하였더라도, 분묘기지권자는 토지 소유자가 분묘기지에 관한 지료를 청구하면 그 청구한 날부터의 지료를 지급할 의무가 있다고 보아야 한다."고 하였다[대판(전) 2021.4.29. 2017다228007].

59. 지역권에 관한 설명으로 틀린 것은?

① 지역권은 요역지와 분리하여 양도할 수 없다.

② 지역권은 표현된 것이 아니더라도 시효취득할 수 있다.

③ 요역지의 소유권이 이전되면 다른 약정이 없는 한 지역권도 이전된다.

④ 요역지의 공유자 1인은 그 토지 지분에 관한 지역권을 소멸시킬 수 없다.

⑤ 공유자의 1인이 지역권을 취득한 때에는 다른 공유자도 지역권을 취득한다.

①

> **제292조(부종성)** ① 지역권은 요역지소유권에 부종하여 이전하며 또는 요역지에 대한 소유권이외의 권리의 목적이 된다. 그러나 다른 약정이 있는 때에는 그 약정에 의한다.
> ② 지역권은 요역지와 분리하여 양도하거나 다른 권리의 목적으로 하지 못한다.(2012.2015.2016.2017.2018.2021.2023기)

②

> **제294조(지역권취득기간)** 지역권은 계속되고 표현된 것에 한하여 제245조의 규정을 준용한다.(2015.2016.2019.2020.2021.2023기)

지역권을 표현했다는 것은 계속 점유 상태가 외부에 인식할 정도의 것을 의미하므로 민법 제245조 제1항에 의해 20년간 소유의 의사로 평온, 공연하게 부동산을 점유하는 자는 등기함으로써 그 소유권을 취득한다.

③

> **제292조(부종성)** ① 지역권은 요역지소유권에 부종하여 이전하며 또는 요역지에 대한 소유권이외의 권리의 목적이 된다. 그러나 다른 약정이 있는 때에는 그 약정에 의한다.(2022기)
> ② 지역권은 요역지와 분리하여 양도하거나 다른 권리의 목적으로 하지 못한다.

④

> **제293조(공유관계, 일부양도와 불가분성)** ① 토지공유자의 1인은 지분에 관하여 그 토지를 위한 지역권 또는 그 토지가 부담한 지역권을 소멸하게 하지 못한다.(2016.2017.2018.2022기)
> ② 토지의 분할이나 토지의 일부 양도의 경우에는 지역권은 요역지의 각 부분 을 위하여 또는 그 승역지의 각 부분에 존속한다. 그러나 지역권이 토지의 일 부분에만 관한 것인 때에는 다른 부분에 대하여는 그러하지 아니하다.

⑤

> **제295조(취득과 불가분성)** ① 공유자의 1인이 지역권을 취득한 때에는 다른 공유자도 이를 취득한다.(2012.2013.2015.2019.2020.2021.2023기)
> ② 점유로 인한 지역권취득기간의 중단은 지역권을 행사하는 모든 공유자에 대한 사유가 아니면 그 효력이 없다.

60. 전세권에 관한 설명으로 틀린 것은?

① 전세금의 반환은 전세권말소등기에 필요한 서류를 교부하기 전에 이루어져야 한다.

② 전세권자는 전세권설정자에 대하여 통상의 수선에 필요한 비용의 상환을 청구할 수 없다.

③ 전전세한 목적물에 불가항력으로 인한 손해가 발생한 경우, 그 손해가 전전세하지 않았으면 면할 수 있는 것이었던 때에는 전세권자는 그 책임을 부담한다.

④ 대지와 건물을 소유한 자가 건물에 대해서만 전세권을 설정한 후 대지를 제3자에게 양도한 경우, 제3자는 전세권설정자에 대하여 대지에 대한 지상권을 설정한 것으로 본다.

⑤ 타인의 토지에 지상권을 설정한 자가 그 위에 건물을 신축하여 그 건물에 전세권을 설정한 경우, 그 건물 소유자는 전세권자의 동의 없이 지상권을 소멸하게 하는 행위를 할 수 없다.

【해설】 ···

①

> **제317조(전세권의 소멸과 동시이행)** 전세권이 소멸한 때에는 전세권설정자는 전세권자로부터 그 목적물의 인도 및 전세권설정등기의 말소등기에 필요한 서류의 교부를 받는 동시에 전세금을 반환하여야 한다.

목적부동산의 반환 및 전세권등기의 말소등기에 필요한 서류의 교부의무와 전세금반환의무는 동시이행의 관계에 선다(제317조).

> **대법원 2002. 2. 5. 선고 2001다62091 판결** (2014.2017.2025기)

전세권설정자는 전세권이 소멸한 경우 전세권자로부터 그 목적물의 인도 및 전세권설정등기의 말소등기에 필요한 서류의 교부를 받는 동시에 전세금을 반환할 의무가 있을 뿐이므로, 전세권자가 그 목적물을 인도하였다고 하더라도 전세권설정등기의 말소등기에 필요한 서류를 교부하거나 그 이행의 제공을 하지 아니하는 이상, 전세권설정자는 전세금의 반환을 거부할 수 있고, 이 경우 다른 특별한 사정이 없는 한 그가 전세금에 대한 이자 상당액의 이득을 법률상 원인 없이 얻는다고 볼 수 없다.

②

> **제309조(전세권자의 유지, 수선의무)** 전세권자는 목적물의 현상을 유지하고 그 통상의 관리에 속한 수선을 하여야 한다.(2023기)

전세권자가 목적물의 현상 유지와 수선의 의무를 부담하므로(제309조) (통상)필요비의 상환청구는 인정되지 않는다. 반면 유익비를 지출한 경우에 전세권자는 제310조에 의하여 유익비의 상환을 청구할 수 있다. 예컨대 전세권자가 보일러가 노후되어 정상 작동이 되지 않아 교체한 경우에 보일러는 기존의 시설물로서 전세권설정자의 자산으로 남기 때문이다.

③

> **제308조(전전세 등의 경우의 책임)** 전세권의 목적물을 전전세 또는 임대한 경우에는 전세권자는 전전세 또는 임대하지 아니하였으면 면할 수 있는 불가항력으로 인한 손해에 대하여 그 책임을 부담한다.

④

> **제305조(건물의 전세권과 법정지상권)** ① 대지와 건물이 동일한 소유자에 속한 경우에 건물에 전세권을 설정한 때에는 그 대지소유권의 특별승계인은 전세권설정자에 대하여 지상권을 설정한 것으로 본다. 그러나 지료는 당사자의 청구에 의하여 법원이 이를 정한다.
> ② 전항의 경우에 대지소유자는 타인에게 그 대지를 임대하거나 이를 목적으로 한 지상권 또는 전세권을 설정하지 못한다.

⑤

> **제304조(건물의 전세권, 지상권, 임차권에 대한 효력)** ① 타인의 토지에 있는 건물에 전세권을 설정한 때에는 전세권의 효력은 그 건물의 소유를 목적으로 한 지상권 또는 임차권에 미친다.
> ② 전항의 경우에 전세권설정자는 전세권자의 동의없이 지상권 또는 임차권을 소멸하게 하는 행위를 하지 못한다. (2011,2012,2020기)

61. 민법상 유치권에 관한 설명으로 **틀린** 것은?(다툼이 있으면 판례에 따름)

① 권리금반환청구권은 유치권의 피담보채권이 될 수 없다.

② 유치권의 행사는 피담보채권 소멸시효의 진행에 영향을 미치지 않는다.

③ 공사대금채권에 기하여 유치권을 행사하는 자가 스스로 유치물인 주택에 거주하며 사용하는 것은 특별한 사정이 없는 한 유치물의 보존에 필요한 사용에 해당한다.

④ 유치권에 의한 경매가 목적부동산 위의 부담을 소멸시키는 법정매각조건으로 실시된 경우, 그 경매에서 유치권자는 일반 채권자보다 우선하여 배당을 받을 수 있다.

⑤ 건물신축공사를 도급받은 수급인이 사회통념상 독립한 건물이 되지 못한 정착물을 토지에 설치한 상태에서 공사가 중단된 경우, 수급인은 그 정착물에 대하여 유치권을 행사할 수 없다.

【해설】 ....

① 판례는 권리금반환청구권에 기한 유치권의 성립을 부정하였다

> **대판 1994. 10. 14. 선고 93다62119 판결** (2016.2020.2021기)

임대인과 임차인 사이에 건물명도시 권리금을 반환하기로 하는 약정이 있었다 하더라도 그와 같은 권리금반환청구권은 건물에 관하여 생긴 채권이라 할 수 없으므로 그와 같은 채권을 가지고 건물에 대한 유치권을 행사할 수 없다.

※ 참고 견련관계가 부정된 경우로 임차보증금반환채권(**대판** 1976.5.11. 75다1305 건물을 임차목적대로 사용하지 못한 것을 이유로 하는 임차인의 손해배상청구권에 관해서도 같은 판시를 하였다)이나 권리금반환채권[**대판** 1994.10.14. 선고93다62119], 계약명의신탁에서 명의수탁자에 대한 부동산 매수자금 상당의 부당이득반환채권[**대판** 2009.3.26. 2008다34828], 매도인의 매매대금채권 [**대결** 2012. 1.12. 2011마2380] 등이 있다. 또한 **대판** 977.12.13. 77다115는 임차인이 부속물 매수청구권을 행사한 경우에 부속물대금채권과 건물 또는 건물의 부지인 대지의 반환의무 상호간에 견련관계를 부정하였다. 그 밖에 이중매매 또는 타인 물건의 매매로 인한 손해배상청구권도 전형적인 예에 속한다.

②

> **제326조(피담보채권의 소멸시효)** 유치권의 행사는 채권의 소멸시효의 진행에 영향을 미치지 아니한다.(2012기)

③

> **제324조(유치권자의 선관의무)** ① 유치권자는 선량한 관리자의 주의로 유치물을 점유하여야 한다.
> ② 유치권자는 채무자의 승낙없이 유치물의 사용, 대여 또는 담보제공을 하지 못한다. 그러나 유치물의 보존에 필요한 사용은 그러하지 아니하다.(2012.201.2022기)
> ③ 유치권자가 전2항의 규정에 위반한 때에는 채무자는 유치권의 소멸을 청구할 수 있다.

유치권자는 선량한 관리자의 주의로 유치물을 점유하여야 한다(제324조 제1항) 하였으므로, 유치권을 행사하는 자가 스스로 유치물인 주택에 거주하며 사용하는 것은 특별한 사정이 없는 한 유치물의 보존에 필요한 사용에 해당한다.

④

> **대법원 1996. 8. 23. 선고 95다8713 판결**

유치권자는 경락인에 대하여 피담보채권의 변제가 있을 때까지 유치목적물인 부동산의 인도를 거절할 수 있을 뿐이고, 그 피담보채권의 변제를 청구할 수는 없다.

경매에 의하여 부동산이 매각되더라도 유치권에 우선변제권이 인정되지 않지만 유치권은 소멸하지 않고, "매수인은 유치권자에게 그 유치권으로 담보하는 채권을 변제할 책임이 있다." 즉 경락자 매수인은 유치권의 피담보채무를 변제하지 않고서는 목적물을 인도받을 수 없으므로 유치권자는 사실상 변제를 받는다.(2017기)

⑤

건물의 신축공사를 도급받은 수급인이 사회통념상 독립한 건물이라고 볼 수 없는 정착물을 토지에 설치한 상태에서 공사가 중단된 경우에 위 정착물은 토지의 부합물에 불과하여 이러한 정착물에 대하여 유치권을 행사할 수 없는 것이고, 또한 공사중단 시까지 발생한 공사금 채권은 토지에 관하여 생긴 것이 아니므로 위 공사금 채권에 기하여 토지에 대하여 유치권을 행사할 수도 없는 것이다.

62. 저당물의 경매로 토지와 건물의 소유자가 달라지는 경우에 성립하는 법정지상권에 관한 설명으로 옳은 것을 모두 고른 것은?(다툼이 있으면 판례에 따름)

> ㄱ. 토지에 관한 저당권설정 당시 해당 토지에 일시 사용을 위한 가설 건축물이 존재하였던 경우, 법정지상권은 성립하지 않는다.
> ㄴ. 토지에 관한 저당권설정 당시 존재하였던 건물이 무허가 건물인 경우, 법정지상권은 성립하지 않는다.
> ㄷ. 지상건물이 없는 토지에 저당권을 설정받으면서 저당권자가 신축 개시 전에 건축을 동의한 경우, 법정지상권은 성립하지 않는다.

① ㄴ   ② ㄷ   ③ ㄱ, ㄴ   ④ ㄱ, ㄷ   ⑤ ㄱ, ㄴ, ㄷ

【해설】 ⋯⋯⋯

ㄱ.

가설건축물은 일시 사용을 위해 건축되는 구조물로서 설치 당시부터 일정한 존치기간이 지난 후 철거가 예정되어 있어 일반적으로 토지에 정착되어 있다고 볼 수 없다. 민법상 건물에 대한 법정지상권의 최단 존속기간은 견고한 건물이 30년, 그 밖의 건물이 15년인 데 비하여, 건축법령상 가설건축물의 존치기간은 통상 3년 이내로 정해져 있다. 따라서 가설건축물은 특별한 사정이 없는 한 독립된 부동산으로서 건물의 요건을 갖추지 못하여 법정지상권이 성립하지 않는다.

ㄴ.

대법원 1991. 8. 13. 선고 91다16631 판결 (2010,2025기)

토지와 그 지상의 건물이 동일한 소유자에게 속하였다가 토지 또는 건물이 매매나 기타 원인으로 인하여 양자의 소유자가 다르게 된 때에는 그 건물을 철거하기로 하는 합의가 있었다는 등의 특별한 사정이 없는 한 건물 소유자는 토지 소유자에 대하여 그 건물을 위한 관습상의 지상권을 취득하게 되고, 그 건물은 반드시 등기가 되어 있어야만 하는 것이 아니고 무허가 건물이라고 하여도 상관이 없다.

ㄷ.

대법원 2003. 9. 5. 선고 2003다26051 판결

민법 제366조의 법정지상권은 저당권 설정 당시부터 저당권의 목적되는 토지 위에 건물이 존재할 경우에 한하여 인정되며, 토지에 관하여 저당권이 설정될 당시 그 지상에 토지 소유자에 의한 건물의 건축이 개시되기 이전이었다면, 건물이 없는 토지에 관하여 저당권이 설정될 당시 근저당권자가 토지 소유자에 의한 건물의 건축에 동의하였다고 하더라도 그러한 사정은 주관적 사항이고 공시할 수도 없는 것이어서 토지를 낙찰받는 제3자로서는 알 수 없는 것이므로, 그와 같은 사정을 들어 법정지상권의 성립을 인정한다면 토지 소유권을 취득하려는 제3자의 법적 안정성을 해하는 등 법률관계가 매우 불명확하게 되므로 법정지상권이 성립되지 않는다.

63.

甲은 2020.1.1. 乙에게 1억원을 대여하면서 변제기 2020.12.31. 이율 연 5%, 이자는 매달 말일 지급하기로 약정하였고, 그 담보로 당일 乙 소유 토지에 저당권을 취득하였다. 乙이 차용일 이후부터 한 번도 이자를 지급하지 않았고, 甲은 2023. 7. 1. 저당권 실행을 위한 경매를 신청하였다. 2023. 12. 31. 배당절차에서 배당재원 3억 원으로 배당을 실시하게 되었는데, 甲은 총 1억 2,000만 원의 채권신고서를 제출하였다. 甲의 배당금액은?(甲보다 우선하는 채권자는 없으나 2억 원의 후순위저당권자가 있고, 공휴일 및 소멸시효와 이자에 대한 지연손해금 등은 고려하지 않음.

① 1억 500만 원   ② 1억 1,000만 원   ③ 1억 1,500만 원
④ 1억 1,750만 원   ⑤ 1억 2,000만 원

【해설】 ···

② 甲의 배당금액은 원금 1억 원과 이율 연 5%(500만 원), 지연이자는 1년분에 한하므로(500만 원)을 합하여 총 1억 1천만 원을 배당받는다.

64.

근저당권에 관한 설명으로 옳은 것을 모두 고른 것은?(다툼이 있으면 판례에 따름)

> ㄱ. 채무자가 아닌 제3자도 근저당권을 설정할 수 있다.
> ㄴ. 피담보채무 확정 전에는 채무자를 변경할 수 있다.
> ㄷ. 근저당권에 의해 담보될 채권최고액에 채무의 이자는 포함되지 않는다.

① ㄱ   ② ㄷ   ③ ㄱ, ㄴ   ④ ㄴ, ㄷ   ⑤ ㄱ, ㄴ, ㄷ

【해설】 ···

ㄱ. 저당권설정자는 보통 채무자이지만, 제3자(물상보증인)라도 무방하다. 예컨대 甲과 乙이 근저당권계약을 체결하고 채권자 甲이 乙, 丙과 합의하고 제3자 물상보증인 丙의 부동산에 근저

당권 설정을 할 수 있다.

ㄴ.

근저당권은 피담보채무의 최고액만을 정하고 채무의 확정을 장래에 보류하여 설정하는 저당권이다. 근저당권을 설정한 후에 근저당설정자와 근저당권자의 합의로 채무의 범위 또는 채무자를 추가하거나 교체하는 등으로 피담보채무를 변경할 수 있다. 이러한 경우 위와 같이 변경된 채무가 근저당권에 의하여 담보된다. 후순위저당권자 등 이해관계인은 이러한 변경으로 손해를 입었다고 볼 수 없으므로, 채무의 범위와 채무자를 변경할 때 이해관계인의 승낙을 받을 필요가 없다.

ㄷ.

> **제360조(피담보채권의 범위)** 저당권은 원본, 이자,(2020.2023기) 위약금, 채무불이행으로 인한 손해배상 및 저당권의 실행비용을 담보한다. 그러나 지연배상에 대하여는 원본의 이행기일을 경과한 후의 1년분에 한하여 저당권을 행사할 수 있다.

다만 근저당권의 피담보채권의 범위에서 지연손해금(지연이자)은 저당권에서와는 달리 1년분에 한정될 필요가 없다.

65. 민법상 계약에 관한 설명으로 옳은 것은?

① 매매계약은 요물계약이다.
② 도급계약은 편무계약이다.
③ 교환계약은 무상계약이다.
④ 증여계약은 요식계약이다.
⑤ 임대차계약은 유상계약이다.

【해설】

① 매매계약은 쌍무·유상·낙성·불요식계약이다. 당사자들의 의사의 합치, 즉 합의 외에 권리의 이전이나 일정한 행위와 같은 급부를 해야만 성립하는 계약이 요물계약이고, 그렇지 않은 계약이 낙성계약이다. 민법이 정하는 전형계약 가운데 현상광고, 계약금계약, 예금계약도 요물계약이고, 지배적인 학설은 대물변제도 요물계약으로 새긴다.(2010.2012.2015.2020.2022기)

② 도급계약은 쌍무계약이다. 즉, 도급자와 수급자 간에 쌍방의무를 진다. 예컨대 도급자는 수급자가 공사를 완료하면 대금을 지급할 의무가 있고, 수급자는 도급자가 의도한 대로 공사를 완성할 의무를 진다.(2015.2020기)

③ 교환은 당사자 쌍방이 금전 외의 재산권을 서로 이전할 것을 약정함으로써 성립하는 계약이다(제596조). 교환은 목적물이 금전 외의 재산권에 한한다는 점에서 다르지만, 매매와 마찬가지로 낙성·쌍무·유상·불요식의 계약이다.(2015.2016.2020.2022기)

> **대법원 1992. 10. 13. 선고 92다29696 판결** (2016기)

교환계약은 당사자 간에 청약의 의사표시와 그에 대한 승낙의 의사표시의 합치로 성립하는 이른바 낙성계약으로서 서면의 작성을 필요로 하지 아니하고, 그 청약의 의사표시는 그 내용이 이에 대한 승낙만 있으면 곧 계약이 성립될 수 있을 정도로 구체적이어야 하고, 승낙은 이와 같은 구체적인 청약에 대한 것이어야 할 것이며, 이 경우에 그 승낙의 의사표시는 특별한 사정이 없는 한 그 방법에 아무런 제한이 없고 반드시 명시적임을 요하는 것도 아니다.

④ 증여계약은 무상·낙성·편무·불요식계약이다. 증여는 불요식 행위이다. 서면에 의하지 않은 증여는 각 당사자가 해제할 수 있어서(제555조) 그 효력이 약하지만, 서면을 작성하는 것이 증여계약의 성립요건은 아니다.(2022기)

⑤ 임대차 계약은 유상·쌍무·낙성·불요식계약이다. 다만 공인중개사법 제26조 및 유휴농지 대리경작자 지정에 관한 농지법 제20조는 서면계약, 즉 요식계약으로 규정하고 있다. 이는 쌍방 간에 다툼을 미연에 방지하기 위한 하나의 방편으로 요구되는 것이다.(2015.2020.2022기)

66. 계약의 성립과 내용에 관한 설명으로 틀린 것은?(다툼이 있으며 판례에 따름)

① 격지자 간의 계약은 승낙의 통지를 발송한 때에 성립한다.
② 관습에 의하여 승낙의 통지가 필요하지 않는 경우, 계약은 승낙의 의사표시를 인정되는 사실이 있는 때에 성립한다.
③ 당사자 간에 동일한 내용의 청약이 상호교차 된 경우, 양 청약이 상대방에게 도달한 때에 계약이 성립한다.
④ 승낙자가 청약에 대하여 변경을 가하여 승낙한 때에는 그 청약의 거절과 동시에 새로 청약한 것으로 본다.
⑤ 선시공·후분양이 되는 아파트의 경우, 준공 전 그 외형·재질에 관하여 분양광고에만 표현된 내용은 특별한 사정이 없는 한 분양계약의 내용이 된다.

【해설】 ....

①

제531조(격지자간의 계약성립시기) 격지자간의 계약은 승낙의 통지를 발송한 때에 성립한다.(2011,2014,2015,2018,2022기)

②

제532조(의사실현에 의한 계약성립) 청약자의 의사표시나 관습에 의하여 승낙의 통지가 필요하지 아니한 경우에는 계약은 승낙의 의사표시로 인정되는 사실이 있는 때에 성립한다.(2013기)

인터넷으로 주문한 의류가 배송지에 도착하였을 경우 포장을 해체하여 옷을 입어보는 것, 매달 정기적으로 송부하는 복사지를 이의 없이 관행적으로 사용하는 것은 승낙의 의사표시로 의사실현에 의한 계약의 성립된 것을 말한다.

③

제533조(교차청약) 당사자간에 동일한 내용의 청약이 상호교차된 경우에는 양청약이 상대방에게 도달한 때에 계약이 성립한다.(2013,2017,2021,2025)

당사자들이 같은 내용의 청약을 서로에 행한 경우를 교차청약이라고 한다. 교차청약이 있는 경우에 "양 청약이 상대방에게 도달한 때에 계약이 성립한다." 두 청약이 동시에 도달하지 않았다면 계약 성립 시기에 있어서 나중에 상대방에게 도달한 청약이 도달하는 때에 계약은 성립한다.

④

> **제534조(변경을 가한 승낙)** 승낙자가 청약에 대하여 조건을 붙이거나 변경을 가하여 승낙한 때에는 그 청약의 거절과 동시에 새로 청약한 것으로 본다.(2012,2013,2017,2022,2025기)

⑤

> **대법원 2014. 11. 13. 선고 2012다29601 판결**

비록 준공 전에 분양 안내서 등을 통해 분양광고를 하거나 견본 주택 등을 설치한 적이 있고, 그러한 광고 내용과 달리 아파트 등이 시공되었다고 하더라도, 완공된 아파트 등의 현황과 달리 분양광고 등에만 표현되어 있는 아파트 등의 외형·재질 등에 관한 사항은 분양계약 시에 아파트 등의 현황과는 별도로 다시 시공해 주기로 약정하였다는 등의 특별한 사정이 없는 한 이를 분양계약의 내용으로 하기로 하는 묵시적 합의가 있었다고 보기는 어렵다.

67. 계약체결상의 과실책임에 관한 설명으로 옳은 것을 모두 고른 것은?(다툼이 있으면 판례에 따름)

> ㄱ. 계약이 의사의 불합치로 성립하지 않는다는 사실을 알지 못하여 손해를 입은 당사자는 계약체결 당시 그 계약이 불성립될 수 있다는 것을 안 상대방에게 계약체결상의 과실책임을 물을 수 있다.
> ㄴ. 부동산 수량 지정 매매에서 실제 면적이 계약면적에 미달하는 경우, 그 부분의 원시적 불능을 이유로 계약체결상의 과실책임을 물을 수 없다.
> ㄷ. 계약체결 전에 이미 매매목적물이 전부 멸실된 사실을 알지 못하여 손해를 입은 계약 당사자는 계약체결 당시 그 사실을 안 상대방에게 계약체결상의 과실책임을 물을 수 있다.

① ㄱ　　② ㄴ　　③ ㄱ, ㄷ　　④ ㄴ, ㄷ　　⑤ ㄱ, ㄴ, ㄷ

【해설】 ···

ㄱ.

> **대법원 2017. 11. 14. 선고 2015다10929 판결**

계약이 의사의 불합치로 성립하지 아니한 경우 그로 인하여 손해를 입은 당사자가 상대방에게 부당이득반환청구 또는 불법행위로 인한 손해배상청구를 할 수 있는지는 별론으로 하고, 상대방이 계약이 성립되지 아니할 수 있다는 것을 알았거나 알 수 있었음을 이유로 민법 제535조를 유추적용하여 계약체결상의 과실로 인한 손해배상청구를 할 수는 없다.

판례는 민법 제535조 계약체결상의 과실책임을 유추적용 할 수 없다는 내용이다.

ㄴ.

> **대법원 2002. 4. 9. 선고 99다47396 판결** (2012.2017기)

부동산매매계약에 있어서 실제 면적이 계약 면적에 미달하는 경우에는 그 매매가 수량 지정 매매에 해당할 때에 한하여 민법 제574조, 제572조에 의한 대금감액청구권을 행사함은 별론으로 하고, 그 매매계약이 그 미달 부분만큼 일부 무효임을 들어 이와 별도로 일반 부당이득 반환청구를 하거나 그 부분의 원시적 불능을 이유로 민법 제535조가 규정하는 계약체결상의 과실에 따른 책임의 이행을 구할 수 없다.

ㄷ. 어떤 그림의 매매계약을 체결하였는데 계약체결 전에 이미 그 그림이 소실되었던 경우처럼 체결된 계약의 내용이 원시적으로 불능이기 때문에 계약이 무효이고, 이로 인하여 손해를 입었을 경우와 같이 계약체결 전에 이미 매매목적물이 전부 멸실된 사실을 알지 못하여 손해를 입은 계약 당사자는 계약체결 당시 그 사실을 안 상대방에게 계약체결상의 과실책임을 물을 수 있다. 전체 답이 될 수 있게 처리한 것은 "ㄷ"의 계약체결 당시 그 사실을 알았거나 알 수 있을 자에 대하여 책임을 물을 수 있다. 즉 알 수 있을 자가(과실) 지문에서 빠져 있어 정답이 될 수 없으므로 전부 정답 처리하였다.

68. 동시이행의 항변권에 관한 설명으로 틀린 것은?(다툼이 있으면 판례에 따름)

① 서로 이행이 완료된 쌍무계약이 무효로 된 경우, 당사자 사이의 반환의무는 동시 이행관계에 있다.

② 구분소유자 공유관계가 해소된 경우, 공유지분권자 상호간의 지분이전등기 의무는 동시이행관계에 있다.

③ 동시이행의 항변권이 붙어 있는 채권은 특별한 사정이 없는 한 이를 자동채권으로 하여 상계하지 못한다.

④ 양 채무의 변제기가 도래한 쌍무계약에서 수령지체에 빠진 자는 이후 상대방이 자기 채무의 이행제공 없이 이행을 청구한 경우, 동시이행의 항변권을 행사할 수 있다.

⑤ 채무를 담보하기 위해 채권자 명의의 소유권이전등기가 된 경우, 피담보채무의 변제의무와 그 소유권이전등기의 말소의무는 동시이행관계에 있다.

【해설】 ···

① 쌍무계약의 무효 취소에서 반환의무 상호간에 동시이행관계가 인정된다.

> **대법원 2007. 12. 28. 선고 2005다38843 판결**

쌍무계약이 무효로 되어 각 당사자가 서로 취득한 것을 반환하여야 할 경우, 어느 일방의 당사자에게만 먼저 그 반환의무의 이행이 강제된다면 공평과 신의칙에 위배되는 결과가 되므로 각 당사자의 반환의무는 동시이행관계에 있다.

② 대판 2008.6.26. 2004다32992는 구분소유적 공유관계가 해소되는 경우 쌍방의 지분소유권이전등기 의무와 아울러 그러한 근저당권설정등기 등의 말소의무 또한 동시이행의 관계에 있다.

> **대법원 2008. 6. 26. 선고 2004다32992 판결** (2011.2014.2015.2018.2022기)

구분소유적 공유관계가 해소되는 경우 각 공유지분권자는 특별한 사정이 없는 한 제한이나 부담이 없는 완전한 지분소유권이전등기 의무를 지므로, 공유지분에 근저당권설정 등기 또는 압류, 가압류등기가 되어 있는 경우에 그 공유지분권자로서는 그러한 각 등기도 말소하여 완전한 지분소유권이전등기를 해 주어야 한다. 따라서 구분소유적 공유관계가 해소되는 경우 쌍방의 지분소유권이전등기 의무와 아울러 그러한 근저당권설정등기 등의 말소의무 또한 동시이행의 관계에 있다.

③

대법원 2014. 4. 30. 선고 2010다11323 판결

동시이행의 항변권의 대항을 받는 채권을 자동채권으로 하여 상대방의 채권과의 상계를 허용하면 상계자 일방의 의사표시에 의하여 상대방의 항변권 행사의 기회를 상실시키는 결과가 되어서 그러한 상계는 허용될 수 없는 것이 원칙이다.

④

대법원 1993. 8. 24. 선고 92다56490 판결

동시이행 관계에 있는 채무를 부담하는 쌍방 당사자 중 일방이 먼저 현실의 제공을 하고 상대방을 수령지체에 빠지게 하였다고 하더라도 그 이행의 제공이 계속되지 아니하였다면 과거에 이행제공이 있었다는 사실만으로 상대방이 가지는 동시이행의 항변권이 소멸하는 것이 아니다.

⑤

대법원 1984. 9. 11. 선고 84다카781 판결 (2015,2025기)

채무담보의 목적으로 경료된 채권자 명의의 소유권이전등기나 그 청구권보전의 가등기의 말소를 구하려면 먼저 채무를 변제하여야 하고 피담보채무의 변제와 교환적으로 말소를 구할 수는 없다.

69. 甲은 X건물을 乙에게 매도하고 乙로부터 계약금을 지급받았는데, 그후 甲과 乙의 귀책사유 없이 X건물이 멸실되었다. 다음 설명 중 옳은 것을 모두 고른 것은?(다툼이 있으면 판례에 따름)

> ㄱ. 甲은 乙에게 잔대금의 지급을 청구할 수 있다.
> ㄴ. 乙은 甲에게 계약금의 반환을 청구할 수 있다.
> ㄷ. 만약 乙의 수령지체 중에 甲과 乙의 귀책사유 없이 X건물이 멸실된 경우, 乙은 甲에게 계약금의 반환을 청구할 수 있다.

① ㄴ　　　② ㄷ　　　③ ㄱ, ㄴ　　　④ ㄱ, ㄷ　　　⑤ ㄴ, ㄷ

【해설】 ··

ㄱ.

> **제537조(채무자위험부담주의)** 쌍무계약의 당사자 일방의 채무가 당사자 쌍방의 책임없는 사유로 이행할 수 없게 된 때에는 채무자는 상대방의 이행을 청구하지 못한다.(2011, 2016, 2019기)

쌍무계약에 기하여 당사자 일방(채무자)이 부담하는 급부가 후발적으로 불능으로 되었는데 양당사자 모두 이 불능에 대하여 책임이 없는 경우에, 채무자는 그의 급부의무를 면하지만 그의 반대급부청구권도 상실한다. 즉, 채무자위험부담주의에 의해 甲은 乙에게 잔대금의 지급을 청구하지 못한다. 목적물을 인도해 주지도 못한 상황에서 잔금 지급을 청구할 수 없는 것은 당연한 이치이다.

ㄴ. 甲과 乙의 귀책사유 없이 X건물이 멸실되었으므로 乙은 甲에게 계약금의 반환을 청구할 수 있다. 목적물을 인도받을 수 없는 불능 상태에서 乙이 이미 지급한 계약금은 부당이득의 법리에 따라 그것을 반환해야 한다.(2011, 2016, 2019기)

ㄷ.

> **제538조(채권자귀책사유로 인한 이행불능)** ① 쌍무계약의 당사자 일방의 채무가 채권자의 책임있는 사유로 이행할 수 없게 된 때에는 채무자는 상대방의 이행을 청구할 수 있다. 채권자의 수령지체 중에 당사자 쌍방의 책임 없는 사유로 이행할 수 없게 된 때에도 같다.
>
> ② 전항의 경우에 채무자는 자기의 채무를 면함으로써 이익을 얻은 때에는 이를 채권자에게 상환하여야 한다.

위 조문 제538조 제1항 단서에 의해 채권자 乙의 수령지체 중에 甲과 乙의 귀책사유 없이 X건물이 멸실된 경우라도 乙은 甲에게 계약금의 반환을 청구할 수 없다. 즉 乙의 수령지체로 인한 것이 문제가 되는 것이다.(2011,2016,2020기)

70. 매도인 甲과 매수인 乙사이에 매매대금을 丙에게 지급하기로 하는 제3자를 위한 계약을 체결하였고, 丙이 乙에게 수익의 의사표시를 하였다. 다음 설명 중 옳은 것은?(다툼이 있으면 판례에 따름)

① 乙의 대금채무 불이행이 있는 경우, 甲은 丙의 동의 없이 乙과의 계약을 해제할 수 없다.

② 乙의 기망행위로 甲과 乙의 계약이 체결된 경우, 丙은 사기를 이유로 그 계약을 취소할 수 있다.

③ 甲과 丙의 법률관계가 무효인 경우, 특별한 사정이 없는 한 乙은 丙에게 대금지급을 거절할 수 있다..

④ 乙이 매매대금을 丙에게 지급한 후에 甲과 乙의 계약이 취소된 경우, 乙은 丙에게 부당이득반환을 청구할 수 있다.

⑤ 甲과 乙이 계약을 체결할 때 丙의 권리를 변경시킬 수 있음을 유보한 경우, 甲과 乙은 丙의 권리를 변경시킬 수 있다.

【해설】 ....

① 요약자 甲은 계약 당사자로서 기본관계에 따른 자기 채무를 이행해야 하고, 계약으로부터

발생하는 취소권이나 해제·해지권을 가진다. 수익자 丙의 동의를 요하지 않는 이유는 계약 당사자는 甲과 乙이기 때문이다.

제3자를 위한 유상 쌍무계약의 경우 요약자는 낙약자의 채무불이행을 이유로 제3자의 동의 없이 계약을 해제할 수 있다.(2013,2014,2015,2016,2017,2018,2019,2021,2022,2023기)

② 제3자 수익자 丙은 계약 당사자가 아니므로, 계약 당사자에게 주어지는 해제권이나 취소권을 행사할 수 없다.(2010,2011,2013,2016,2021,2023기)

③ 요약자와 제3자(수익자) 사이의 법률관계(이른바 대가관계)의 효력은 제3자를 위한 계약 자체는 물론 그에 기한 요약자와 낙약자 사이의 법률관계(이른바 기본관계)의 성립이나 효력에 영향을 미치지 아니하므로 낙약자는 요약자와 수익자 사이의 법률관계에 기한 항변으로 수익자에게 대항하지 못하고, 요약자도 대가관계의 부존재나 효력의 상실을 이유로 자신이 기본관계에 기하여 낙약자에게 부담하는 채무의 이행을 거부할 수 없다[대판 2003.12.11. 2003다49771].

④ 대판 2010.8.19. 2010다31860,31877은 "제3자를 위한 계약관계에서 낙약자와 요약자 사이의 법률관계(이른바 기본관계)를 이루는 계약이 무효이거나 해제된 경우 그 계약관계의 청산은 계약의 당사자인 낙약자와 요약자 사이에 이루어져야 하므로, 특별한 사정이 없는 한 낙약자가 이미 제3자에게 급부한 것이 있더라도 낙약자는 계약해제 등에 기한 원상회복 또는 부당이득을 원인으로 제3자를 상대로 그 반환을 구할 수 없다"고 하면서, 매도인 甲과 매수인 乙이 토지거래허가구역 내 토지의 지분에 관한 매매계약을 체결하면서 매매대금을 丙에게 지급하기로 하는 제3자를 위한 계약을 체결하고 그 후 매수인 乙이 그 매매대금을 丙에게 지급하였는데, 위 매매계약이 확정적으로 무효가 된 사안에서, 그 계약관계의 청산은 요약자인 甲과 낙약자인 乙 사이에 이루어져야 하므로 특별한 사정이 없는 한 乙은 丙에게 매매대금 상당액의 부당이득반환을 구할 수 없다"고 하였다.(2011,2013,2014,2015,2019,2020기)

⑤

> **제541조(제삼자의 권리의 확정)** 제539조의 규정에 의하여 제삼자의 권리가 생긴 후에는 당사자는 이를 변경 또는 소멸시키지 못한다.

수익의 의사표시를 한 수익자는 계약상의 권리를 확정적으로 취득하므로 계약 당사자들이 수익자의 권리를 임의로 변경·소멸시키는 합의를 하더라도 이는 수익자에 대하여 효력이 없다. 다만 甲과 乙이 계약을 체결할 때 丙의 권리를 변경시킬 수 있음을 유보한 경우, 甲과 乙은 丙의 권리를 변경시킬 수 있다[대판 2022.1.14. 2021다271183].

71.
매도인 甲과 매수인 乙사이의 X주택에 관한 계약이 적법하게 해제된 경우, 해제 전에 이해관계를 맺은 자로서 '계약해제로부터 보호되는 제3자'에 해당하지 않는 자는?(다툼이 있으면 판례에 따름)

① 乙의 소유권이전등기청구권을 압류한 자.
② 乙의 책임재산이 된 X주택을 가압류한 자.
③ 乙 명의로 소유권이전등기가 된 X주택을 가압류한 자.
④ 乙과 매매예약에 따라 소유권이전등기청구권 보전을 위한 가등기를 마친 자.
⑤ 乙 명의로 소유권이전등기가 된 X주택에 관하여 주택임대차보호법상 대항요건을 갖춘 자.

【해설】 ⋯⋯

①

> **대법원 2000. 4. 11. 선고 99다51685 판결** (2012기)

계약상의 채권을 양수한 자나 그 채권 자체를 압류 또는 전부한 채권자는 여기서 말하는 제3자에 해당하지 아니한다. 乙의 소유권이전등기청구권을 압류한 자는 채권을 압류한 것이기 때문에 계약해제로부터 보호되는 제3자에 해당하지 않는다.

② ③

대법원 2000.1.14. 선고 99다40937 판결 (2016,2019)

민법 제548조 제1항 단서에서 말하는 제3자란 일반적으로 해제된 계약으로부터 생긴 법률효과를 기초로 하여 별개의 새로운 권리를 취득한 자를 말하는 것인 바, 해제된 계약에 의하여 채무자의 책임재산이 된 계약의 목적물을 가압류한 가압류채권자는 그 가압류에 의하여 당해 목적물에 대하여 잠정적으로 그 권리행사만을 제한하는 것이나 종국적으로는 이를 환가하여 그 대금으로 피보전채권의 만족을 얻을 수 있는 권리를 취득하는 것이므로, 그 권리를 보전하기 위하여서는 위 조항 단서에서 말하는 제3자에는 위 가압류채권자도 포함된다고 보아야 한다.

같은 의미로 乙 명의로 소유권이전등기가 된 X주택을 가압류한 자도 계약해제로부터 보호되는 제3자에 해당한다.

④ 가등기란 종국등기는 확정적 권리를 장래에 보존하기 위하여 행하여지는 것으로 乙과 매매예약에 따라 소유권이전등기청구권 보전을 위한 가등기를 마친 자는 계약해제로부터 보호되는 제3자에 해당한다.

⑤

대법원 2003. 8. 22. 선고 2003다12717 판결 (2016기)

소유권을 취득하였다가 계약해제로 인하여 소유권을 상실하게 된 임대인으로부터 그 계약이 해제되기 전에 주택을 임차받아 주택의 인도와 주민등록을 마침으로써 주택임대차보호법 제3조 제1항에 의한 대항요건을 갖춘 임차인은 민법 제548조 제1항 단서의 규정에 따라 계약해제로 인하여 권리를 침해받지 않는 제3자에 해당하므로 임대인의 임대 권원의 바탕이 되는 계약의 해제에도 불구하고 자신의 임차권을 새로운 소유자에게 대항할 수 있고, 이 경우 계약해제로 소유권을 회복한 제3자는 주택임대차보호법 제3조 제2항에 따라 임대인의 지위를 승계한다.

72. 乙은 甲 소유 X토지를 매수하고 계약금을 지급한 후 X토지를 인도받아 사용 수익하고 있다. 다음 설명 중 **틀린** 것은?(다툼이 있으면 판례에 따름)

① 계약이 채무불이행으로 해제된 경우, 乙은 甲에게 X토지와 그 사용이익을 반환할 의무가 있다.

② 계약이 채무불이행으로 해제된 경우, 甲은 乙로부터 받은 계약금에 이자를 가산하여 반환할 의무를 진다.

③ 甲이 乙의 중도금 지급채무 불이행을 이유로 계약을 해제한 이후에도 乙은 착오를 이유로 계약을 취소할 수 있다.

④ 만약 甲의 채권자가 X토지를 가압류하면, 乙은 이를 이유로 계약을 즉시 해제할 수 있다.

⑤ 만약 乙 명의로 소유권이전등기가 된 후 계약이 합의해제 되면, X토지의 소유권은 甲에게 당연히 복귀한다.

【해설】

① 해제로 인한 원상회복은 부당이득반환의 성질을 가지므로 乙의 채무불이행으로 해제된 경우 이익의 현존 여부나 선의, 악의를 묻지 않고 甲에게 X토지의 사용이익 전부를 반환하여야 한다[대판 1998.12.23. 98다31264].

> **대법원 1998. 12. 23. 선고 98다43175 판결** (2013.2020.2022기)

계약해제의 효과로서의 원상회복 의무를 규정한 민법 제548조 제1항 본문은 부당이득에 관한 특별 규정의 성격을 가진 것이라 할 것이어서, 그 이익 반환의 범위는 이익의 현존 여부나 선의, 악의에 불문하고 특단의 사유가 없는 한 받은 이익의 전부라고 할 것이다.

②

> **제548조(해제의 효과, 원상회복의무)** ① 당사자 일방이 계약을 해제한 때에는 각 당사자는 그 상대방에 대하여 원상회복의 의무가 있다. 그러나 제삼자의 권리를 해하지 못한다.
> ② 전항의 경우에 반환할 금전에는 그 받은 날로부터 이자를 가하여야 한다.

대판 2013.12.12. 2013다14675는 매매계약의 해제 전에 매수인이 매매 목적물을 제3자에게 처분하여 원물 반환이 불가능한 경우에 반환할 금액은 특별한 사정이 없는 한 그 처분 당시의 목적물의 대가 또는 그 시가 상당액과 처분으로 얻은 이익에 대하여 그 이득일부터의 법정이자를 가산한 금액이라고 하였다.

③ 매도인이 매수인의 중도금지급 의무 불이행을 이유로 매매계약을 적법하게 해제한 후에라도, 매수인은 상대방이 한 계약해제의 효과로 발생하는 손해배상책임을 지거나 매매계약에 따른 계약금의 반환을 받을 수 없는 불이익을 면하기 위하여 착오를 이유로 한 취소권을 행사하여 매매계약 전체를 무효로 돌리게 할 수 있다고 하였다[**대판 1996.12.6. 95다24982**].(2011.2012.2015.2016.2018.2020.2021기)

④ 만약 甲의 채권자가 X토지를 가압류하였더라도 乙은 이를 이유로 계약을 즉시 해제할 수 없다. 여기서 즉시 해제할 수 없다는 것은 매도인 甲이 채권자에게 가압류 조치를 해소하면 乙의 계약해제에 대한 아무런 사유가 없기 때문이다.

⑤

대법원 1982. 7. 27. 선고 80다2968 판결 (2015.2025기)

매매계약이 합의해제된 경우에도 매수인에게 이전되었던 소유권은 당연히 매도인에게 복귀하는 것이므로 합의해제에 따른 매도인의 원상회복청구권은 소유권에 기한 물권적 청구권이라고 할 것이고, 이는 소멸시효의 대상이 되지 아니한다.

73. 건물 소유를 목적으로 하는 토지 임차인의 지상물매수청구권에 관한 설명으로 옳은 것은?(다툼이 있으면 판례에 따름)

① 지상 건물을 타인에게 양도한 임차인도 매수청구권을 행사할 수 있다.

② 임차인은 저당권이 설정된 건물에 대해서는 매수청구권을 행사할 수 없다.

③ 토지 소유자가 아닌 제3자가 토지를 임대한 경우, 임대인은 특별한 사정이 없는 한 매수청구권의 상대방이 될 수 없다.

④ 임대인이 임차권 소멸 당시에 이미 토지 소유권을 상실하였더라도 임차인은 그에게 매수청구권을 행사할 수 있다.

⑤ 기간의 정함이 없는 임대차에서 임대인의 해지통고에 의하여 임차권이 소멸된 경우, 임차인은 매수청구권을 행사할 수 없다.

【해설】 ···

①

> **제643조(임차인의 갱신청구권, 매수청구권)** 건물 기타 공작물의 소유 또는 식목, 채염, 목축을 목적으로 한 토지임대차의 기간이 만료한 경우에 건물, 수목 기타 지상시설이 현존한 때에는 제283조의 규정을 준용한다.

제283조를 준용한다 하였으므로 임차권이 소멸한 경우 임차권자는 계약의 갱신을 청구할 수 있고, 임대인이 계약의 갱신을 원하지 아니하는 때에는 임차권자는 상당한 가액으로 공작물이나 수목의 매수를 청구할 수 있다. 그러나 지상물의 소유자만이 매수청구권을 가지므로 건물을 신축한 토지임차인이 "임대차 기간이 만료하기 전에" 그 건물을 타에 양도한 경우에 그 임차인은 매수청구권을 행사할 수 없다[대판1993.7.27. 93다6386].(2013.2018기)

> **대법원 1993. 7. 27. 선고 93다6386 판결**

[1] 민법 제643조 소정의 지상물매수청구권은 지상물의 소유자에 한하여 행사할 수 있다.

[2] 토지 임대인과 토지 임차인 사이에 임대차기간 만료시에 임차인이 지상건물을 양도하거나

이를 철거하기로 하는 약정은 특별한 사정이 없는 한 민법 제643조 소정의 임차인의 지상물 매수청구권을 배제하기로 하는 약정으로서 임차인에게 불리한 것이므로 민법 제652조의 규정에 의하여 무효라고 보아야 한다.

[3] 민법 제644조 소정의 전차인의 임대청구권과 매수청구권은 토지 임차인이 토지 임대인의 승낙 하에 적법하게 그 토지를 전대한 경우에만 인정되는 권리이다.

② 임차인은 저당권이 설정된 건물에 대해서는 매수청구권을 행사할 수 있다.

대법원 2008. 5. 29. 선고 2007다4356 판결 (2014기)

건물의 소유를 목적으로 한 토지임대차계약의 기간이 만료함에 따라 지상건물 소유자가 임대인에 대하여 행사하는 민법 제643조 소정의 매수청구권은 매수청구의 대상이 되는 건물에 근저당권이 설정되어 있는 경우에도 인정된다. 다만, 매수청구권을 행사한 지상건물 소유자가 위와 같은 근저당권을 말소하지 않는 경우 토지 소유자는 민법 제588조에 의하여 위 근저당권의 말소등기가 될 때까지 그 채권최고액에 상당한 대금의 지급을 거절할 수 있다.

③

대법원 2017. 4. 26. 선고 2014다72449, 72456 판결

"한편 토지 소유자가 아닌 제3자가 토지 임대행위를 한 경우에는 제3자가 토지 소유자를 적법하게 대리하거나 토지 소유자가 제3자의 무권대리행위를 추인하는 등으로 임대차계약의 효과가 토지 소유자에게 귀속되었다면 토지 소유자가 임대인으로서 지상물매수청구권의 상대방이 된다." 따라서 토지 소유자가 아닌 제3자는 특별한 사정이 없는 한 매수청구권의 상대방이 될 수 없다.

④ 임대인이 임차권 소멸 당시에 이미 토지소유권을 상실하였다면 임차인은 그에게 매수청구권을 행사할 수 없다[대판 2017.4.26. 2014다72449].

⑤ 기간의 정함이 없는 임대차에서 임대인이 해지통고를 한 경우에, 임차인은 바로(즉시 갱신청구의 유무를 불문하고) 매수청구를 할 수 있다.

대법원 2009. 11. 26. 2009다70012 판결 (2025기)

건물 소유를 목적으로 한 기간 약정 없는 토지임대차계약이 임대인의 해지로 종료한 경우, 임차인은 계약갱신청구의 유무에 불구하고 건물매수청구권을 행사할 수 있다.

74. 甲은 자신의 X주택을 보증금 2억 원, 월차임 50만 원으로 乙에게 임대하였는데, 乙이 전입신고 후 X주택을 점유·사용하면서 차임을 연체하다가 계약이 종료되었다. 계약 종료 전에 X주택의 소유권이 매매를 원인으로 丙에게 이전되었다. 다음 설명 중 **틀린** 것은?(다툼이 있으면 판례에 따름)

① 특별한 사정이 없는 한 丙이 임대인의 지위를 승계한 것으로 본다.
② 연체차임에 대한 지연손금의 발생종기는 특별한 사정이 없는 한 X주택이 반환되는 때이다.
③ 丙은 甲의 차임채권을 양수하지 않았다면 X주택을 반환받을 때 보증금에서 이를 공제할 수 없다.
④ X주택을 반환할 때까지 잔존하는 甲의 차임채권은 압류가 되었더라도 보증금에서 당연히 공제된다.
⑤ X주택을 반환하지 않으면, 특별한 사정이 없는 한 乙은 보증금이 있음을 이유로 연체차임의 지급을 거절할 수 없다.

【해설】 ···

①

> **주택임대차보호법 제3조(대항력 등)** ④ 임차주택의 양수인(讓受人)(그 밖에 임대할 권리를 승계한 자를 포함한다)은 임대인(賃貸人)의 지위를 승계한 것으로 본다.

주택임대차보호법 제3조 제4항에 의하여 임차주택을 양수한 丙은 임대인 甲의 지위를 승계한 것으로 본다.

② 연체차임에 대한 지연손해금의 발생 종기는 특별한 사정이 없는 한 X주택이 반환되는 때이다. 즉 임차료에 대한 연체이자의 대한 발생 종기는 임차인이 계약 만기로 인한 임차주택의 인도일 또는 2기의 연체차임으로 인한 계약해지로 임차물을 인도하는 날이 지연손해금의 종기일이 된다.

대법원 2014. 2. 27. 선고 2009다39233 판결

한편 차임지급채무는 그 지급에 확정된 기일이 있는 경우에는 그 지급기일 다음 날부터 지체책임이 발생하고 보증금에서 공제되었을 때 비로소 그 채무 및 그에 따른 지체책임이 소멸되는 것이므로, 연체차임에 대한 지연손해금의 발생 종기는 다른 특별한 사정이 없는 한 임대차계약의 해지 시가 아니라 목적물이 반환되는 때라고 할 것이다.

③ 임대인 甲의 소유권을 丙이 이전받을 때 기존에 있는 임차인 乙의 연체차임채권을 양수하지 않았다면 새로운 소유자 丙은 X주택을 반환받을 때 임차보증금에서 임차인 乙의 연체차임을 공제한 금액을 반환한다.

대법원 2017. 3. 22. 선고 2016다218874 판결 (2021기)

임차건물의 양수인이 건물 소유권을 취득한 후 임대차관계가 종료되어 임차인에게 임대차보증금을 반환해야 하는 경우에 임대인의 지위를 승계하기 전까지 발생한 연체차임이나 관리비 등이 있으면 이는 특별한 사정이 없는 한 임대차보증금에서 당연히 공제된다. 일반적으로 임차 건물의 양도 시에 연체차임이나 관리비 등이 남아 있더라도 나중에 임대차관계가 종료되는 경우 임대차보증금에서 이를 공제하겠다는 것이 당사자들의 의사나 거래관념에 부합하기 때문이다.

④

대법원 2004. 12. 23. 선고 2004다56554 판결

부동산 임대차에 있어서 수수된 보증금은 차임채무, 목적물의 멸실·훼손 등으로 인한 손해배상 채무 등 임대차에 따른 임차인의 모든 채무를 담보하는 것으로서 그 피담보채무 상당액은 임대차관계의 종료 후 목적물이 반환될 때에 특별한 사정이 없는 한 별도의 의사표시 없이 보증금에서 당연히 공제되는 것이므로, 임대보증금이 수수된 임대차계약에서 차임채권에 관하여 압류 및 추심명령이 있었다 하더라도, 당해 임대차계약이 종료되어 목적물이 반환될 때에는 그때까지 추심되지 아니한 채 잔존하는 차임채권 상당액도 임대보증금에서 당연히 공제된다.

⑤

대법원 2016. 11. 25. 선고 2016다211309 판결

임대인에게 임대차보증금이 교부되어 있더라도 임대인은 임대차관계가 계속되고 있는 동안에는 임대차보증금에서 연체차임을 충당할 것인지를 자유로이 선택할 수 있다. 따라서 임대차계약 종료 전에는 공제 등 별도의 의사표시 없이 연체차임이 임대차보증금에서 당연히 공제되는 것은 아니고, 임차인도 임대차보증금의 존재를 이유로 차임의 지급을 거절할 수 없다.

75. 임차인 乙은 임대인 甲에게 2024. 3. 10.로 기간이 만료되는 X주택의 임대차계약에 대해 주택임대차보호법에 따라 갱신요구 통지를 하여 그 통지가 2024. 1. 5. 甲에게 도달하였고, 甲이 갱신거절 통지를 하지 않아 계약이 갱신되었다. 그 후 乙이 갱신된 계약기간이 개시되기 전인 2024. 1. 29. 갱신된 임대차계약의 해지를 통지하여 2024. 1. 30. 甲에게 도달하였다. 임대차계약의 종료일은?(다툼이 있으면 판례에 따름)

① 2024. 1. 30.　　② 2024. 3. 10.　　③ 2024. 4. 30.
④ 2024. 6. 10.　　⑤ 2026. 3. 10.

③ 임차인 乙은 법정기한 내에 계약갱신통지를 임대인 甲에게 통지를 하였으나 甲은 계약갱신 거절의 의사표시를 법정기한 내에 통지를 발하지 아니하였으므로 제6조의 1항에 의해 묵시적 갱신이 되었으므로 계약기간은 제6조의 2항에 의해 임대차 존속기간은 2년으로 되었다. 그러나 임차인 乙이 갱신된 계약기간이 개시되기 전인 2024. 1. 29. 갱신된 임대차계약의 해지를 통지하여 2024. 1. 30. 甲에게 도달되었고 이로 인해 乙은 제6조의2 묵시적 계약갱신으로 인해 임차인 乙은 언제든지 임대인에게 계약해지를 통지할 수 있고 제6조의2 2항에 의해 임대인이 그 통지를 받은 날부터 3개월이 지나면 그 효력이 발생한다. 따라서 2024년 4월 30일이 도래하면 계약해지의 효력이 발생하므로 계약종료일이 된다.

대법원 2024. 1. 11. 선고 2023다258672 판결

임차인이 주택임대차보호법 제6조의3 제1항에 따라 임대차계약의 갱신을 요구하면 임대인에게 갱신거절 사유가 존재하지 않는 한 임대인에게 갱신 요구가 도달한 때 갱신의 효력이 발생한다. 갱신 요구에 따라 임대차계약에 갱신의 효력이 발생한 경우 임차인은 제6조의2 제1항에 따라 언제든지 계약의 해지통지를 할 수 있고, 해지통지 후 3개월이 지나면 효력이 발생하며, 이는 계약해지의 통지가 갱신된 임대차계약 기간이 개시되기 전에 임대인에게 도달하였더라도 마찬가지이다.

76. 집합건물의 소유 및 관리에 관한 법률상 관리인에 관한 설명으로 **틀린** 것은?

① 관리인은 구분소유자여야 한다.
② 관리인은 공용부분의 보존행위를 할 수 있다.
③ 관리인의 임기는 2년의 범위에서 규약으로 정한다.
④ 관리인은 규약에 달리 정한 바가 없으면 관리위원회의 위원이 될 수 없다.
⑤ 관리인의 대표권은 제한할 수 있지만, 이를 선의의 제3자에게 대항할 수 없다.

① ③

> **제24조(관리인의 선임 등)** ① 구분소유자가 10인 이상일 때에는 관리단을 대표하고 관리단의 사무를 집행할 관리인을 선임하여야 한다.
> ② 관리인은 구분소유자일 필요가 없으며, 그 임기는 2년의 범위에서 규약으로 정한다.

② ⑤

> **집합건물의소유및관리에관한법률 제25조(관리인의 권한과 의무)** ① 관리인은 다음 각 호의 행위를 할 권한과 의무를 가진다.
> 1. 공용부분의 보존행위
> 1의2. 공용부분의 관리 및 변경에 관한 관리단집회 결의를 집행하는 행위
> 2. 공용부분의 관리비용 등 관리단의 사무 집행을 위한 비용과 분담금을 각 구분소유자에게 청구·수령하는 행위 및 그 금원을 관리하는 행위
> 3. 관리단의 사업 시행과 관련하여 관리단을 대표하여 하는 재판상 또는 재판 외의 행위
> 3의2. 소음·진동·악취 등을 유발하여 공동생활의 평온을 해치는 행위의 중지 요청 또는 분쟁 조정절차 권고 등 필요한 조치를 하는 행위
> 4. 그 밖에 규약에 정하여진 행위
> ② 관리인의 대표권은 제한할 수 있다. 다만, 이로써 선의의 제3자에게 대항할 수 없다.

④ 집합건물의 소유 및 관리에 관한 법률 제26조의4(관리위원회의 구성 및 운영) 제2항에 의해 관리인은 규약에 달리 정한 바가 없으면 관리위원회의 위원이 될 수 없다.

77. 甲은 乙에게 무이자로 빌려준 1억 원을 담보하기 위해, 丙 명의의 저당권(피담보채권 5,000만 원)이 설정된 乙 소유의 X건물(시가 2억 원)에 관하여 담보가등기를 마쳤고, 乙은 변제기가 도래한 甲에 대한 차용금을 지급하지 않고 있다. 다음 설명 중 <u>틀린</u> 것은?(다툼이 있으면 판례에 따름)

① 甲이 귀속청산절차에 따라 적법하게 X건물의 소유권을 취득하면 丙의 저당권은 소멸한다.

② 甲이 乙에게 청산금을 지급하지 않고 자신의 명의로 본등기를 마친 경우, 그 등기는 무효이다.

③ 甲의 청산금지급채무와 乙의 가등기에 기한 본등기 및 X건물 인도채무는 동시이행관계에 있다.

④ 경매절차에서 丁이 X건물의 소유권을 취득하면 특별한 사정이 없는 한 甲의 가등기담보권은 소멸한다.

⑤ 만약 청산금이 없는 경우, 적법하게 실행 통지를 하여 2개월의 청산기간이 지나면 청산절차의 종료와 함께 X건물에 대한 사용·수익권은 甲에게 귀속된다.

【해설】 ··

① 지문에서 丙의 선순위 저당권이 있으므로 담보된 채권액을 지불하지 않는 한 丙의 저당권은 소멸하지 않는다.(가등기담보법 제4조 참조)

②

> **대법원 2022. 4. 14. 선고 2021다263519 판결**

가등기담보 등에 관한 법률 제3조 제2항은 '채권자가 담보계약에 따른 담보권을 실행하여 그 담보목적 부동산의 소유권을 취득하기 위하여는 그 채권의 변제기 후에 제4조의 청산금의 평가액을 채무자 등에게 통지하고, 그 통지가 채무자 등에게 도달한 날부터 2개월이 지나야 한다. 이 경우 청산금이 없다고 인정되는 경우에는 그 뜻을 통지하여야 한다.'고 정하고 있으며, 제4조 제2항은 '채권자는 담보부동산에 관하여 이미 소유권이전등기가 경료된 경우에는 청산기간 경과 후 청산금을 채무자 등에게 지급한 때에 목적부동산의 소유권을 취득한다.'고 정하고 있다. 이러한 규정에 따르면 가등기담보법이 적용되는 경우에는 채권자가 담보목적 부동산에 관하여 소유자로 등기되어 있다고 하더라도 청산절차 등 법에 정한 요건을 충족해야만 비로소 담보목적 부동산의 소유권을 취득할 수 있다.

③

가등기담보등에관한법률 제4조(청산금의 지급과 소유권의 취득) 제3항에서 청산금의 지급채무와 부동산의 소유권이전등기 및 인도채무의 이행에 관하여는 동시이행의 항변권에 관한 민법 제536조를 준용한다 하였으므로 甲의 청산금지급채무와 乙의 가등기에 기한 본등기 및 X건물 인도채무는 동시이행관계에 있다.

④

> **가등기담보등에관한법률 제15조(담보가등기권리의 소멸)** 담보가등기를 마친 부동산에 대하여 강제 경매 등이 행하여진 경우에는 담보가등기권리는 그 부동산의 매각에 의하여 소멸한다.

⑤

대법원 2001. 2. 27. 선고 2000다20465 판결 (2011.2012.2015기)

채권자가 가등기담보권을 실행하여 그 담보목적 부동산의 소유권을 취득하기 위하여 '가등기담보 등에 관한 법률'에 따라 채무자에게 담보권 실행을 통지한 경우 청산금을 지급할 여지가 없는 때에는 2월의 청산기간이 경과함으로써 청산절차는 종료되고, 이에 따라 채권자는 더 이상의 반대급부의 제공 없이 채무자에 대하여 소유권이전등기청구권 및 목적물 인도청구권을 가진다 할 것임에도 채무자가 소유권이전등기의무 및 목적물 인도의무의 이행을 지연하면서 자신이 담보목적물을 사용·수익할 수 있다고 하는 것은 심히 공평에 반하여 허용될 수 없으므로, 이러한 경우 담보목적물에 대한 과실수취권 등을 포함한 사용·수익권은 청산절차의 종료와 함께 채권자에게 귀속된다고 보아야 한다.

78. 甲은 친구 乙과의 명의신탁약정에 따라 2024. 3. 5. 자신의 X부동산을 乙 명의로 소유권이전등기를 해주었고, 그 후 乙은 丙에게 이를 매도하고 丙 명의로 소유권이전등기를 해 주었다. 다음 설명 중 옳은 것은?(다툼이 있으면 판례에 따름)

① 甲은 乙을 상대로 불법행위로 인한 손해배상을 청구할 수 있다.
② 甲과 乙의 명의신탁약정으로 인해 乙과 丙의 매매계약은 무효이다.
③ 甲은 丙을 상대로 X부동산에 관한 소유권이전등기말소를 청구할 수 있다.
④ 甲은 乙을 상대로 명의신탁약정 해지를 원인으로 하는 소유권이전등기를 청구할 수 있다.
⑤ 만약 乙이 X부동산의 소유권을 丙으로부터 다시 취득한다면, 甲은 乙을 상대로 소유권에 기하여 이전등기를 청구할 수 있다.

【해설】 ....

① 甲은 乙을 상대로 불법행위로 인한 손해배상을 청구할 수 있다는 것이 아래 판례의 내용이다.

대법원 2021. 6. 3. 선고 2016다34007 판결

명의수탁자가 양자간 명의신탁에 따라 명의신탁자로부터 소유권이전등기를 넘겨받은 부동산을 임의로 처분한 행위가 형사상 횡령죄로 처벌되지 않더라도, 위 행위는 명의신탁자의 소유권을 침해하는 행위로서 형사상 횡령죄의 성립 여부와 관계없이 민법상 불법행위에 해당하여 명의수탁자는 명의신탁자에게 손해배상책임을 부담한다.

② 명의수탁자로부터 명의신탁부동산을 양수한 제3자는 선·악을 불문하고 그 소유권을 유효하게 취득한다. 따라서 甲과 乙의 명의신탁약정으로 인한 乙과 丙의 매매계약은 유효이다.(2010,2011,2012,2014,2015,2019,2022,2023기)

③ 명의신탁자 甲은 명의신탁 재산에 대한 불법점유자나 원인무효등기의 명의인에 대하여 직접 물권적 청구로서 인도나 등기말소를 구할 수 없고, 명의수탁자를 대위하여 그 권리를 행사할 수 있을 뿐이다. 따라서 甲은 丙을 상대로 X부동산에 관한 소유권이전등기말소를 직접 청

구할 수 없다. 그 이유는 대외적으로 명의수탁자 乙이 소유자이기 때문이며, 또한 丙은 선악 불문하고 소유권을 취득하였기 때문에 甲은 丙에게 소유권이전등기말소를 청구할 수 없다.

대법원 1979. 9. 25. 선고 77다1079 전원합의체 판결 (2010,2011기)

재산을 타인에게 신탁한 경우 대외적인 관계에 있어서는 수탁자만이 소유권자로서 그 재산에 대한 제3자의 침해에 대하여 배제를 구할 수 있으며, 신탁자는 수탁자를 대위하여 수탁자의 권리를 행사할 수 있을 뿐 직접 제3자에게 신탁재산에 대한 침해의 배제를 구할 수 없다.

④ 명의신탁약정은 무효이므로 명의신탁약정 해지를 원인으로 하는 소유권이전등기를 청구할 수는 없고 甲은 乙을 상대로 소유권에 기한 방해제거청구권(제214조)을 행사하여 乙 명의 등기 말소(또는 진정명의 회복을 원인으로 하는 소유권이전등기)를 구할 수 있다. 그러나 내부적 관계에서 甲과 乙은 명의신탁약정을 하였더라도 제3자 丙은 선·악을 불문하고 소유권을 취득하여 등기가 이전되었으므로 명의신탁자 甲이 명의수탁자 乙에게 명의신탁약정 해지를 원인으로 하는 소유권이전등기를 청구할 수 없다.

<참고> 대법원 1982. 12. 28. 선고 82다카984 판결 (2025기)

부동산의 명의수탁자가 명의신탁이 해지된 후 그 명의신탁자 명의로 신탁해지에 따른 등기의 회복이 있기 전에 그 부동산을 제3자에게 매도하여 그에 따른 소유권이전등기가 제3자 명의로 경료된 경우에는 특별한 사정이 없는 한 위의 제3자는 명의신탁자에 앞서 보호되어야 할 것이므로 명의수탁자가 명의신탁자에 대하여 부담하고 있는 소유권이전등기의무는 이행불능 상태에 있는 것이라고 보아야 할 것이다.

⑤ 명의신탁약정은 무효인 경우 제3자에게 대항하지 못하므로 乙이 제3자 丙에게 X건물을 적법하게 양도하였다면 丙은 소유권을 취득하고 명의수탁자 乙이 丙으로부터 다시 소유권을 취득한 경우, 乙은 적법한 소유자 丙으로부터 소유권을 취득하였으므로 甲은 乙에게 소유물반환청구권을 행사할 수 없다.

대법원 2013. 2. 28. 선고 2010다89814 판결 (2020,2025기)

양자간 등기명의신탁에서 명의수탁자가 신탁부동산을 처분하여 제3취득자가 유효하게 소유권을 취득하고 이로써 명의신탁자가 신탁부동산에 대한 소유권을 상실하였다면, 명의신탁자의 소유권에 기한 물권적 청구권, 즉 말소등기청구권이나 진정명의회복을 원인으로 한 이전등기청구권도 더 이상 그 존재 자체가 인정되지 않는다. 그 후 명의수탁자가 우연히 신탁부동산의 소유권을 다시 취득하였다고 하더라도 명의신탁자가 신탁부동산의 소유권을 상실한 사실에는 변함이 없으므로, 여전히 물권적 청구권은 그 존재 자체가 인정되지 않는다.

79. 임차인 乙은 甲 소유의 X상가건물에 관하여 월차임 200만 원, 기간 2023. 5. 24 ~ 2024. 5. 23.로 하는 임대차계약을 甲과 체결하였고, 기간만료 14일 전인 2024. 5. 9. 갱신거절의 통지를 하여 다음날 甲에게 도달하였다. 임대차계약의 종료일은?(다툼이 있으면 판례에 따름)

① 2024. 5. 10.   ② 2024. 5. 23.   ③ 2024. 8. 23.
④ 2024. 11. 23.   ⑤ 2025. 5. 23.

【해설】 ....

②

> **상가건물임대차보호법 제10조(계약갱신 요구 등)** ① 임대인은 임차인이 임대차기간이 만료되기 6개월 전부터 1개월 전까지 사이에 계약갱신을 요구할 경우 정당한 사유 없이 거절하지 못한다. 다만, 다음 각 호의 어느 하나의 경우에는 그러하지 아니하다.

지문에서 지역을 밝히지 않고 임차료 200만 원만 제시한 것은 차임을 보증금으로 환산한 경우 200만 원 × 100은 2억 원이므로 상가건물임대차보호법에서 정하는 보증금액이 어느 지역에서나 초과하지 않으므로 상가건물임대차보호법이 적용된다는 전제로 임차인이 계약갱신 거절을 통지한 것이므로, 즉 해지의 의사표시를 하였으므로 임차인은 계약 만기일 2024년 5월 23일 임대차계약 종료일이 되는 것이다. 임차인은 상가건물임대차보호법 제10조가 규정하는 기간 내에 계약갱신을 요구할 의무가 없으므로 통지가 없었다 하더라도 전 임대차와 동일하게 임대차계약이 갱신되는 것이 아니므로 임차인이 14일 전에 계약갱신 거절의사표시를 하여 임대인에게 도달되었다면 임차인의 해지통보로 계약 만기일에 계약이 종료일이 되는 것이다[대판 2024.6.27. 2023다307024].

80. 상가건물임대차보호법이 적용되는 X건물에 관하여 임대인 甲과 임차인 乙이 보증금 3억 원, 월차임 60만 원으로 정하여 체결한 임대차가 기간 만료로 종료되었다. 그런데 甲이 乙에게 보증금을 반환하지 않아서 乙이 현재 X건물을 점유·사용하고 있다. 다음 설명 중 옳은 것은?(다툼이 있으면 판례에 따름)

① 甲은 乙에게 불법행위로 인한 손해배상을 청구할 수 있다.
② 乙은 甲에 대해 채무불이행으로 인한 손해배상의무를 진다.
③ 甲은 乙에게 차임에 상당하는 부당이득반환을 청구할 수 있다.
④ 甲은 乙에게 종전 임대차계약에서 정한 차임의 지급을 청구할 수 있다.
⑤ 乙은 보증금을 반환받을 때까지 X건물에 대해 유치권을 행사할 수 있다.

【해설】 ···

① ② "상가건물임대차보호법 제9조 제2항에서 임대차가 종료한 경우에도 임차인이 보증금을 돌려받을 때까지는 임대차 관계는 존속하는 것으로 본다."하였으므로, 임대인 甲이 임대차 기간 만료로 임차인 乙에게 보증금을 반환하지 않아 乙이 적법하게 임차건물을 점유하고 있으므로 임대인 甲은 乙에게 불법행위로 인한 손해배상을 청구할 수 없을 뿐만 아니라 채무불이행으로 인한 손해배상의무도 乙은 지지 않는다.

③

상가임대차보호법이 적용되는 임대차가 기간 만료나 당사자의 합의, 해지 등으로 종료된 경우 보증금을 반환받을 때까지 임차 목적물을 계속 점유하면서 사용·수익한 임차인은 종전 임대차계약에서 정한 차임을 지급할 의무를 부담할 뿐이고, 시가에 따른 차임에 상응하는 부당이득금을 지급할 의무를 부담하는 것은 아니다.

④ 乙의 보증금이 반환되지 않았더라도 임차인 乙이 점유 사용하고 있다면 임대인 甲은 乙에게 종전 임대차계약에서 정한 차임의 지급을 청구할 수 있다.

⑤ 乙은 보증금을 반환받을 때까지 X건물에 대해 유치권을 행사할 수는 없다. 즉 유치권의 요건으로 그 건물에 관한 채권이 아니므로 유치권을 행사할 수는 없으나, 보증금 반환과 임차건물의 인도에 대한 동시이행을 행사할 수 있다.

2024년 제35회 공인중개사 민법 정답

41	42	43	44	45	46	47	48	49	50
③	⑤	③	③	②	⑤	⑤	①	①	②
51	52	53	54	55	56	57	58	59	60
④	③	⑤	②	④	⑤	①	②	②	①
61	62	63	64	65	66	67	68	69	70
④	④	②	③	⑤	⑤	전항 정답	⑤	①	⑤
71	72	73	74	75	76	77	78	79	80
①	④	③	③	③	①	①	①	②	④

제36회 공인중개사
민법 기출문제 해설

41. 반사회질서의 법률행위에 관한 설명으로 **틀린** 것은?(다툼이 있으면 판례에 따름)

① 반사회질서의 법률행위인지 여부는 법률행위가 이루어진 때를 기준으로 판단한다.

② 반사회질서의 법률행위의 무효는 선의의 제3자에게 대항할 수 없다.

③ 수사기관에 허위진술을 해주는 대가로 금전을 지급받기로 하는 약정은 반사회질서의 법률행위이다.

④ 법률행위의 성립 과정에 단지 강박이라는 불법적 방법이 사용된 데 불과한 때에는 반사회질서의 법률행위라고 할 수 없다.

⑤ 상대방에게 표시된 법률행위의 동기가 반사회질서적인 경우, 그 법률행위는 무효이다.

【해설】

> **제103조(반사회질서의 법률행위)** 선량한 풍속 기타 사회질서에 위반한 사항을 내용으로 하는 법률행위는 무효로 한다.

① 어느 법률행위가 사회질서에 반하는지 여부는 원칙적으로 법률행위 당시를 기준으로 판단해야 한다. 판례의 입장도 같다.

대판 2001.11.9. 2001다44987은 "매매계약 체결 당시에 정당한 대가를 지급하고 목적물을 매수하는 계약을 체결하였다면, 비록 그 후 목적물이 범죄행위로 취득된 것을 알게 되었다고 하더라도, 계약의 이행을 구하는 것 자체가 선량한 풍속 기타 사회질서에 위반하는 것으로 볼 만한 특별한 사정이 없는 한, 그러한 사유만으로 당초의 매매계약에 기하여 목적물에 대한 소유권이전등기를 구하는 것이 민법 제103조의 공서양속에 반하는 행위라고 단정할 수 없다"고 하였다. 즉 판례는 법률행위 시 정당한 행위였으므로 그 후 목적물이 범죄행위로 취득된 것을 알게 되었다고 하더라도, 법률행위 시에 반사회질서인지를 판단하였다.

② 반사회질서의 법률행위는 절대적 무효로서 선의의 제3자에게도 대항할 수 있다. 이에 비해 상대적 무효는 제3자에게 대항할 수 없는 것을 말하며, 민법 제108조 허위통정 표시는 선의의

제3자에게 대항할 수 없는 상대적 무효를 말한다.

③ 수사기관에서 참고인으로 자신이 잘 알지 못하는 내용에 대하여 허위의 진술을 하는 경우에, 허위진술의 대가로 작성된 각서에 기한 급부의 약정은 그 급부의 상당성 여부와 관계없이 사회질서에 반한다[대판 2001.4.24. 2000다71999].(2015기)

④ 법률행위의 성립 과정에 강박이라는 불법적 방법이 사용된 것에 불과한 때에는 강박에 의한 의사표시의 하자나 의사의 흠결을 이유로 효력을 논의할 수는 있을 뿐 반사회질서의 법률행위로서 무효라고 할 수 없다고 하였다[대판 2002.12.27. 2000다47361].(2010.2012.2016기) 즉, 강박의 정도가 단순한 불법적 해악의 고지로 상대방으로 하여금 공포를 느끼도록 하는 정도가 아니고, 의사표시로 하여금 의사결정을 스스로 할 수 있는 여지를 완전히 박탈한 상태에서 의사표시가 이루어져 단지 법률행위의 외형만이 만들어진 것에 불과한 정도이어야 한다고 한다[대판 2003.5.13., 2002다73708.73715].

⑤ 판례는 동기가 표시되거나 상대방에게 알려진 경우에 제103조 반사회질서의법률행위를 적용한다[대판 2001.2.9. 99다38613].

대법원 2001. 2. 9. 선고 99다38613 판결 (2020기)

민법 제103조에 의하여 무효로 되는 법률행위는 법률행위의 내용이 선량한 풍속 기타 사회질서에 위반되는 경우뿐만 아니라, 그 내용 자체는 반사회질서적인 것이 아니라고 하여도 법률적으로 이를 강제하거나 법률행위에 반사회질서적인 조건 또는 금전적인 대가가 결부됨으로써 반사회질서적 성질을 띠게 되는 경우 및 표시되거나 상대방에게 알려진 법률행위의 동기가 반사회질서적인 경우를 포함한다.

42. 통정허위표시를 기초로 새로운 법률상 이해관계를 맺은 제3자에 해당하는 자를 모두 고른 것은?(다툼이 있으면 판례에 따름)

ㄱ. 가장채권을 가압류한 자
ㄴ. 파산신고를 받은 가장채권자의 파산관재인
ㄷ. 가장소비대차의 계약상 지위를 이전받은 자

① ㄱ   ② ㄷ   ③ ㄱ, ㄴ   ④ ㄴ, ㄷ   ⑤ ㄱ, ㄴ, ㄷ

【해설】 ┈┈┈

> **제108조(통정한 허위의 의사표시)** ① 상대방과 통정한 허위의 의사표시는 무효로한다.
> ② 전항의 의사표시의 무효는 선의의 제삼자에게 대항하지 못한다.

ㄱ.

대법원 2004. 5. 28. 선고 2003다70041 판결 (2011.2012.2014.2015기)

통정한 허위표시에 의하여 외형상 형성된 법률관계로 생긴 채권을 가압류한 경우, 그 가압류권자는 허위표시에 기초하여 새로운 법률상 이해관계를 가지게 되므로 민법 제108조 제2항의 제3자에 해당한다고 봄이 상당하고, 또한 민법 제108조 제2항의 제3자는 선의이면 족하고 무과실은 요건이 아니라고 하였다.

〈보충〉 제3자에 해당하지 않는 자: 가장양수인의 일반채권자, 채권의 가장양수인으로부터 추심을 위하여 채권을 양수한 자, 자기의 채권을 보전하기 위하여 재산권의 가장양도인에 대한 가장양수인의 권리를 대위행사하는 자, 채권의 가장양도에서 채무자, 대리인의 허위표시에서 본인, 제3자를 위한 계약에서 제3자, 저당권 등 제한물권이 가장포기 된 경우 기존의 후순위 제한물권자 등은 제3자에 해당하지 않는다.

ㄴ. 파산자가 상대방과 통정한 허위의 의사표시를 통하여 가장채권을 보유하고 있다가 파산이 선고된 경우, 파산관재인은 파산채권자 전체의 공동의 이익을 위하여 직무를 수행하므로 파산자와는 독립하여 그 재산에 관하여 이해관계를 가지는 제3자에 해당한다[대판 2006.11.10. 2004다10299]. (2019.2020.2021.2023기)

ㄷ. 가장소비대차의 계약상 지위를 이전받은 자는 통정허위표시에 따라 형성된 법률관계를 기초로 하여 새로운 법률상 이해관계를 가지게 된 민법 제108조 제2항의 제3자에 해당하지 않는다.

대법원 2004. 1. 15. 선고 2002다31537 판결

구 상호신용금고법 소정의 계약이전은 금융거래에서 발생한 계약상의 지위가 이전되는 사법상의 법률효과를 가져오는 것이므로, 계약이전을 받은 금융기관은 계약이전을 요구받은 금융기관과 대출채무자 사이의 통정허위표시에 따라 형성된 법률관계를 기초로 하여 새로운 법률상 이해관계를 가지게 된 민법 제108조 제2항의 제3자에 해당하지 않는다.

43. 무권대리인 乙이 甲을 대리하여 매수인 丙과 매매계약을 체결하였고, 당시 丙은 乙이 무권대리인 이라는 사실에 대해 선의·무과실이었다. 이에 관한 설명으로 **틀린** 것은?(표현대리는 고려하지 않고, 다툼이 있으면 판례에 따름)

① 甲이 무권대리인 행위의 일부를 추인한 경우, 丙의 동의가 없더라도 추인의 효력이 있다.

② 甲이 乙로부터 丙이 지급한 매매대금을 수령한 경우, 특별한 사정이 없는 한 甲은 매매계약을 추인한 것으로 본다.

③ 甲을 단독상속한 乙이 본인 甲의 지위에서 무권대리행위의 추인을 거절하는 것은 신의칙에 반한다.

④ 丙이 상당한 기간을 정하여 甲에게 추인 여부의 확답을 최고한 경우, 甲이 그 기간 내에 확답을 발하지 않은 때에는 추인을 거절한 것으로 본다.

⑤ 甲이 乙에게 무권대리행위를 추인한 경우, 이를 알지 못한 丙은 매매계약을 철회할 수 있다.

〔해설〕 ....

① 추인은 원칙적으로 무권대리행위 전부에 대하여 해야 한다[**대판 2008.8.21. 2007다 79480**]. 따라서 무권대리행위의 일부에 대한 추인은 허용되지 않지만 상대방의 동의가 있으면 가능하다.(2015,2019기) 예컨대 甲 소유의 토지 100평을 丙이 무권대리인 乙을 통해 매수한 사 안에서 甲이 100평 중 70평만 추인하겠다고 하여, 이에 丙이 甲의 의사를 받아들여 동의하였을 경우 일부 추인이 됨으로써 계약이 유효로 되는 것을 말한다.

② 매매대금의 전부 또는 일부를 본인이 상대방 또는 무권대리인으로부터 받은 경우와 같이 본인이 무권대리행위인 계약에 기한 이행을 받는 등 권리를 행사하는 경우에 판례는 추인을 긍정하였다[**대판 1992.2.28. 91다15584**], 즉 이는 민법 제145조 각 1호 법정추인에 해당하는 것이 된다.

③ 乙이 甲을 단독상속한 경우, **대판 1994.9.27. 94다20617**은 병존설을 전제로 무권대리인인 상속인이 상속 전에 행한 무권대리행위의 추인을 거절하는 것은 신의칙에 반한다는 입장을

취한다.(2010.2011.2014.2017.2020.2021.2023기)

을이 대리권 없이 갑 소유 부동산을 병에게 매도하여 소유권이전등기를 마쳐 주었다면 그 매매계약은 무효이고, 이에 터 잡은 이전등기 역시 무효가 되나, 을은 갑의 무권대리인으로서 민법 제135조 제1항의 규정에 의하여 매수인인 병에게 부동산에 대한 소유권이전등기를 이행할 의무가 있으므로 그러한 지위에 있는 을이 갑으로부터 부동산을 상속받아 그 소유자가 되어 소유권이전등기 이행의무를 이행하는 것이 가능하게 된 시점에서 자신이 소유자라고 하여 자신으로부터 부동산을 전전매수한 정에게 원래 자신의 매매행위가 무권대리행위여서 무효였다는 이유로 정 앞으로 경료된 소유권이전등기가 무효의 등기라고 주장하여 그 등기의 말소를 청구하거나 부동산의 점유로 인한 부당이득금의 반환을 구하는 것은 금반언의 원칙이나 신의성실의 원칙에 반하여 허용될 수 없다.

④

> **제131조(상대방의 최고권)** 대리권없는 자가 타인의 대리인으로 계약을 한 경우에 상대방은 상당한 기간을 정하여 본인에게 그 추인여부의 확답을 최고 할 수 있다. 본인이 그 기간내에 확답을 발하지 아니한 때에는 추인을 거절한 것으로 본다.(2011.2015.2020.2022.2024기)

⑤

본인 甲이 상대방 丙에 대한 추인은 완전한 효력을 발생하지만, 무권대리인 乙에 대하여 하는 경우에는 丙이 추인 있었음을 알지 못하였다면 그에 대하여 추인의 효과를 주장하지 못하므로 丙은 계약을 철회할 수 있다.(2015.2022기)

44. 민법상 복대리에 관한 설명으로 옳은 것은?

① 복대리인은 대리인이 자신의 이름으로 선임한 대리인의 대리인이다.

② 대리인이 복대리인을 선임한 경우에는 대리인의 대리권은 소멸한다.

③ 임의대리인이 본인의 승낙을 얻어서 복대리인을 선임한 경우, 본인에 대하여 그 선임감독에 관한 책임이 없다.

④ 법정대리인은 본인의 승낙이나 부득이한 사유가 없으면 복대리인을 선임할 수 없다.

⑤ 법정대리인이 부득이한 사유로 복대리인을 선임한 경우, 본인에 대하여 그 선임감독에 관해서만 책임이 있다.

【해설】 ⋯⋯⋯

①

> **제123조(복대리인의 권한)** ① 복대리인은 그 권한내에서 본인을 대리한다.
> ② 복대리인은 본인이나 제삼자에 대하여 대리인과 동일한 권리의무가 있다.

복대리인이란 대리인 자신의 이름으로(대리인의 권한으로) 선임한, 본인의 대리인을 말한다. 즉 대리인의 대리인은 아니다. 따라서 복대리인이 한 대리행위의 효과는 대리인이 아니라 본인에게 귀속된다.(2010,2018,2019,2020,2021,2022,2023기)

② 복대리인을 선임한 후에도 대리인의 대리권은 소멸하지 않고, 복대리인의 대리권과 병존한다. 이는 대리인이 본인의 승낙이나, 부득이한 경우 복대리인을 선임하여 복대리인도 본인을 위해 대리 업무를 수행하기 위한 것으로 대리인의 대리권은 소멸하지 않는다.

③

> **제121조(임의대리인의 복대리인선임의 책임)** ① 전조의 규정에 의하여 대리인이 복대리인을 선임한 때에는 본인에게 대하여 그 선임감독에 관한 책임이 있다.(2020.2021.2022기)
> ② 대리인이 본인의 지명에 의하여 복대리인을 선임한 경우에는 그 부적임 또는 불성실함을 알고 본인에게 대한 통지나 그 해임을 태만한 때가 아니면 책임이 없다.

④

> **제122조(법정대리인의 복임권과 그 책임)** 법정대리인은 그 책임으로 복대리인을 선임할 수 있다. 그러나 부득이한 사유로 인한 때에는 전조 제1항에 정한 책임만이 있다.

법정대리인은 언제든지 복임권을 갖는다.(2019.2022.2023기) 법정대리인은 언제든지 복임권을 가지는 대신, 복대리인의 행위에 의하여 본인이 손해를 입으면, 복대리인의 선임감독에 관하여 과실이 없더라도 그에 대하여 전적인 책임을 진다(제122조 본문). 그 책임은 법정의 무과실책임이다. 다만 부득이한 사유로 복대리인을 선임한 경우에는 그 선임 감독상의 과실에 대해서만 책임을 진다(동조 단서).(2020기)

⑤ 민법 제121조 제1항에 의해 법정대리인이 부득이한 사유로 복대리인을 선임한 경우, 본인에 대하여 그 선임감독에 관해서만 책임이 있다.

45. 의사표시에 관한 설명으로 **틀린** 것은?(다툼이 있으면 판례에 따름)

① 의사표시의 상대방이 의사표시를 받은 때에 제한능력자인 경우, 표의자는 원칙적으로 그 의사표시로써 대항할 수 없다.

② 비진의표시에서 진의란 특정한 내용의 의사표시를 하고자 하는 표의자의 생각을 말한다.

③ 경과실로 착오에 빠진 표의자가 착오를 이유로 의사표시를 취소한 경우, 표의자는 그로 인해 손해를 입은 상대방에 대하여 불법행위로 인한 손해배상책임을 진다.

④ 통정허위표시로서 무효인 법률행위도 채권자취소권의 대상이 될 수 있다.

⑤ 공무원의 사직 의사표시와 같은 사인의 공법행위에는 비진의표시에 관한 민법 규정이 준용되지 않는다.

【해설】 ┈┈

①

> **제112조(제한능력자에 대한 의사표시의 효력)** 의사표시의 상대방이 의사표시를 받은 때에 제한능력자인 경우에는 의사표시자는 그 의사표시로써 대항할 수 없다. 다만, 그 상대방의 법정대리인이 의사표시가 도달한 사실을 안 후에는 그러하지 아니하다.

② 삼성 스마트폰을 진정 원했지만 경제성을 고려하여 조금 마음에 안 들었지만 타사 제품을 선택하여 구매한 경우와 같이 개인의 사정으로 차선을 특정하여 선택하였다 하여 진정 바라는 생각과 일치하지 않은 것에 대해 진의 아닌 의사표시라 말할 수 없는 것이다. 비진의표시에서 진의의 의미에 관하여 **대판 2003.4.25. 2002다11458**은 "진의 아닌 의사표시에 있어서의 '진의'란 특정한 내용의 의사표시를 하고자 하는 표의자의 생각을 말하는 것이지(2016기) 표의자가 진정으로 마음속에서 바라는 사항을 뜻하는 것은 아니므로, 당시의 상황에서는 그것이 최선이라고 판단하여 그 의사표시를 하였을 경우에는 이를 내심의 효과의사가 결여된 진의 아닌 의사표시라고 할수 없다"고 하였는데, 같은 취지에서 **대판 2002.12.27. 2000다47361**은 비록 재산을 강제로 뺏긴다는 것이 표의자의 본심으로 잠재되어 있었다 하여도 표의자가 강박

에 의해서나마 증여를 하기로 하고 그에 따른 증여의 의사표시를 한 이상 증여의 내심의 효과 의사가 결여된 것이라고 할 수 없다.

③ 착오취소의 경우에 상대방의 보호가 문제된다(현행법은 착오취소의 요건으로 표의자 측의 사정만을 고려한다). 그런데 착오자에게 경과실이 있었더라도, 착오에 빠진 것 자체가 위법하지는 않기 때문에 피해자라고 할 상대방에게 불법행위에 기한 손해배상이 반드시 인정되는 것은 아니다[대판 1997.8.22. 97다13023].(2010.2020기) 예컨대 진돗개를 잡종견인줄 알고 헐값에 판 경우, 고려자기를 일반 자기로 알고 판 경우, 구리 반지를 금반지로 알고 산 경우와 같이 상대방에게 불법행위나 손해를 준 예는 아닐 것이다.

④ 대판 2012.7.26. 2012다3086은 채무자의 법률행위가 허위표시로 무효인 경우에도 채권자취소권의 대상이 될 수 있고, 채권자취소권의 대상으로 된 채무자의 법률행위도 허위표시의 요건을 갖춘 경우에는 무효라고 한다.(2019.2020.2024기)

⑤ 공법상의 의사표시 및 친족법상의 행위(본인의 의사가 절대적으로 존중되어야 한다)와 거래의 안전이 중시되는 주식인수의 청약 등에 대하여는 진의 아닌 의사표시가 적용되지 않는다. 또한 상대방 없는 의사표시에 대하여 제107조는 적용되지 않는다. 즉 표의자는 언제나 자기의 진의와 일치하지 않는 표시의 효력을 부인할 수 있다.

대법원 1997. 12. 12. 선고 97누13962 판결

공무원이 사직의 의사표시를 하여 의원면직처분을 하는 경우 그 사직의 의사표시는 그 법률관계의 특수성에 비추어 외부적·객관적으로 표시된 바를 존중하여야 할 것이므로, 비록 사직원 제출자의 내심의 의사가 사직할 뜻이 아니었다고 하더라도 진의 아닌 의사표시에 관한 민법 제107조는 그 성질상 사직의 의사표시와 같은 사인의 공법행위에는 준용되지 아니하므로 그 의사가 외부에 표시된 이상 그 의사는 표시된 대로 효력을 발한다.

46. 착오로 인한 의사표시에 관한 설명으로 <u>틀린</u> 것은?(다툼이 있으면 판례에 따름)

① 착오로 인한 의사표시의 취소권은 당사자들이 합의에 의하여 배제할 수 없다.

② 착오로 인하여 표의자가 경제적 불이익을 입은 것이 아니라면 이를 법률행위 내용의 중요 부분의 착오라고 할 수 없다.

③ 표의자의 중대한 과실에 관한 증명책임은 의사표시를 취소하게 하지 않으려는 상대방에게 있다.

④ 착오로 인한 취소권은 추인할 수 있는 날로부터 3년 내에, 법률행위를 한 날로부터 10년 내에 행사하여야 한다.

⑤ 매도인이 매수인의 채무불이행을 이유로 매매계약을 적법하게 해제한 후에도 매수인은 착오를 이유로 그 계약을 취소할 수 있다.

【해설】

① 계약 당사자들이 착오를 이유로 한 취소권을 배제할 것을 합의한 경우에, 임의규정인 제109조의 적용이 배제된다. 예컨대 주변에 지하철역이 들어선다는 소문을 들은 甲이 착오에 빠져 乙 소유 아파트를 주변 시세보다 고가로 매수하면서 매도인 乙이 지하철 역사가 들어서지 않을 경우에도 매매계약을 취소할 수 없는 것으로 甲, 乙간 합의하였다면 매수인 甲은 착오로 계약을 취소할 수 없을 것이다.

② "착오가 법률행위 내용의 중요 부분에 있다고 하기 위하여는 표의자에 의하여 추구된 목적을 고려하여 합리적으로 판단하여 볼 때 표시와 의사의 불일치가 객관적으로 현저하여야 하고, 만일 그 착오로 인하여 표의자가 무슨 경제적인 불이익을 입은 것이 아니라고 한다면 이를 법률행위 내용의 중요 부분의 착오라고 할 수 없다"고 하였다[대판 1999.2.23. 98다47924]. 예컨대 고려청자를 진품인줄 알고 고가로 구매하였으나 진품이 아닌 것으로 밝혀졌을 경우 이는 착오로 인하여 매수인의 경제적 불이익이 크므로 법률행위의 중요한 부분의 착오로 취소할 수 있을 것이나, 구리 반지를 금반지로 알고 구리 가격에 상응하는 저렴한 가격으로 구매하였다면 중요 부분의 착오라 할 수 없을 것이다.

③ 적극요건인 착오의 존재 및 그 착오가 법률행위의 내용의 중요 부분에 관한 것이라는 점에 대한 증명책임은 표의자가 진다. 반면 소극요건인 중대한 과실이 있다는 점에 대한 증명책임은 착오를 이유로 의사표시를 취소하고자 하는 표의자의 상대방이 부담한다[대판 2005.5.12. 2005다6228].(2015기)

④

> **제146조(취소권의 소멸)** 취소권은 추인할 수 있는 날로부터 3년내에 법률행위를 한 날로부터 10년내에 행사하여야 한다.(2016.2018.2021.2022.2024)

여기서 추인할 수 있는 날이란 취소 원인의 종료로 취소권 행사에 대한 장애가 없어져 취소권자가 취소의 대상인 법률행위를 추인할 수도 있고 취소할 수도 있는 상태로 된 때를 가리킨다.

⑤ 판례는 이른바 무효와 취소의 이중효에 기하여 매도인이 매수인의 중도금 지급의무 불이행을 이유로 매매계약을 적법하게 해제한 후에라도, 매수인은 상대방이 한 계약해제의 효과로 발생하는 손해배상책임을 지거나 매매계약에 따른 계약금의 반환을 받을 수 없는 불이익을 면하기 위하여 착오를 이유로 한 취소권을 행사하여 위 매매계약 자체를 무효로 돌리게 할 수 있다고 하였다. [대판 1996.12.6. 95다24982](2011.2012.2015.2016.2018.2020.2021.2024기)

47. 불공정한 법률행위에 관한 설명으로 <u>틀린</u> 것은?

① 궁박에는 경제적인 궁박뿐만 아니라 정신적·심리적 궁박도 포함된다.

② 무경험은 거래 일반에 대한 경험 부족이 아니라 해당 법률행위가 속한 특정 영역에서의 경험 부족을 뜻한다.

③ 급부와 반대급부 사이의 현저한 불균형은 구체적·개별적 사안에서 일반인의 사회통념에 따라 결정된다.

④ 불공정한 법률행위에도 무효행위의 전환에 관한 법리가 적용될 수 있다.

⑤ 대리인에 의해 법률행위가 이루어진 경우, 궁박은 본인을 기준으로 판단한다.

【해설】 ....

> **제104조(불공정한 법률행위)** 당사자의 궁박, 경솔 또는 무경험으로 인하여 현저하게 공정을 잃은 법률행위는 무효로 한다.

① ②

> 대법원2002. 10. 22. 선고 2002다38927 판결 (2013,2014,2017,2018기)

궁박이라 함은 '급박한 곤궁'을 의미하는 것으로서 경제적 원인에 기인할 수도 있고 정신적 또는 심리적 원인에 기인할 수도 있으며, '무경험'이라 함은 일반적인 생활 체험의 부족을 의미하는 것으로서 어느 특정 영역에 있어서의 경험 부족이 아니라 거래 일반에 대한 경험 부족을 뜻하고, 한편 피해 당사자가 궁박, 경솔 또는 무경험의 상태에 있었다고 하더라도 그 상대방 당사자에게 그와 같은 피해 당사자 측의 사정을 알면서 이를 이용하려는 의사, 즉 폭리행위의 악의가 없었다거나 또는 객관적으로 급부와 반대급부 사이에 현저한 불균형이 존재하지 아니한다면 불공정 법률행위는 성립하지 않는다.

③ **대판 2010.7.15. 2009다50308**은 급부와 반대급부 사이의 '현저한 불균형'은 단순히 시가와

의 차액 또는 시가와의 배율로 판단할 수 있는 것은 아니고 구체적 개별적 사안에 있어서 일반인의 사회통념에 따라 결정하여야 한다.(2018기)

대법원 2010.7.15. 선고 2009다50308 판결

급부와 반대급부 사이의 '현저한 불균형'은 단순히 시가와의 차액 또는 시가와의 배율로 판단할 수 있는 것은 아니고 구체적·개별적 사안에 있어서 일반인의 사회통념에 따라 결정하여야 한다. 그 판단에 있어서는 피해 당사자의 궁박·경솔 무경험의 정도가 아울러 고려되어야 하고, 당사자의 주관적 가치가 아닌 거래상의 객관적 가치에 의하여야 한다.

④

대법원 2010. 7. 15. 선고 2009다50308 판결 (2014.2017.2018.2020.2023기)

매매계약이 약정된 매매대금의 과다로 말미암아 민법 제104조에서 정하는 '불공정한 법률행위'에 해당하여 무효인 경우에도 무효행위의 전환에 관한 민법 제138조가 적용될 수 있다. 따라서 당사자 쌍방이 위와 같은 무효를 알았더라면 대금을 다른 액으로 정하여 매매계약에 합의하였을 것이라고 예외적으로 인정되는 경우에는, 그 대금액을 내용으로 하는 매매계약이 유효하게 성립한다.

▶ 재건축사업 부지에 포함된 토지에 대하여 재건축사업조합과 토지의 소유자가 체결한 매매계약이 매매대금의 과다로 말미암아 불공정한 법률행위에 해당하지만, 그 매매대금을 적정한 금액으로 감액하여 매매계약의 유효성을 인정한 사례.

⑤

대법원 2002. 10. 22. 선고 2002다38927 판결 (2020.2023기)

대리인에 의하여 법률행위가 이루어진 경우 그 법률행위가 민법 제104조의 불공정한 법률행위에 해당하는지 여부를 판단함에 있어서 경솔과 무경험은 대리인을 기준으로 하여 판단하고, 궁박은 본인의 입장에서 판단하여야 한다.

48. 법률행위의 부관에 관한 설명으로 **틀린** 것은?(다툼이 있으면 판례에 따름)

① 불법조건이 붙은 법률행위는 법률행위 전부가 무효로 된다.

② 법률행위에 조건이 붙어 있는지에 대한 증명책임은 그 조건의 존재를 주장하는 자에게 있다.

③ 기한의 이익은 채무자를 위한 것으로 추정되므로 기한이익의 상실에 관한 당사자 간의 특약은 효력이 없다.

④ 불확정한 사실이 발생한 때를 이행기로 정한 경우, 그 사실의 발생이 불가능한 것으로 확정된 때에도 이행기는 도래한 것으로 본다.

⑤ 조건부 권리는 조건 성취가 미정한 동안에도 일반규정에 의해 담보로 할 수 있다.

【해설】 ....

① 조건부 법률행위에서 조건의 내용 자체가 불법적인 것이어서 무효인 경우 또는 조건을 붙이는 것이 허용되지 않는 법률행위에 조건을 붙인 경우에, 그 조건만을 분리하여 무효로 할 수는 없고 그 법률행위 전부가 무효로 된다[대결 2005.11.8. 2005마541].(2021.2022기)

② 조건성취 사실에 대한 증명책임은 조건의 성취로 인하여 법률행위의 효력이 확정되었음을 주장하는 자(정지조건의 경우에 권리를 취득하는 자, 해제조건의 경우에는 의무를 면하는 자)가 부담한다[대판 1984.9.25. 84다카967].(2017.2023기)

③

> **제153조(기한의 이익과 그 포기)** ① 기한은 채무자의 이익을 위한 것으로 추정한다.
> ② 기한의 이익은 이를 포기할 수 있다. 그러나 상대방의 이익을 해하지 못한다.

일반적으로 기한이익 상실의 특약이 채권자를 위하여 둔 것으로서 기한이익의 상실에 관한 당사자 간의 특약은 효력이 있다. 예컨대 채무자가 약정일자보다 먼저 대여금을 상환한다 하더라도 기한이익의 포기에 대한 선일자의 이자만 부담하는 특약을 할 수 있다.

④ 기한은 법률행위의 효력을 '장래에 확실한 사실'에 의존케 한다는 점에서 법률행위의 효력을 장래의 불확실한 사실에 의존케 하는 조건과 구별된다. 그런데 "출세하면 돈을 준다"고 한 경우와 같이 조건인지 기한인지가 명확하지 않은 경우가 있는 바, 당사자의 의사해석에 의하여 판단할 것이다. 즉 부관에 표시된 사실이 발생하지 않으면 부관의 효력이 발생하지 않는다고 보는 것이 상당하다면 조건으로 보아야 하는 반면, 표시된 사실이 발생한 때는 물론이고 발생하지 않는 것으로 확정되더라도 부관이 효력이 발생하는 것으로 보는 것이 상당한 경우에는 표시된 사실의 발생 여부가 확정되는 것을 불확정기한으로 정한 것으로 보아야 한다[대판 2003.8.19. 2003다24215].(2019.2022.2024기)

⑤

> **제149조(조건부권리의 처분 등)** 조건의 성취가 미정한 권리의무는 일반규정에 의하여 처분, 상속, 보존 또는 담보로 할 수 있다.(2011.2012.2014.2018기)

49. 법률행위의 무효에 관한 설명으로 틀린 것은?(다툼이 있으면 판례에 따름)

① 무효행위의 추인은 묵시적인 방법으로도 할 수 있다.

② 무효행위의 추인은 그 무효 원인이 소멸한 후에 하여야 한다.

③ 무효인 법률행위는 그에 따른 법률효과를 침해하는 것처럼 보이는 위법행위가 있더라도 법률효과의 침해에 따른 손해배상을 청구할 수 없다.

④ 무권리자의 처분이 계약으로 이루어진 경우, 권리자가 이를 추인하면 계약의 효과는 원칙적으로 추인한 때부터 권리자에게 귀속한다.

⑤ 토지거래허가구역 안의 토지거래계약이 허가를 받지 못해 유동적 무효인 상태에서 허가구역 지정이 해제되면 그 계약은 확정적 유효가 된다.

① 법률행위가 무효임을 알고 추인하여야 한다. 무효행위의 추인의 의사표시는 묵시적으로 행하여질 수 있다.

> **대법원 2014. 3. 27. 선고 2012다106607 판결**

추인은 묵시적으로도 가능하나, 위와 같은 법리를 고려하면, 당사자가 이전의 법률행위가 존재함을 알고 그 유효함을 전제로 하여 이에 터 잡은 후속행위를 하였다고 해서 그것만으로 이전의 법률행위를 묵시적으로 추인하였다고 단정할 수는 없고, 묵시적 추인을 인정하기 위해서는 이전의 법률행위가 무효임을 알거나 적어도 무효임을 의심하면서도 그 행위의 효과를 자기에게 귀속시키도록 하는 의사로 후속행위를 하였음이 인정되어야 할 것이다.(2021기)

②

> **제139조(무효행위의 추인)** 무효인 법률행위는 추인하여도 그 효력이 생기지 아니한다. 그러나 당사자가 그 무효임을 알고 추인한 때에는 새로운 법률행위로 본다.

법률행위가 무효임을 알고 추인하여야 한다. 추인의 의사표시는 묵시적으로 행하여질 수 있다 그런데 무효행위의 추인은 무효사유가 종료된 후에 하여야 한다[대판 1997.12.12. 95다38240]. (2013.2021기) 그 밖에 새로운 법률행위가 유효이어야 함은 당연하다. 따라서 사회질서에 반하는 법률행위로서 무효인 경우에, 추인에 의하여 유효로 될 수 없다[대판 2002.3.15. 2001다77352].

> **대법원 1997. 12. 12. 선고 95다38240 판결**

무효행위의 추인은 그 무효 원인이 소멸한 후에 하여야 그 효력이 있고, 따라서 강박에 의한 의사표시임을 이유로 일단 유효하게 취소되어 당초의 의사표시가 무효로 된 후에 추인한 경우 그 추인이 효력을 가지기 위하여는 그 무효 원인이 소멸한 후일 것을 요한다고 할 것인데, 결국 무효 원인이 소멸한 후란 것은 당초의 의사표시의 성립 과정에 존재하였던 취소의 원인이 종료된 후, 즉 강박 상태에서 벗어난 후라고 보아야 한다.

③

대법원 2003. 3. 28. 선고 2002다72125 판결

무효인 법률행위는 그 법률행위가 성립한 당초부터 당연히 효력이 발생하지 않는 것이므로, 무효인 법률행위에 따른 법률효과를 침해하는 것처럼 보이는 위법행위나 채무불이행이 있다고 하여도 법률효과의 침해에 따른 손해는 없는 것이므로 그 손해배상을 청구할 수는 없다.

④ 판례는 타인의 권리를 자기의 이름으로 또는 자기의 권리로 처분한 후에 본인이 그 처분을 인정하였다면, 특별한 사정이 없는 한 그 처분은 본인에 대하여 계약을 체결하였을 때에 효력이 발생한다고 한다.

대법원 2017. 6. 8. 선고 2017다3499 판결 (2017기)

권리자가 무권리자의 처분을 추인하면 무권대리에 대해 본인이 추인을 한 경우와 당사자들 사이의 이익 상황이 유사하므로, 무권대리의 추인에 관한 민법 제130조, 제133조 등을 무권리자의 추인에 유추 적용할 수 있다. 따라서 무권리자의 처분이 계약으로 이루어진 경우에 권리자가 이를 추인하면 원칙적으로 계약의 효과가 계약을 체결했을 때에 소급하여 권리자에게 귀속된다고 보아야 한다.

⑤ 거래 계약을 체결한 후 허가구역 지정해제 등이 된 때에는 더 이상 관할 행정청으로부터 토지거래허가를 받을 필요가 없이 확정적으로 유효로 되어 거래 당사자는 그 계약에 기하여 바로 토지의 소유권 등 권리의 이전 또는 설정에 관한 이행청구를 할 수 있고, 상대방도 반대급부의 청구를 할 수 있다고 보아야 할 것이지, 여전히 그 계약이 유동적 무효 상태에 있다고 볼 것은 아니라고 하였다. 그리고 토지거래허가구역 지정 기간이 만료되었으나 재지정이 없는 경우, 토지거래허가 계약은 확정적으로 유효로 된다.

50. 법률행위의 취소에 관한 설명으로 옳은 것을 모두 고른 것은?(다툼이 있으면 판례에 따름)

> ㄱ. 취소권자에 대한 상대방의 이행청구는 법정추인 사유가 아니다.
> ㄴ. 제한능력을 이유로 법률행위가 취소된 경우, 악의의 제한능력자는 그 행위로 인하여 받은이익이 현존하는 한도에서 상환할 책임이 있다.
> ㄷ. 표의자의 착오로 상대방이 알고 이를 이용한 경우라도 그 착오가 표의자의 중대한 과실로 인한 것이면 표의자는 의사표시를 취소할 수 없다.

① ㄱ   ② ㄷ   ③ ㄱ, ㄴ   ④ ㄴ, ㄷ   ⑤ ㄱ, ㄴ, ㄷ

【해설】 ··

ㄱ. 이행의 청구에서는 취소권자가 청구하는 경우에 한하여 법정추인이 된다. 따라서 취소권자의 상대방은 법정추인 사유에 해당하지 않는다.

ㄴ.

> **제141조(취소의 효과)** 취소된 법률행위는 처음부터 무효인 것으로 본다. 다만, 제한능력자는 그 행위로 인하여 받은 이익이 현존하는 한도에서 상환(償還)할 책임이 있다.(2016기)

제한능력자는 취소된 행위에 의하여 받은 이익이 현존하는 한도에서 상환하면 되는데, 설사 악의라도 현존이익만을 반환하면 된다. 따라서 받은 것을 이미 소비한 경우에 이익은 현존하지 않지만, 필요한 비용(예: 등록금이나 생활비, 임차료 등)에 충당하였다면 다른 재산의 소비를 면한 것이므로 그 한도에서 이익은 현존하는 것으로 되는 바, 이를 지출의 절약이라고 한다.(2016기)

ㄷ.

> 대법원 2014. 11. 27. 선고 2013다49794 판결 (2017,2020,2024기)

민법 제109조 제1항 단서는 의사표시의 착오가 표의자의 중대한 과실로 인한 때에는 그 의사표시를 취소하지 못한다고 규정하고 있는데, 위 단서 규정은 표의자의 상대방의 이익을 보호하기 위한 것이므로, 상대방이 표의자의 착오를 알고 이를 이용한 경우에는 착오가 표의자의 중대한 과실로 인한 것이라고 하더라도 표의자는 의사표시를 취소할 수 있다.

51. 등기청구권의 법적 성질에 관한 설명으로 옳은 것을 모두 고른 것은?(다툼이 있으면 판례에 따름)

> ㄱ. 매매계약에 기한 매수인의 소유권이전등기청구권은 물권적 청구권이다.
> ㄴ. 무효인 등기의 말소등기에 갈음하는 진정명의회복을 원인으로 한 소유권이전등기청구권은 물권적 청구권이다.
> ㄷ. 점유취득시효 완성을 원인으로 한 소유권이전등기청구권은 채권적 청구권이다.

① ㄱ   ② ㄷ   ③ ㄱ, ㄴ   ④ ㄴ, ㄷ   ⑤ ㄱ, ㄴ, ㄷ

【해설】 ....

ㄱ. 물권적 청구권은 소멸시효에 걸리지 않지만, 반면 채권적 청구권은 10년의 소멸시효에 걸린다. 예컨대 매매의 경우에 매도인의 재산권 이전의무에 대응하는 매수인의 재산권이전 청구권의 핵심적 내용으로 매수인의 등기청구권은 채권행위로부터 발생하는 채권적 청구권이다.(2011.2019기)

ㄴ. 진정명의 회복을 위한 소유권이전등기청구권은 진정한 소유자의 등기명의회복을 위한 방해제거청구권(제214조)에 해당한다는 점에서 물권적 청구권이다. 예컨대 A 소유의 부동산에 관하여 B가 위조문서를 사용하여 자기 앞으로 원인무효의 소유권이전등기를 경료한 경우와 같이 실체관계와 등기가 불일치하는 경우에 물권자가 가지는 등기청구권은 진정한 권리자의 물권적 청구권(제214조)의 성질을 가진다.

ㄷ. 점유시효취득의 경우에 소유권이전등기청구권은 제245조 제1항에서 등기함으로써 소유권을 취득한다 하였으므로 채권적 청구권이다. (2011.2013.2023기)

52. 민법상 물권에 관한 설명으로 <u>틀린</u> 것은?(다툼이 있으면 판례에 따름)

① 온천권은 관습법상의 물권이라고 볼 수 없다.

② 유치물과 견련관계가 인정되지 않는 채권을 피담보채권으로 하는 유치권을 인정하는 것은 물권법정주의에 반하지 않는다.

③ 저당권은 당사자 약정뿐만 아니라 법률의 규정에 의해서도 성립될 수 있다.

④ 전세권자가 사용 수익의 권능을 완전히 배제하고 채권담보만을 위하여 전세권을 설정받는 것은 물권법정주의에 반한다.

⑤ 근린공원을 자유롭게 이용한 사정만으로 그 공원 인근 주민들이 공원이용권이라는 배타적 권리를 취득하였다고 볼 수 없다.

【해설】 ··

①

대법원 1972. 8. 29. 선고 72다1243 판결 (2015.2021기)

온천에 관한 권리는 관습상의 물권이나 준물권이라 할 수 없고 온천수는 공용수 또는 생활상 필요한 용수에 해당되지 않는다.

甲은 부산시 동래구 온천동 일대의 지하에서 용출하는 온천(세칭 동래온천)은 甲의 물권의 일종인 관습상 전용권을 갖고 있는 온천이었다는 사실을 전제로 乙이 인근 자기 소유의 대지에 온천수를 용출하는 시설을 갖추고 온천수를 용출하자 甲은 전용권을 침해하는 불법행위에 해당되는 것이 있다 하여 乙에 대하여 그 설비들의 제거와 그 설비들로 인한 온천수량 감소에 대한 손해의 배상을 소구한 사안에서 위와 같이 판결하였다. 따라서 민법 제236조에 해당하지 않는다.

② 유치권은 타인의 물건을 점유하는 자가 그 물건과 견련관계에 있는 채권을 가지는 경우에 성립하는 것으로, 예컨대 甲이 乙에게 빌려준 대여금을 상환하지 않자 乙의 상가건물에 물건을 쌓아 놓고 유치권을 행사하는 것은 견련관계가 인정되지 않는 것으로 물권법정주의에 반하는 것이다.

③

> **제649조(임차지상의 건물에 대한 법정저당권)** 토지임대인이 변제기를 경과한 최후 2년의 차임채권에 의하여 그 지상에 있는 임차인 소유의 건물을 압류한 때에는 저당권과 동일한 효력이 있다.

피담보채권으로 인한 담보권설정계약은 양 당사자의 약정에 의한 법률행위에 의한 저당권인 것이고, 민법 제649조 임차지상의 건물에 대한 법정저당권은 법률규정에 의한 저당권이다.

④ **대판 1995.2.10. 94다18508**도 "당사자가 주로 채권담보의 목적으로 전세권을 설정하였고, 그 설정과 동시에 목적물을 인도하지 아니한 경우라 하더라도, 장차 전세권자가 목적물을 사용 수익하는 것을 완전히 배제하는 것이 아니라면, 그 전세권의 효력을 부인할 수는 없다"고 하였다.(2010.2016.2017.2018.2021.2023기) 따라서 전세권자가 사용 수익의 권능을 완전히 배제하고 채권담보만을 위하여 전세권을 설정받는 것은 물권법정주의에 반한다.

〈참고〉 대법원 1995. 2. 10. 선고 94다18508 판결

[1] 전세금의 지급은 전세권 성립의 요소가 되는 것이지만, 그렇다고 하여 전세금의 지급이 반드시 현실적으로 수수되어야만 하는 것은 아니고 기존의 채권으로 전세금의 지급에 갈음할 수도 있다.
[2] 채권담보를 위하여 담보권을 설정하는 경우 채권자와 채무자 및 제3자 사이에 합의가 있으면 채권자가 그 담보권의 명의를 제3자로 하는 것도 가능하고, 이와 같은 경우에는 채무자와 담보권명의자인 제3자 사이에 담보계약관계가 성립하는 것으로 그 담보권명의자는 그 피담보

채권을 수령하고 그 담보권을 실행하는 등의 담보계약상의 권한을 가진다.

⑤

대법원 1995. 5. 23. 94마2218 결정 (2015.2021기)

도시공원법상 근린공원으로 지정된 공원은 일반 주민들이 다른 사람의 공동 사용을 방해하지 않는 한 자유로이 이용할 수 있지만, 그러한 사정만으로 인근 주민들이 누구에게나 주장할 수 있는 공원이용권이라는 배타적인 권리를 취득하였다고는 할 수 없고, 골프연습장 설치인가 처분에 하자가 있다는 이유만으로는 근린공원 내의 개인 소유 토지상에 골프연습장을 설치하는 것이 인근 주민들에 대한 불법행위가 된다고 할 수도 없다.

53. 권리의 객체가 토지인 경우, 그 토지를 점유할 권리가 인정되지 않는 물권을 모두 고른 것은?

> ㄱ. 저당권
> ㄴ. 전세권
> ㄷ. 지상권

① ㄱ   ② ㄷ   ③ ㄱ, ㄴ   ④ ㄴ, ㄷ   ⑤ ㄱ, ㄴ, ㄷ

【해설】 ···

ㄱ. 저당권이란 채권자가 채무담보를 위하여 채무자 또는 제3자(물상보증인)가 제공한 부동산 기타 목적물의 점유를 이전받지 않은 채 그 목적물을 관념상으로만 지배하다가, 채무의 변제가 없으면 그 목적물로부터 우선변제를 받을 수 있는 담보물권을 말한다.

ㄴ. 전세권은 전세금을 지급하고 타인의 부동산을 점유하여 그 부동산을 용도에 좇아 사용

수익하는 용익물권으로, 그 소멸 시 목적 부동산의 매각대금으로부터 전세금의 우선변제를 받을 수 있는 권능이 인정된다.

ㄷ. 지상권은 타인의 토지에 건물 기타 공작물이나 수목을 소유하기 위하여 그 토지를 점유하여 사용하는 권리이다, 용익물권이라는 점에서 지역권 및 전세권과 공통되지만, 공작물이나 수목을 소유하기 위하여 타인의 토지를 점유하여 사용한다는 점에서 소유를 목적으로 하지 않는 지역권이나 전세권과 다르다.

54. 민법상 합유에 관한 설명으로 <u>틀린</u> 것은?(특별한 사정이 없으며, 다툼이 있으면 판례에 따름)

① 합유자의 권리는 합유물 전부에 미친다.
② 합유는 조합체의 해산으로 인하여 종료한다.
③ 합유자는 조합체가 존속하는 한 합유물의 분할 청구하지 못한다.
④ 합유자는 합유자 전원의 동의 없이 합유지분을 처분할 수 없다.
⑤ 부동산에 관한 합유지분의 포기는 등기 없이도 물권변동의 효력이 생긴다.

【해설】 ···

①

> **제271조(물건의 합유)** ① 법률의 규정 또는 계약에 의하여 수인이 조합체로서 물건을 소유하는 때에는 합유로 한다. 합유자의 권리는 합유물 전부에 미친다.
> ② 합유에 관하여는 전항의 규정 또는 계약에 의하는 외에 다음 3조의 규정에 의한다.

②

> **제274조(합유의 종료)** ① 합유는 조합체의 해산 또는 합유물의 양도로 인하여 종료한다.(2016기)
> ② 전항의 경우에 합유물의 분할에 관하여는 공유물의 분할에 관한 규정을 준용한다.

③

> **제273조(합유지분의 처분과 합유물의 분할금지)** ① 합유자는 전원의 동의없이 합유물에 대한 지분을 처분하지 못한다.(2018,2022,2023기)
> ② 합유자는 합유물의 분할을 청구하지 못한다.(2023기)

조합체가 존속하는 한 합유자는 합유물의 분할을 청구할 수 없다. 다만 부득이한 사유가 있으면 각 조합원은 조합체의 해산을 청구할 수 있으며(제720조), 이러한 경우에 합유의 종료에 따라 합유물이 분할될 수 있다.

④ 제273조 제1항 합유자는 전원의 동의없이 합유물에 대한 지분을 처분하지 못한다.

⑤ 합유지분의 포기는 조합으로부터의 탈퇴에 대한 물권법적인 표현이라고 할 수 있으므로, 조합계약에서 따로 정하고 있지 않으면, 조합에서의 탈퇴와 같은 방식, 즉 나머지 합유지분권자들에게 균분하여 귀속하게 되지만[**대판 1994.2.25. 93다39225**] 그와 같은 물권 변동은 합유지분권의 포기라고 하는 법률행위에 의한 것이므로 민법 제186조에 따라 등기해야 효력이 생긴다(그 등기가 이루어지지 않는 동안에는 지분을 포기한 자가 제3자에 대해서는 여전히 합유지분권자가 된다)[**대판 1977.9.9. 96다16896**].

55.
甲 소유의 X토지를 乙이 20년 이상 소유의 의사로 평온, 공연하게 현재까지 점유하고 있다. 乙은 甲에게 취득시효 완성을 이유로 X토지의 소유권이전등기를 청구하였지만, 아직 등기는 이전받지 못하였다. 이후 발생한 아래 각 상황에 관한 설명으로 <u>틀린</u> 것은?(다툼이 있으면 판례에 따름)

① 甲이 X토지 위에 비닐하우스를 설치한 경우, 乙은 甲에게 점유권에 기한 방해배제를 청구할 수 있다.

② 甲은 乙에게 X토지의 점유로 인한 손해의 배상을 청구할 수 없다.

③ 甲은 乙에게 X토지의 점유로 인한 부당이득의 반환을 청구할 수 없다.

④ X토지가 수용되어 甲이 보상금을 수령한 경우, 乙은 甲에게 보상금의 반환을 청구할 수 없다.

⑤ 甲이 乙의 시효 완성 사실을 알면서도 丙에게 X토지를 처분하여 취득시효 완성에 따른 소유권 이전등기의무가 이행불능이 된 경우, 乙은 甲에게 불법행위로 인한 손해배상을 청구할 수 있다.

【해설】

① **대판 2005.3.25. 2004다23899**는 "취득시효가 완성된 점유자는 점유권에 기하여 점유방해의 배제를 청구를 할 수 있다"고 하였으므로 시효 취득자 乙은 소유권이전등기 전이므로 소유자 甲에게 소유권에 기한 방해제거청구권을 행사할 수는 없고 점유권에 기한 비닐하우스 방해배제를 청구할 수 있다.

② 민법 제247조 제1항에 따라 시효 취득자의 소유권 취득 이전의 점유는 원소유자에 대해 소급하여 적법한 점유가 된다. 따라서 원소유자는 점유자에게 그동안의 점유에 대해 손해배상청구나 부당이득 반환청구를 할 수 없다. 즉 甲은 乙에게 X토지의 점유로 인한 손해의 배상을 청구할 수 없다.

③ 시효가 완성됨에 따라 시효권리자에게 등기를 해 줄 의무를 지는 소유명의자 甲은 시효권리자 乙에 대하여 불법점유임을 이유로 건물의 철거 및 또는 대지의 인도를 청구할 수 없고 [**대판 1988.5.10. 87다카1979**], 점유로 인한 부당이득의 반환청구도 할 수 없다[**대판 1993.5.25. 92다51820**]. 이는 취득시효를 인정하는 법률의 규정이 법률상 원인을 이루기 때문

이다.(2021,2023기)

대법원 1993. 5. 25. 선고 92다51280 판결 (2012,2021,2023기)

부동산에 대한 취득시효가 완성되면 점유자는 소유 명의자에 대하여 취득시효 완성을 원인으로 한 소유권이전등기절차의 이행을 청구할 수 있고, 소유 명의자는 이에 응할 의무가 있으므로 점유자가 그 명의로 소유권이전등기를 경료하지 아니하여 아직 소유권을 취득하지 못하였다고 하더라도 소유 명의자는 점유자에 대하여 점유로 인한 부당이득반환청구를 할 수 없다.

④ **대판 1996.12.10. 94다43825**는 "대상청구권을 행사하기 위하여는, 그 이행불능 전에 등기 명의자에 대하여 점유로 인한 부동산 소유권 취득기간이 만료되었음을 이유로 그 권리를 주장하였거나 그 취득기간 만료를 원인으로 한 등기청구권을 행사하였어야 한다." 하였으므로 지문에서 이후 발생한 상황에 대한 질의로서 乙이 甲에게 취득시효 완성을 이유로 X토지의 소유권이전등기를 토지가 수용되기 전 청구한 사실이 있으므로 소유권이전등기 청구 이후 X토지가 수용되었으므로 乙은 甲에게 대상청구권 행사로 보상금의 반환을 청구할 수 있다.

⑤ 소유 명의자 甲이 자신의 토지에 대하여 시효가 완성된 사실을 알고 이를 제3자 丙에게 X토지를 처분하여 소유권이전등기를 넘겨줌으로써 시효 완성을 원인으로 한 소유권이전등기의무를 이행불능에 빠뜨려 시효권리자 乙에게 손해를 입혔다면, 불법행위를 구성하여 손해배상책임이 발생하며, 만일 그 제3자 丙이 소유 명의자의 이러한 불법행위에 적극 가담하였다면, 사회질서에 반하는 행위로 무효라 할 것이다[**대판 1995.6.30. 94다52416**].

대법원 1995. 6. 30. 선고 94다52416

부동산 소유자가 자신의 부동산에 대하여 취득시효가 완성된 사실을 알고 이를 제3자에게 처분하여 소유권이전등기를 넘겨줌으로써 취득시효 완성을 원인으로 한 소유권이전등기의무를 이행불능에 빠뜨려 시효취득을 주장하는 자에게 손해를 입혔다면 불법행위를 구성하며, 이 경우 부동산을 취득한 제3자가 부동산 소유자의 이와 같은 불법행위에 적극 가담하였다면 이는 사회질서에 반하는 행위로서 무효이다.

56.
甲, 乙, 丙이 각각 4/7, 2/7, 1/7의 지분비율로 X토지를 공유하는 경우에 관한 설명으로 **틀린** 것은?(별도의 특약은 없고, 다툼이 있으면 판례에 따름)

① 甲은 乙, 丙과의 협의 없이 X토지의 관리에 관한 사항을 정할 수 있다.

② 甲은 乙, 丙의 동의 없이 X토지를 처분하지 못한다.

③ 丙은 甲, 乙의 동의 없이 자신의 지분을 제3자에게 담보로 제공할 수 있다.

④ 乙이 甲, 丙과의 협의 없이 X토지의 전부를 독점적으로 점유 사용하고 있는 경우, 丙은 공유물의 보존행위로 자신에게 X토지를 인도할 것을 청구할 수 있다.

⑤ 甲이 자신의 지분을 포기한 경우, 그 지분은 乙과 丙에게 각 지분의 비율로 귀속한다.

【해설】 ···

①

> **제265조(공유물의 관리, 보존)** 공유물의 관리에 관한 사항은 공유자의 지분의 과반수로써 결정한다. 그러나 보존행위는 각자가 할 수 있다.

甲의 4/7 지분은 과반수를 넘으므로 乙, 丙과의 협의 없이 X토지의 관리에 관한 사항을 정할 수 있다.(2017.2019.2021기) 여기서 관리란 공유물을 이용 개량하는 행위 예컨대 임대 등을 말하며, 공유물의 처분이나 변경에 이르지 않는 것이어야 한다. 예컨대 다수지분권자라 하여 나대지에 새로이 건물을 건축한다든지 하는 것은 관리의 범위를 넘는 것이다.

②

> **제264조(공유물의 처분, 변경)** 공유자는 다른 공유자의 동의없이 공유물을 처분하거나 변경하지 못한다.(2016.2024기)

처분의 대표적인 예는 공유물의 양도이지만, 담보물권의 설정도 이에 포함된다. 전세권 등 용익물권의 설정이 공유물의 처분에 해당하는지에 관하여, 임대와의 균형을 고려하여 처분에 해당하지 않는다는 견해도 있으나, 이는 실질적으로 공유물의 처분에 해당한다고 할 것이다 (**대판 1993.4.13. 92다55756**은 지상권설정을 처분행위로 보았다).

③ 공유자는 자기의 지분 위에 담보물권을 설정할 수 있다. 한편 지분 위에 지상권 등 용익물권을 설정할 수 있는지에 관하여 논란이 있는데, 지분에 기해서도 배타적 용익이 허용되지 않으므로 부정할 것이다(용익물권을 설정할 수 있다면, 그 효과가 공유물 전체를 미쳐서 실질적으로 공유물 전부를 처분하는 결과로 되므로 공유자 전원의 동의가 있어야 한다).

④

대법원 2020. 5. 21. 선고 2018다287522 전원합의체 판결 (2020기)

소수 지분권자가 공유물을 독점적·배타적으로 점유하고 있는 위법한 상태를 시정한다는 명목으로 다른 소수 지분권자로 하여금 공유물을 점유하고 있는 소수 지분권자에 대하여 공유물 전부를 자기에게 명도할 것을 청구할 수 있도록 허용하는 것은, 결국 그 소수 지분권자가 가지고 있는 '지분의 비율에 따른 사용·수익권'까지 근거 없이 박탈하고 역시 자신이 소유하고 있는 지분의 범위 내에서만 공유물을 점유할 권한밖에 없는 다른 소수 지분권자로 하여금 공유물을 전부 점유하게 하는 부당한 결과를 가져오게 되는 것이므로, 공유물인 건물 등을 점유하고 있는 소수 지분권자에 대하여 다른 소수 지분권자가 그 건물 등의 명도를 청구하는 것이 공유물의 보존행위에 속한다고 볼 수 없다.

⑤

제267조(지분포기 등의 경우의 귀속) 공유자가 그 지분을 포기하거나 상속인 없이 사망한 때에는 그 지분은 다른 공유자에게 각 지분의 비율로 귀속한다.

대법원 2016. 10. 27. 선고 2015다52978 판결 (2019.2020.2021.2022기)

민법 제267조는 "공유자가 그 지분을 포기하거나 상속인 없이 사망한 때에 그 지분은 다른 공유자에게 각 지분의 비율로 귀속한다."라고 규정하고 있다. 여기서 부동산 공유자의 공유지분 포기의 의사표시가 다른 공유자에게 도달하더라도 이로써 곧바로 공유지분 포기에 따른 물권 변동의 효력이 발생하는 것은 아니고, 다른 공유자는 자신에게 귀속될 공유지분에 관하여 소유권이전등기청구권을 취득하며, 민법 제186조에 의하여 등기를 하여야 공유지분 포기에 따른 물권 변동의 효력이 발생한다.

57. 등기 없이도 물권변동의 효력이 생기는 사유가 <u>아닌</u> 것은?(다툼이 있으면 판례에 따름)

① 상속
② 재결수용
③ 이행판결
④ 건물의 신축
⑤ 국세징수법 공매

【해설】 ··

① 상속은 법률규정에 의한 물권변동이므로 등기를 요하지 않는다.(2011.2013.2015.2020.2023기)

② 재결수용도 기타 법률규정에 의한 물권변동으로 등기를 요하지 않는다.

③ 판결은 형성판결만을 말하며, 여기서 판결이란 판결 자체에 의하여 부동산물권 취득의 효력이 생기는 경우를 말하고, 당사자 사이에 이루어진 법률행위를 원인으로 하여 부동산 소유권이전등기절차의 이행을 명하는 것과 같은 판결은 포함되지 않는다[**대판 1970.6.30.70다568**]. 즉, 이행판결이 확정된 경우에는 그에 기하여 실제로 등기가 행하여진 때에 소유권이 이전된다.(2015.2019.2020.2023기)

④ 건물의 신축은 원시취득으로 기타 법률규정에 의한 물권변동으로 등기를 요하지 않는다. 즉 자기의 비용과 노력으로 건물을 신축한 자는 그 건축허가가 타인의 명의인지 여부와 관계

없이 그 소유권을 원시취득한다.(2011.2014.2020.2023기)

⑤ 제187조 소정의 경매는 국가기관이 하는 공경매를 말하며, 민사집행법상의 경매 외에 국세 징수법상의 공매도 포함된다.(2016기)

58. 甲이 乙로부터 乙소유의 X건물에 대하여 전세권을 설정받은 경우에 관한 설명으로 틀린 것은?(다툼이 있으면 판례에 의함)

① 甲이 X건물을 전세권설정계약으로 정한 용법에 따라 사용하지 않더라도 이를 이유로 乙은 전세권 소멸을 청구할 수 없다.

② X건물의 소유를 목적으로 지상권을 취득한 乙은 특별한 사정이 없는 한 甲의 동의 없이 그 지상권을 소멸시킬 수 없다.

③ 甲은 전세권이 존속하는 동안에는 특별한 사정이 없는 한 전세권을 존속시키면서 전세금반환채권만을 확정적으로 양도할 수 없다.

④ 乙이 전세권 존속 중에 丙에게 X건물을 양도한 경우, 丙은 전세권의 존속기간 만료 시 甲에게 전세금반환의무를 진다.

⑤ 전세권이 소멸한 경우, 乙은 甲으로부터 X건물의 인도 및 전세권 말소등기에 필요한 서류의 교부를 받는 동시에 전세금을 반환하여야 한다.

【해설】 ....

①

> **제311조(전세권의 소멸청구)** ① 전세권자가 전세권설정계약 또는 그 목적물의 성질에 의하여 정하여진 용법으로 이를 사용, 수익하지 아니한 경우에는 전세권설정자는 전세권의 소멸을 청구할 수 있다.
> ② 전항의 경우에는 전세권설정자는 전세권자에 대하여 원상회복 또는 손해배상을 청구할 수 있다.

②

> **제304조(건물의 전세권, 지상권, 임차권에 대한 효력)** ① 타인의 토지에 있는 건물에 전세권을 설정한 때에는 전세권의 효력은 그 건물의 소유를 목적으로 한 지상권 또는 임차권에 미친다.
> ② 전항의 경우에 전세권설정자는 전세권자의 동의없이 지상권 또는 임차권 을 소멸하게 하는 행위를 하지 못한다.(2012.2020.2023기)

③

> **대법원 2002. 8. 23.선고 2001다69122 판결**

전세금의 지급이 없으면 전세권은 성립하지 아니하는 등으로 전세금은 전세권과 분리될 수 없는 요소일 뿐 아니라, 전세권에 있어서는 그 설정행위에서 금지하지 아니하는 한 전세권자는 전세권 자체를 처분하여 전세금으로 지출한 자본을 회수할 수 있도록 되어 있으므로 전세권이 존속하는 동안은 전세권을 존속시키기로 하면서 전세금반환채권만을 전세권과 분리하여 확정적으로 양도하는 것은 허용되지 않는 것이며, 다만 전세권 존속 중에는 장래에 그 전세권이 소멸하는 경우에 전세금 반환채권이 발생하는 것을 조건으로 그 장래의 조건부 채권을 양도할 수 있을 뿐이라 할 것이다.

④

> **제307조(전세권양도의 효력)** 전세권양수인은 전세권설정자에 대하여 전세권 양도인과 동일한 권리의무가 있다.

전세권이 양도된 경우에, 양도인의 법적 지위를 총체적으로 인수하는 양수인이 각 반환의무의 당사자로 된다. 따라서 전세권 설정자 乙이 전세권 존속 중에 丙에게 X건물을 양도한 경우, 건물 양수인 丙은 전세권의 존속기간 만료 시 전세권자 甲에게 전세금반환의무를 진다.

⑤

> **제317조(전세권의 소멸과 동시이행)** 전세권이 소멸한 때에는 전세권설정자는 전세권자로부터 그 목적물의 인도 및 전세권설정등기의 말소등기에 필요한 서류의 교부를 받는 동시에 전세금을 반환하여야 한다.(2014,2017,2024기)

대법원 2002. 2. 5. 선고 2001다62091 판결

전세권설정자는 전세권이 소멸한 경우 전세권자로부터 그 목적물의 인도 및 전세권설정등기의 말소등기에 필요한 서류의 교부를 받는 동시에 전세금을 반환할 의무가 있을 뿐이므로, 전세권자가 그 목적물을 인도하였다고 하더라도 전세권설정등기의 말소등기에 필요한 서류를 교부하거나 그 이행의 제공을 하지 아니하는 이상, 전세권설정자는 전세금의 반환을 거부할 수 있다.

59. 지상권에 관한 설명으로 옳은 것은?

① 지상권자의 지상권갱신청구권은 형성권이다.

② 담보목적의 지상권이 설정된 경우, 피담보채권이 변제로 소멸하면 그 지상권도 소멸한다.

③ 타인 소유의 기존 연와조 건물을 사용하기 위하여 설정하는 지상권의 최단 존속기간은 30년 이다.

④ 기존 건물의 소유를 목적으로 설정된 지상권은 그 건물이 멸실되면 소멸한다.

⑤ 지상권이 저당권의 목적인 경우, 지료 연체에 따른 지상권소멸청구는 저당권자에게 통지하는 즉시 그 효력이 생긴다.

【해설】 ....

①

> **제283조(지상권자의 갱신청구권, 매수청구권)** ① 지상권이 소멸한 경우에 건물 기타 공작물이나 수목이 현존한 때에는 지상권자는 계약의 갱신을 청구할 수 있다.
> ② 지상권설정자가 계약의 갱신을 원하지 아니하는 때에는 지상권자는 상당한 가액으로 전항의 공작물이나 수목의 매수를 청구할 수 있다.

지상권갱신청구권은 순수한 청구권으로서 실질적으로 청약의 성질을 가진다. 지상권 설정자가 갱신을 원하지 않을 경우 지상권자는 지상물매수청구권을 행사할 수 있다. 그러나 지상물매수청구권은 형성권인 단독행위로서 지상권설정자는 지상물매수청구에 응해야 한다.

② 종래 나대지에 저당권을 설정하면서 그 실효성을 확보하기 위하여 지상권을 설정하는 관행이 있었고, 이를 흔히 '담보지상권'이라 하는데, 담보지상권은 당연히 저당권의 소멸에 따라 소멸한다.

대법원 2011.4.14. 선고 2011다6342 (2021기)

근저당권 등 담보권 설정의 당사자들이 그 목적이 된 토지 위에 차후 용익권이 설정되거나 건물 또는 공작물이 축조·설치되는 등으로써 그 목적물의 담보가치가 저감하는 것을 막는 것을 주요한 목적으로 하여 채권자 앞으로 아울러 지상권을 설정하였다면, 그 피담보채권이 변제 등으로 만족을 얻어 소멸한 경우는 물론이고 시효소멸한 경우에도 그 지상권은 피담보채권에 부종하여 소멸한다.

③ 자신 소유의 기존 연와조 건물을 사용하기 위하여 설정하는 지상권의 최단 존속기간은 30년이다(제280조).

④ 지상권은 사용권을 본체로 하므로 현재 공작물이나 수목이 없더라도 지상권은 유효하게 성립하며, 또한 기존의 공작물이나 수목이 멸실하더라도 지상권은 존속할 수 있다. 또한 지상권은 토지사용권이므로 토지를 점유할 수 있는 권리를 포함한다. 따라서 지상권자는 지상권 자체에 기한 물권적 청구권뿐 아니라 점유권에 기한 점유보호청구권을 갖는다.

대법원 2001. 12. 27. 선고 2000다1976 판결

민법 제366조 소정의 법정지상권은 토지와 그 토지상의 건물이 같은 사람의 소유에 속하였다가 그 중의 하나가 경매 등으로 인하여 다른 사람의 소유에 속하게 된 경우에 그 건물의 유지, 존립을 위하여 특별히 인정된 권리이기는 하지만 그렇다고 하여 위 법정지상권이 건물의 소유에 부속되는 종속적인 권리가 되는 것이 아니며, 하나의 독립된 법률상의 물권으로서의 성격을 지니고 있는 것이기 때문에 건물의 소유자가 건물과 법정지상권 중 어느 하나만을 처분하는 것도 가능하다.

⑤
> **제287조(지상권소멸청구권)** 지상권자가 2년 이상의 지료를 지급하지 아니한 때에는 지상권설정자는 지상권의 소멸을 청구할 수 있다.
>
> **제288조(지상권소멸청구와 저당권자에 대한 통지)** 지상권이 저당권의 목적인 때 또는 그 토지에 있는 건물, 수목이 저당권의 목적이 된 때에는 전조의 청구는 저당권자에게 통지한 후 상당한 기간이 경과함으로써 그 효력이 생긴다.

60. 지역권에 관한 설명으로 <u>틀린</u> 것은?

① 민법은 지역권의 존속기간을 규정하고 있지 않다

② 요역지에 설정된 저당권에 기하여 경매가 된 경우, 다른 특약이 없는 한 경매매수인은 요역지의 소유권과 함께 지역권을 취득한다.

③ 점유로 인한 지역권 취득기간의 중단은 지역권을 행사하는 모든 공유자에 대한 사유가 아니면 그 효력이 없다.

④ 지역권자는 지역권을 방해할 염려있는 행위를 하는 자에 대하여 그 예방이나 손해배상의 담보를 청구할 수 있다.

⑤ 승역지 소유자는 지역권의 행사를 방해하지 않는 범위 내에서 지역권자 지역권의 행사를 위하여 승역지에 설치한 공작물을 수익 정도의 비율에 따른 비용 분담없이 사용할 수 있다.

【해설】 ···

① 민법은 지역권의 존속기간에 관하여 규정하지 않지만, 당사자가 지역권의 존속기간을 정할 수 있다. 다만 이를 등기할 길이 없다. 학설은 일반적으로 지역권의 존속기간을 영구무한으로 정할 수 있다고 한다.

②

> **제292조(부종성)** ① 지역권은 요역지소유권에 부종하여 이전하며 또는 요역지에 대한 소유권 이
> 외의 권리의 목적이 된다. 그러나 다른 약정이 있는 때에는 그 약정에 의한다.
> ② 지역권은 요역지와 분리하여 양도하거나 다른 권리의 목적으로 하지 못한다.

요역지 소유권이 이전되거나 다른 권리의 목적으로 되면 지역권도 이와 법률적 운명을 같이 하지만(제292조 제1항), 이러한 수반성은 설정행위로써 배제될 수 있고, 특약을 등기하면 제3자에게 대항할 수 있다(부동산등기법 제70조 제4호). 따라서 요역지에 설정된 저당권에 기하여 경매가 된 경우, 다른 특약이 없는 한 경매매수인은 요역지의 소유권과 함께 지역권을 취득한다.

③

> **제295조(취득과 불가분성)** ① 공유자의 1인이 지역권을 취득한 때에는 다른 공유자도 이를 취득한다.
> ② 점유로 인한 지역권 취득기간의 중단은 지역권을 행사하는 모든 공유자에 대한 사유가 아니
> 면 그 효력이 없다.

④

> **제214조(소유물방해제거, 방해예방청구권)** 소유자는 소유권을 방해하는 자에 대하여 방해의 제거
> 를 청구할 수 있고 소유권을 방해할 염려 있는 행위를 하는 자에 대하여 그 예방이나 손해배상
> 의 담보를 청구할 수 있다.

물권으로서 지역권의 실현이 방해당하는 경우에 그 배제를 청구할 수 있는 물권적 청구권이 발생한다. 즉 제214조의 규정을 지역권에 준용하므로 방해를 배제할 수 있으나, 지역권은 물권의 소유자가 아니므로 승역지를 권원 없이 점유한 자에게 그 소유물반환청구권은 구할 수는 없다.(2012.2013.2015.2018.2022기)

⑤

> **제300조(공작물의 공동사용)** ① 승역지의 소유자는 지역권의 행사를 방해하지 아니하는 범위 내에서 지역권자가 지역권의 행사를 위하여 승역지에 설치한 공작물을 사용할 수 있다.
> ② 전항의 경우에 승역지의 소유자는 수익 정도의 비율로 공작물의 설치, 보존의 비용을 분담하여야 한다.

61. 관습법상 법정지상권에 관한 설명으로 옳은 것은?(다툼이 있으면 판례에 따름)

① 무허가 건물에 대해서는 법정지상권이 인정될 수 없다.

② 가설건축물에 대해서는 원칙적으로 법정지상권이 인정될 수 있다.

③ 법정지상권을 포기하기로 하는 특약은 효력이 없다.

④ 법정지상권자는 그 지상권등기 없이도 지상권을 취득할 당시의 토지소유자로 부터 그 토지를 양수한 제3자에게 대항할 수 있다.

⑤ 법정지상권이 성립한 건물을 매매계약에 기해 양수한 자는 등기 없이도 법정지상권을 취득한다.

【해설】 ....

① 건물이 존재하기만 하면 되고, 그 건물이 무허가건물로서 보존등기가 경료되지 않았더라도 법정지상권은 성립한다.

> **대법원 1991. 8. 13. 선고 91다16631 판결** (2010, 2024기)

토지와 그 지상의 건물이 동일한 소유자에게 속하였다가 토지 또는 건물이 매매나 기타 원인으로 인하여 양자의 소유자가 다르게 된 때에는 그 건물을 철거하기로 하는 합의가 있었다는 등의 특별한 사정이 없는 한 건물 소유자는 토지 소유자에 대하여 그 건물을 위한 관습상의 지상권을 취득하게 되고, 그 건물은 반드시 등기가 되어 있어야만 하는 것이 아니고 무허가건물이라고 하여도 상관이 없다.

② 민법에서 규정된 법정지상권은 토지와 건물이 동일인에게 속하는 상태에서의 소유자가 바뀌었을 때 적용되는 것으로, 가설건축물은 건물에 해당하지 않으므로 법정지상권이 인정될 여지가 없다.

③ 법정지상권을 포기하기로 하는 특약은 효력이 있다. 법정지상권을 포기하기로 하고 저당권이 설정되어 있지 않은 대지에 임차권을 설정하였다면 법정지상권을 포기의 특약으로 볼 수 있다.

대법원 1991.5.14. 선고 91다1912 판결

대지상의 건물만을 매수하면서 대지에 관한 임대차계약을 체결하였다면 위 건물매수로 인하여 취득하게 될 관습상의 법정지상권을 포기하였다고 볼 것이다.

④ 토지가 양도된 경우에, 법정지상권자는 등기 없이도 양수인에게 대항할 수 있다[대판(전) 1965.9.23. 65다1222].(2010.2013.기)

대법원 1971. 1. 26. 선고70다2576 판결

관습상의 지상권은 관습법에 의한 부동산 물권의 취득이므로 이를 취득한 당시의 토지 소유자나 그 토지소유권을 전득한 제3자에 대하여는 등기없이도 그 지상권을 주장할 수 있는 것이고, 다만 그 지상권을 등기하지 아니하면 이를 처분할 수 없을 뿐이다.

<참고> 대법원 1996. 4. 26. 선고 95다52864 판결

[1] 지료액 또는 그 지급 시기 등 지료에 관한 약정은 이를 등기하여야만 제3자에게 대항할 수 있으므로, 지료의 등기를 하지 않은 이상 토지 소유자는 구 지상권자의 지료연체 사실을 들어 지상권을 이전받은 자에게 대항하지 못한다.
[2] 민법 제366조 단서의 규정에 의하여 법정지상권의 경우 그 지료는 당사자의 협의나 법원에

의하여 결정하도록 되어 있는데, 당사자 사이에 지료에 관한 협의가 있었다거나 법원에 의하여 지료가 결정되었다는 아무런 입증이 없고 법정지상권에 관한 지료가 결정된 바 없다면, 법정지상권자가 지료를 지급하지 않았다고 하더라도 지료 지급을 지체한 것으로는 볼 수 없으므로 법정지상권자가 2년 이상의 지료를 지급하지 아니하였음을 이유로 하는 토지 소유자의 지상권 소멸청구는 이유가 없다.

⑤ 법정지상권이 성립한 건물을 매매계약에 기해 양수한 자는 등기 없이도 법정지상권을 취득할 수는 없고. 우리 민법 제186조에 의해 부동산에 관한 법률행위로 인한 물권의 득실 변경은 등기하여야 그 효력이 생긴다 하였으므로 법정지상권에 상관없이 매매로 인한 소유권의 변동은 등기를 해야 그 효력이 있다.

62. 저당권에 관한 설명으로 <u>틀린</u> 것은?(다툼이 있으면 판례에 따름)

① 저당권은 저당권의 실행비용을 담보한다.
② 피담보채권은 금전채권이 아니어도 된다.
③ 저당물의 소유권을 취득한 제3자는 그 저당물의 경매에서 경매인이 될 수 있다.
④ 저당권은 특별한 사정이 없는 한 저당권설정 후에 저당 목적물에 부합된 물건에는 그 효력이 미치지 않는다.
⑤ 저당권설정자와 채무자는 반드시 동일인이어야 하는 것은 아니다.

【해설】 ....

① 저당권의 피담보채권의 범위 원본, 이자, 채무불이행으로 인한 손해배상, 위약금이 있으며, 부동산 감정비용 등의 저당권의 실행비용은 등기가 없더라도 당연히 저당권의 피담보채권의 범위에 속한다(제360조).

②

> **제373조(채권의 목적)** 금전으로 가액을 산정할 수 없는 것이라도 채권의 목적으로 할 수 있다.

저당권의 피담보채권은 대개 금전채권이지만 그에 한하지 않고, 금전의 지급을 목적으로 하지 않고 채권도 저당권을 실행할 때에 금전채권(예: 손해배상채권)으로 되어 있으면 족하다.

③

> **제363조(저당권자의 경매청구권, 경매인)** ① 저당권자는 그 채권의 변제를 받기 위하여 저당물의 경매를 청구할 수 있다.
> ② 저당물의 소유권을 취득한 제삼자도 경매인이 될 수 있다.(2018.2021기)

④

> **제358조(저당권의 효력의 범위)** 저당권의 효력은 저당부동산에 부합된 물건과 종물에 미친다. 그러나 법률에 특별한 규정 또는 설정행위에 다른 약정이 있으면 그러하지 아니하다.

부합의 시기는 문제되지 않는다. 즉 저당권설정 당시 부합된 것이든 그 후에 부합된 것이든 상관없이 부합물에 대하여 저당권의 효력이 미친다. 다만 설정행위에서 다른 약정을 한 경우(제358조 단서)에, 그 특약이 등기되어 있으면 저당권효력이 부합물에 미치지 않는다.(2011.2019기)

⑤

> **제356조(저당권의 내용)** 저당권자는 채무자 또는 제삼자가 점유를 이전하지 아니하고 채무의 담보로 제공한 부동산에 대하여 다른 채권자보다 자기채권의 우선변제를 받을 권리가 있다.

저당권설정자는 보통 채무자이지만, 제3자(물상보증인)라도 무방하다. 타인의 채무를 담보하기 위하여 자기의 물건 위에 저당권을 설정하는 자를 '물상보증인'이라 한다.(2023기)

63.
저당권에 관하여 ( )에 들어갈 권리로 옳은 것은?

> 저당권자는 저당부동산의 멸실, 훼손 또는 공용징수로 인하여 저당권설정자가 받을 금전 기타 물건에 대하여 ( )을 가진다.

① 비용상환청구권 ② 물상대위권 ③ 매수청구권 ④ 해제권 ⑤ 갱신청구권

【해설】 ....

② 물상대위권이란 담보물권의 목적물의 가치가 다른 형태로 바뀌는 경우에 담보권자가 이에 대하여 우선변제권을 행사하는 것을 말한다.

64.
민법상 유치권에 관한 설명으로 **틀린** 것은?(다툼이 있으면 판례에 따름)

① 유치물의 침탈로 인한 유치권의 유치권 소멸에 따른 손해배상청구권은 침탈당한 날로부터 1년 내에 행사할 것을 요하지 않는다.

② 유치권자로부터 유치물의 유치 방법으로 그 보관을 위탁받은 자는 특별한 사정이 없는 한 유치물 소유자의 소유물반환청구를 거부할 수 있다.

③ 토지전세권이 소멸하기 전에는 전세권자의 지상물매수청구권을 피담보채권으로하는 유치권은 성립할 수 없다.

④ 복수의 유치물은 그 각 부분으로써 피담보채권의 전부를 담보한다.

⑤ 유치권자가 동일 채권을 담보하기 위한 복수의 유치물 중 일부를 채무자의 승낙 없이 타인에게 대여한 경우, 특별한 사정이 없는 한 채무자는 유치물 전부에 대한 유치권의 소멸을 청구할 수 있다.

①

> **대법원 2021. 8. 19. 선고 2021다213866 판결**

민법 제204조에 따르면, 점유자가 점유의 침탈을 당한 때에는 그 물건의 반환 및 손해의 배상을 청구할 수 있고, 위 청구권은 점유를 침탈당한 날부터 1년 내에 행사하여야 하며, 여기서 말하는 1년의 행사기간은 제척기간으로서 소를 제기하여야 하는 기간을 말한다. 그런데 민법 제204조 제3항은 본권 침해로 발생한 손해배상청구권의 행사에는 적용되지 않으므로 점유를 침탈당한 자가 본권인 유치권 소멸에 따른 손해배상청구권을 행사하는 때에는 민법 제204조 제3항이 적용되지 아니하고, 점유를 침탈당한 날부터 1년 내에 행사할 것을 요하지 않는다.

② **대결 2002.11.27. 2002마3516**은 유치권자의 점유에 간접점유도 포함된다. 하였으므로 유치권자로부터 유치물의 유치 방법으로 그 보관을 위탁받은 자도 직접 점유자로서 특별한 사정이 없는 한 유치물 소유자의 소유물반환청구를 거부할 수 있다.

③ 건물 기타 공작물의 소유 또는 식목, 채염, 목축을 목적으로 한 토지임대차에서 그 기간이 만료한 경우에, 임차인은 지상물매수청구권을 가지므로 전세권이 소멸하기 전에는 지상물매수청구권을 피담보채권으로 하는 유치권은 성립할 수 없다.

④ 유치물에서도 불가분성이 인정된다(제321조). 즉 유치물은 그 각 부분으로써 피담보채권의 전부를 담보하며, 이와 같은 유치권의 불가분성은 그 목적물이 분할 가능하거나 수 개의 물건인 경우에도 적용된다. **대판 2007.9.7. 2005다16942**는 "다세대주택의 창호 등의 공사를 완성한 하수급인이 공사대금채권 잔액을 변제받기 위하여 위 다세대주택 중 한 세대를 점유하여 유치권을 행사하는 경우, 그 유치권은 위 한 세대에 대하여 시행한 공사대금만이 아니라 다세대주택 전체에 대하여 시행한 공사대금채권의 잔액 전부를 피담보채권으로 하여 성립한다고" 하였으므로 복수의 유치물은 그 각 부분으로써 피담보채권의 전부를 담보를 하게 한다.

⑤ 유치물 중 일부라도 채무자의 승낙없이 타인에게 대여한 경우, 특별한 사정이 없는 한 채무자는 유치물 전부에 대한 유치권의 소멸을 청구할 수 없다.

대법원 2022. 6. 16. 선고 2018다301350 판결

하나의 채권을 피담보채권으로 하여 여러 필지의 토지에 대하여 유치권을 취득한 유치권자가 그중 일부 필지의 토지에 대하여 선량한 관리자의 주의의무를 위반하였다면 특별한 사정이 없는 한 위반행위가 있었던 필지의 토지에 대하여만 유치권 소멸청구가 가능하다고 해석하는 것이 타당하다.

65. 甲은 자신의 토지를 乙에게 매도하고 수령하였으나 그 토지가 재결수용되어 乙에게 소유권을 이전할 수 없게 되었다. 이에 관한 설명으로 옳은 것을 모두 고른 것은?(다툼이 있으면 판례에 따름)

> ㄱ. 甲과 乙은 특약으로 乙이 대가위험을 부담하는 것으로 정할 수 있다.
> ㄴ. 乙은 이행불능을 이유로 매매계약을 해제할 수 있다.
> ㄷ. 甲이 수용보상금청구권을 취득한 경우, 乙이 매매대금 전부를 지급하면 그 수용보상금청구권 자체가 乙에게 귀속한다.

① ㄱ   ② ㄷ   ③ ㄱ, ㄴ   ④ ㄴ, ㄷ   ⑤ ㄱ, ㄴ, ㄷ

【해설】 ···

ㄱ. 위험부담에 관한 제537조 제538조는 임의규정이다. 따라서 위험의 배분에 관한 당사자들의 합의가 있으면 그에 따라 위험이 배분되고, 그러한 합의가 없을 때 비로소 민법 규정이 적용된다. 따라서 채무자 甲과 채권자 乙은 특약으로 乙이 대가위험을 부담하는 것으로 정할 수 있다.

ㄴ.

> **제537조(채무자위험부담주의)** 쌍무계약의 당사자 일방의 채무가 당사자 쌍방의 책임없는 사유로 이행할 수 없게 된 때에는 채무자는 상대방의 이행을 청구하지 못한다.

乙과 계약 체결된 甲의 토지가 재결수용되어 이행불능이 된 것은 당사자 쌍방의 책임없는 사유로 이행할 수 없게 된 것이므로 우리 민법 제537 채무자가 위험부담을 부담하게 되므로 채무자 甲은 매수인 乙에게 토지대금을 청구할 수 없다. 즉 이는 계약해제의 사유가 아니라 위험부담의 문제인 것으로 乙도 재결수용으로 인해 토지를 甲에게 인도할 수 없게 되는 것이다.

ㄷ. **대판 1996.10.29. 95다56910**은 "소유권이전등기의무의 목적 부동산이 수용되어 그 소유권이전등기의무가 이행불능이 된 경우, 등기청구권자는 등기 의무자에게 대상청구권의 행사로써 등기 의무자가 지급받은 수용보상금의 반환을 구하거나 또는 등기 의무자가 취득한 수용보상청구권의 양도를 구할 수 있을 뿐, 그 수용보상금청구권 자체가 등기청구권자에게 귀속되는 것은 아니다"라고 하였다.(2018기)

66. 계약의 성립에 관한 설명으로 옳은 것은?(다툼이 있으면 판례에 따름)

① 청약의 유인을 받은 자가 청약의 유인에 대응하는 의사표시를 하면 계약은 즉시 성립한다.
② 당사자 간에 동일한 내용의 청약이 상호 교차된 경우, 계약은 두 청약이 상대방에게 발송된 때에 성립한다.
③ 합의해제를 청약한 경우, 그 청약에 대해 조건을 붙여 승낙한 때에는 그 청약은 실효된다.
④ 명예퇴직의 합의가 있더라도 명예퇴직 예정일 전이라면 원칙적으로 명예퇴직 청약을 철회할 수 있다.
⑤ 매매의 일방예약이 성립하기 위하여 본계약의 요소가 되는 내용들이 확정되어 있거나 확정할 수 있어야 하는 것은 아니다.

【해설】 ··

① 단순히 주택을 팔겠다는 뜻만 표시하고 대금을 확정하지 않은 경우처럼 타인의 의사를 유인하여 자기에게 청약하게 하려는 행위를 청약의 유인이라고 한다. 즉 청약의 유인에 의하여 유인을 받은 자가 의사표시를 하더라도 계약은 성립하지 않고, 유인한 자가 승낙의 의사표시를 함으로써 비로소 계약은 성립한다. 예컨대 상가나 아파트의 분양광고는 통상의 청약의 유인에 해당하는데, 이러한 경우에 분양계약서가 작성된 때에 계약이 성립한다.(2017,2010기)

② 당사자들이 같은 내용의 청약을 서로에 행한 경우를 교차청약이라고 한다. 예컨대 甲이 乙에게 중고차를 300만 원에 한 대 매도하겠다고 청약을 하였는데 甲의 청약이 乙에게 도달하기 전에 그 사실을 알지 못한 乙이 甲에게 중고차를 사겠다고 청약한 경우 각 당사자가 우연히 서로 교차하여 청약을 하였는데 그 내용이 일치하는 경우를 말하며, 교차청약이 있는 경우에 "양 청약이 상대방에게 도달한 때에 계약이 성립한다.(제533조)

③

> **제534조(변경을 가한 승낙)** 승낙자가 청약에 대하여 조건을 붙이거나 변경을 가하여 승낙한 때에는 그 청약의 거절과 동시에 새로 청약한 것으로 본다.

승낙자가 청약에 대하여 조건을 붙이거나 변경을 가하여 승낙한 때에는 그 청약을 거절한 것으로 본다고 하였으므로 합의해제를 청약한 경우 청약에 대해 조건을 붙여 승낙한 때에는 거절한 것이기 때문에 결과적으로 청약은 실효되는 것이다.(2012,2013,2017,2022,2024기)

④

> **대법원 2003. 4. 25. 선고 2002다11458 판결**

명예퇴직신청의 법적 성질 및 명예퇴직 신청 후 사용자의 승낙이 있기 전에 근로자가 임의로 그 의사표시를 철회할 수 있는지 여부에서 "명예퇴직은 근로자가 명예퇴직의 신청(청약)을 하면 사용자가 요건을 심사한 후 이를 승인(승낙)함으로써 합의에 의하여 근로관계를 종료시키는 것으로, 명예퇴직의 신청은 근로계약에 대한 합의해지의 청약에 불과하여 이에 대한 사용자의 승낙이 있어 근로계약이 합의해지되기 전에는 근로자가 임의로 그 청약의 의사표시를 철회할 수 있다"고 하였다. 따라서 지문에서 명예퇴직 합의가 있었으므로 명예퇴직의 청약은 철회할 수 없다.

⑤

대법원 1993. 5. 27. 선고 93다4908,4915,4922 판결 (2017.2022.2023기)

매매의 예약은 당사자의 일방이 매매를 완결할 의사를 표시한 때에 매매의 효력이 생기는 것이므로, 적어도 일방예약이 성립하려면 그 예약에 터 잡아 맺어질 본계약의 요소가 되는 매매목적물, 이전방법, 매매가액 및 지급방법 등의 내용이 확정되어 있거나 확정할 수 있어야 한다.

67. 동시이행관계가 인정되지 않는 것을 모두 고른 것은?(다툼이 있으면 판례에 따름)

> ㄱ. 담보 목적으로 마쳐진 채권자 명의의 소유권이전등기 말소의무와 피담보채무의 변제의무
> ㄴ. 임차인의 임차목적물 반환의무와 임대인의 권리금 회수 방해로 인한 상가건물임대차보호법에 따른 손해배상의무
> ㄷ. 저당권 실행에 따른 경매가 무효로 된 경우, 저당채권자의 경매매수인에 대한 배당금 반환의무와 경매매수인의 채무자에 대한 소유권이전등기 말소의무

① ㄱ   ② ㄷ   ③ ㄱ, ㄴ   ④ ㄴ, ㄷ   ⑤ ㄱ, ㄴ, ㄷ

【해설】 ⋯⋯⋯

ㄱ.

대법원 1984. 9. 11. 선고 84다카781 판결 (2015.2024기)

채무담보의 목적으로 경료된 채권자 명의의 소유권이전등기나 그 청구권 보전의 가등기의 말소를 구하려면 먼저 채무를 변제하여야 하고 피담보채무의 변제와 교환적으로 말소를 구할 수는 없다.

ㄴ.

대법원 2019. 7. 10. 선고 2018다242727 판결 (2010.2020.2022기)

임차인의 임차목적물 반환의무는 임대차계약의 종료에 의하여 발생하나, 임대인의 권리금 회수 방해로 인한 손해배상의무는 상가건물임대차보호법에서 정한 권리금 회수 기회 보호의무 위반을 원인으로 하고 있으므로, 양 채무는 동일한 법률요건이 아닌 별개의 원인에 기하여 발생한 것일 뿐 아니라 공평의 관점에서 보더라도 그 사이에 이행상 견련관계를 인정하기 어렵다.

ㄷ.

대법원 2006. 9. 22. 선고 2006다24049 판결 (2018기)

근저당권 실행을 위한 경매가 무효로 되어 채권자(=근저당권자)가 채무자를 대위하여 낙찰자에 대한 소유권이전등기 말소청구권을 행사하는 경우, 낙찰자가 부담하는 소유권이전등기 말소의무는 채무자에 대한 것인 반면, 낙찰자의 배당금 반환청구권은 실제 배당금을 수령한 채권자(=근저당권자)에 대한 채권인 바, 채권자(=근저당권자)가 낙찰자에 대하여 부담하는 배당금 반환채무와 낙찰자가 채무자에 대하여 부담하는 소유권이전등기 말소의무는 서로 이행의 상대방을 달리하는 것으로서, 채권자(=근저당권자)의 배당금 반환채무가 동시이행의 항변권이 부착된 채 채무자로부터 승계된 채무도 아니므로, 위 두 채무는 동시에 이행되어야 할 관계에 있지 아니하다.

68. 부동산 매매계약이 합의 해제된 경우에 관한 설명으로 **틀린** 것은?(다툼이 있으면 판례에 따름)

① 매매계약에 기해 이전된 소유권은 등기 없이도 당연히 복귀된다.

② 당사자는 특별한 사정이 없는 한 채무불이행으로 인한 손해배상을 청구할 수 없다.

③ 계약의 해제로 제3자의 권리를 해할 수 없다고 규정한 민법 제548조 1항은 합의해제에 유추 적용된다.

④ 합의해제를 무효화시키고 해제된 매매계약을 부활시키는 약정은 원칙적으로 당사자 사이에서 도 그 효력이 없다.

⑤ 합의해제를 위한 묵시적 의사표시는 당사자 쌍방에게 계약 실현의 의사가 없거나 계약 포기의 의사가 있다고 볼 수 있을 정도에 이르러야 한다.

[해설] ···

①

대법원 1982. 7. 27. 선고 80다2968 판결 (2015,2024기)

매매계약이 합의해제된 경우에도 매수인에게 이전되었던 소유권은 당연히 매도인에게 복귀하는 것이므로, 합의해제에 따른 매도인의 원상회복청구권은 소유권에 기한 물권적 청구권이라고 할 것이고, 이는 소멸시효의 대상이 되지 아니한다.

② **대판 2003.1.24. 2000다5336.5343**은 합의해제의 효력은 그 합의의 내용에 의하여 결정되고 여기에는 해제 해지에 관한 제548조 제2항은 적용되지 않으므로, 당사자 사이에 약정이 없는 이상 합의해제로 인하여 반환할 금전에 그 받은 날부터의 이자를 가하여야 할 의무가 있는 것은 아니라고 하였다. 그리고 **대판 1989.4.25. 86다카1147.1148**은 계약이 합의해제된 경우에 그 해제 시에 당사자 일방이 상대방에게 손해배상을 하기로 특약하거나 손해배상청구를 유보하는 의사표시를 하는 등 다른 사정이 없는 한 채무불이행으로 인한 손해배상을 청구할 수 없다고 하였다.(2012,2018,2019,2020,2021기)

③

> **제548조(해제의 효과, 원상회복의무)** ① 당사자 일방이 계약을 해제한 때에는 각 당사자는 그 상대방에 대하여 원상회복의 의무가 있다. 그러나 제삼자의 권리를 해하지 못한다.
> ② 전항의 경우에 반환할 금전에는 그 받은 날로부터 이자를 가하여야 한다.

대판 2005.6.9. 2005다6341은 "계약의 합의해제에 있어서도(법정해제도 물론) 민법 제548조의 계약해제의 경우와 같이 이로써 제3자의 권리를 해할 수 없다"고 하면서, 계약해제 시 계약은 소급하여 소멸하게 되어 해약 당사자는 각 원상회복의 의무를 부담하게 되나 이때 계약해제로 인한 원상회복등기 등이 이루어지기 이전에 해약 당사자와 양립되지 않는 법률관계를 가지게 되었고 계약해제사실을 몰랐던 제3자에 대하여는 계약해제를 주장할 수 없고, 제3자가 악의라는 사실의 주장 입증책임은 계약해제를 주장하는 자에게 있다고 하였다.(2019.2020.2021기)

④

대법원 2007. 12. 27. 선고 2007도5030 판결

계약자유의 원칙상 당사자들의 약정으로 종전의 해제된 계약을 부활시키는 것은 적어도 그 계약 당사자 사이에서는 가능하나, 이러한 약정이 종전의 해제된 계약을 부활시키는 것을 내용으로 하는 것이라도 그 자체로서는 종전의 해제된 계약과 별개의 새로운 법률행위인 이상, 종전 계약의 해제 여부에 관하여 이해관계를 갖는 제3자에 대한 관계에서도 종전의 계약이 해제로 실효된 바 없이 계속 효력을 유지하고 있었던 것이라고 주장할 수는 없다.

⑤

대법원 2011.2.10. 선고 2010다77385 판결

계약의 합의해제는 명시적으로뿐만 아니라 당사자 쌍방의 묵시적인 합의에 의하여도 할 수 있으나, 묵시적인 합의해제를 한 것으로 인정되려면 계약이 체결되어 그 일부가 이행된 상태에서 당사자 쌍방이 장기간에 걸쳐 나머지 의무를 이행하지 아니함으로써 이를 방치한 것만으로는 부족하고, 당사자 쌍방에게 계약을 실현할 의사가 없거나 계약을 포기할 의사가 있다고 볼 수 있을 정도에 이르러야 한다.

69. 甲과 乙은 X토지에 관한 매매의 예약에서 매수인 乙이 예약완결권을 갖기로 하였다. 이에 관한 설명으로 옳은 것을 모두 고른 것은?(다툼이 있으면 판례에 따름)

> ㄱ. 甲과 乙은 예약완결권의 행사기간에 대하여 특별한 제한 없이 약정할 수 있다.
> ㄴ. 예약완결권의 행사기간을 약정한 경우, 그 기간이 지났더라도 乙이 X토지를 인도받아 점유하고 있다면 예약완결권은 소멸하지 않는다.
> ㄷ. 乙의 예약완결권이 행사기간을 경과하였는지에 관해서는 법원이 직권으로 조사하여 재판에 고려할 수 없다.

① ㄱ　　② ㄷ　　③ ㄱ, ㄴ　　④ ㄴ, ㄷ　　⑤ ㄱ, ㄴ, ㄷ

【해설】 ....

ㄱ.

대법원 2017. 1. 25. 선고 2016다42077 판결

매매예약의 완결권은 일종의 형성권으로서 당사자 사이에 행사기간을 약정한 때에는 그 기간 내에, 약정이 없는 때에는 예약이 성립한 때로부터 10년 내에 이를 행사하여야 하고, 그 기간을 지난 때에는 예약 완결권은 제척기간의 경과로 인하여 소멸한다(그 기산점은 권리가 발생한 때, 즉 예약성립시이다).(2010,2015,2017,2022,2023기) 한편 당사자 사이에 약정하는 예약 완결권의 행사기간에 특별한 제한은 없다.

ㄴ. 매매예약의 완결권은 일종의 형성권으로서 당사자 사이에 행사기간을 약정한 경우에는 약

정 기간이 경과했을 때에 예약완결권은 소멸하는 것이고, 이미 매매된 토지를 점유하고 있다면 예약완결권을 행사한 것이므로 예약완결권은 소멸한 것이다.

ㄷ. 예약완결권이의 제척기간이 경과하였는지의 여부는 법원의 직권조사 사항이다.

대법원 2000. 10. 13. 선고 99다18725 판결 (2022기)

매매예약완결권의 제척기간이 도과하였는지 여부는 소위 직권조사 사항으로서 이에 대한 당사자의 주장이 없더라도 법원이 당연히 직권으로 조사하여 재판에 고려하여야 하므로, 상고법원은 매매예약완결권이 제척기간 도과로 인하여 소멸되었다는 주장이 적법한 상고이유서 제출기간 경과 후에 주장되었다 할지라도 이를 판단하여야 한다.

〈참고〉 일방예약에서 예약완결권의 의사표시를 할 수 있는 권리인 예약완결권은 형성권에 속한다. 즉, 예약상의 의무자에 대하여 예약완결권의 의사표시를 하면 곧 바로 본계약이 성립한다[대판 2015.8.27. 2013다28247].

70. 민법상 매도인의 담보책임에 관한 설명으로 옳은 것은?

① 특정물 하자로 인한 담보책임은 경매의 경우에도 적용된다.
② 공유물매매에서는 목적물이 특정된 후에 그 물건의 하자로 인한 매도인의 담보책임 규정이 적용되지 않는다.
③ 매매의 목적물에 하자가 있는 경우, 매수인은 그 사실을 안 날로부터 1년 내에 손해배상청구권을 행사하여야 한다.
④ 매매계약 당시에 그 목적물의 일부가 멸실된 경우, 선의의 매수인은 대금의 감액을 청구할 수 있다.
⑤ 변제기에 도달하지 않은 채권의 매도인이 채무자의 자력을 담보한 때에는 매매계약 당시의 자력을 담보한 것으로 추정한다.

【해설】 ....

①

> **제580조(매도인의 하자담보책임)** ① 매매의 목적물에 하자가 있는 때에는 제575조제1항의 규정을 준용한다. 그러나 매수인이 하자있는 것을 알았거나 과실로 인하여 이를 알지 못한 때에는 그러하지 아니하다.
> ② 전항의 규정은 경매의 경우에 적용하지 아니한다.

강제집행 또는 담보권 실행으로 행하여지는 경매에서 매수인은 권리의 흠결에 대하여 담보책임을 물을 수 있으나(제578조 제1항), 물건의 하자에 대해서는 담보책임을 묻지 못한다.(2012.2018기)

②

> **제270조(분할로 인한 담보책임)** 공유자는 다른 공유자가 분할로 인하여 취득한 물건에 대하여 그 지분의 비율로 매도인과 동일한 담보책임이 있다.

공유물매매에 있어서도 목적물이 특정된 후에 그 물건의 하자로 인한 매도인의 하자담보책임 규정(제580조)이 적용된다.

③

> **제582조(전2조의 권리행사기간)** 전2조에 의한 권리는 매수인이 그 사실을 안 날로부터 6월 내에 행사하여야 한다.

매매의 목적물에 하자가 있는 경우, 매수인이 그 사실을 안 날로부터 6개월 내에 손해배상청구권을 행사할 수 있다.

④

> **제574조(수량부족, 일부멸실의 경우와 매도인의 담보책임)** 전 2조의 규정은 수량을 지정한 매매의 목적물이 부족되는 경우와 매매목적물의 일부가 계약 당시에 이미 멸실된 경우에 매수인이 그 부족 또는 멸실을 알지 못한 때에 준용한다.

민법 제574조는 전2조(제572조, 제573조)의 규정을 준용한다 하였으므로 제572조 제3항에 의해 선의의 매수인은 대금의 감액을 청구할 수 있을 뿐 아니라 계약해제 외에 손해배상도 청구할 수 있다.

⑤

> **제579조(채권매매와 매도인의 담보책임)** ① 채권의 매도인이 채무자의 자력을 담보한 때에는 매매계약당시의 자력을 담보한 것으로 추정한다.
> ② 변제기에 도달하지 아니한 채권의 매도인이 채무자의 자력을 담보한 때에는 변제기의 자력을 담보한 것으로 추정한다.

71. 甲은 자기 소유의 X토지와 乙 소유의 Y건물을 교환하자고 청약하였고, 乙이 승낙하였다. 이에 관한 설명으로 옳은 것을 모두 고른 것은?(다툼이 있으면 판례에 따름)

> ㄱ. 乙의 승낙은 특별한 사정이 없는 한 그 방식에 제한이 없고 명시적으로 할 필요도 없다.
> ㄴ. X토지의 Y건물의 각 소유권이전 및 인도의무는 특별한 약정이나 관습이 없으면 동시에 이행하여야 한다.
> ㄷ. 계약 당시 甲이 허위로 X토지의 시가보다 다소 높은 가액을 시가로 고지하더라도 특별한 사정이 없는 한 불법행위가 성립하지 않는다.

① ㄱ   ② ㄷ   ③ ㄱ   ④ ㄴ, ㄷ   ⑤ ㄱ, ㄴ, ㄷ

ㄱ.

대법원 1992. 10. 13. 선고 92다29696 판결 (2016기)

교환계약은 당사자 간에 청약의 의사표시와 그에 대한 승낙의 의사표시의 합치로 성립하는 이른바 낙성계약으로서 서면의 작성을 필요로 하지 아니하고, 그 청약의 의사표시는 그 내용이 이에 대한 승낙만 있으면 곧 계약이 성립될 수 있을 정도로 구체적이어야 하고, 승낙은 이와 같은 구체적인 청약에 대한 것이어야 할 것이며, 이 경우에 그 승낙의 의사표시는 특별한 사정이 없는 한 그 방법에 아무런 제한이 없고 반드시 명시적임을 요하는 것도 아니다.

ㄴ. 교환은 쌍무계약이므로 동시이행의 항변권 및 위험부담의 규정이 적용된다.

ㄷ. **대판 2002.9.4. 2000다54406.54413**은 "일방당사자가 자기가 소유하는 목적물의 시가를 묵비하여 상대방에게 고지하니 아니하거나 혹은 허위로 시가 보다 높은 가액을 시가라고 고지하였다 하더라도 이는 상대방의 의사결정에 불법적인 간섭을 한 것이라고 볼 수 없다"고 하였다. 따라서 특별한 사정이 없는 한 불법행위가 성립하지 않는다.(2010.2013.2014.2017.2021.2024기)

72.

甲으로부터 X건물을 2년간 임차한 乙이 이를 丙에게 전대한 경우에 관한 설명으로 틀린 것을 모두 고른 것은?(다툼이 있으면 판례에 따름)

> ㄱ. 甲이 전대를 동의한 경우, 甲이 乙과 임대차계약을 합의해지하면 丙의 전차권도 소멸한다.
> ㄴ. 甲이 전대를 동의하지 않은 경우, 甲은 乙과의 임대차계약이 존속하는 동안 X건물의 불법점유를 이유로 丙에게 차임 상당의 손해배상을 청구할 수 있다.
> ㄷ. 甲이 전대를 동의한 경우, 丙에 X건물 사용의 편익을 위하여 甲으로부터 매수한 물건을 X건물에 부속시킨 때에는 丙은 기간 만료로 전대차가 종료되면 甲을 상대로 그 물건의 매수를 청구할 수 있다.

① ㄱ   ② ㄷ   ③ ㄱ, ㄴ   ④ ㄴ, ㄷ   ⑤ ㄱ, ㄴ, ㄷ

【해설】 ··

ㄱ.

> **제631조(전차인의 권리의 확정)** 임차인이 임대인의 동의를 얻어 임차물을 전대한 경우에는 임대인과 임차인의 합의로 계약을 종료한 때에도 전차인의 권리는 소멸하지 아니한다.

임차인이 임대인의 동의를 얻어 전대한 경우에 임대인과 임차인(전대인)의 합의로 계약을 종료하더라도 전차인의 권리는 소멸하지 않으며(제631조, 이 규정은 편면적 강행규정이며, 임차인이 일방적으로 임차권을 포기한 경우에도 마찬가지라고 할 것이다).(2010,2013,2021기)

ㄴ.

> 대법원 2008. 2. 28. 선고 2006다10323 판결

임차인이 임대인의 동의를 받지 않고 제3자에게 임차권을 양도하거나 전대하는등의 방법으로 임차물을 사용·수익하게 하더라도, 임대인이 이를 이유로 임대차계약을 해지하거나 그 밖의 다른 사유로 임대차계약이 적법하게 종료되지 않는 한 임대인은 임차인에 대하여 여전히 차임청구권을 가지므로, 임대차계약이 존속하는 한도 내에서는 제3자에게 불법점유를 이유로 한

차임상당 손해배상청구나 부당이득반환청구를 할 수 없다.(2011,2013,2016,2017기)

ㄷ.

> **제647조(전차인의 부속물매수청구권)** ① 건물 기타 공작물의 임차인이 적법하게 전대한 경우에 전
> 차인이 그 사용의 편익을 위하여 임대인의 동의를 얻어 이에 부속한 물건이 있는 때에는 전대차
> 의 종료시에 임대인에 대하여 그 부속물의 매수를 청구할 수 있다.
> ② 임대인으로부터 매수하였거나 그 동의를 얻어 임차인으로부터 매수한 부속물에 대하여도
> 전항과 같다.(2010,2013,2015,2019기)

73. 甲이 건물 소유를 목적으로 乙로부터 乙 소유의 X토지를 기간의 정함 없이 임차하는 계약을 체결하고 그 지상에 Y건물을 신축한 후, 그 임대차계약이 乙의 해지통고로 종료되었다. 이에 관한 설명으로 옳은 것을 모두 고른 것은?(다툼이 있으면 판례에 따름)

> ㄱ. Y건물이 무허가건물이라면 원칙적으로 지상물매수청구의 대상이 될 수 없다.
> ㄴ. 甲은 계약갱신청구를 하지 않으면 지상물매수청구권을 행사할 수 없다.
> ㄷ. 甲과 乙이 임대차 종료 전에 지상물매수청구의 대상인 Y건물을 철거하기로 한 약정은 특별한 사정
>   이 없는 한 무효이다.

① ㄱ   ② ㄷ   ③ ㄱ, ㄴ   ④ ㄴ, ㄷ   ⑤ ㄱ, ㄴ, ㄷ

【해설】 ....

ㄱ. 행정관청의 허가를 받지 않은 무허가건물이라도 그 대상이 될 수 있다.

대법원 1997. 12. 23. 선고 97다37753 판결   (2014,2019,2023기)

민법 제643조가 정하는 건물 소유를 목적으로 하는 토지 임대차에 있어서 임차인이 가지는

건물매수청구권은 건물의 소유를 목적으로 하는 토지 임대차계약이 종료되었음에도 그 지상 건물이 현존하는 경우에 그 지상 건물의 매수를 청구할 수 있는 권리로서 임대차계약 종료시에 경제적 가치가 잔존하고 있는 건물은 그것이 토지의 임대 목적에 반하여 축조되고 임대인이 예상할 수 없을 정도의 고가의 것이라는 등의 특별한 사정이 없는 한, 비록 행정관청의 허가를 받은 적법한 건물이 아니더라도 임차인의 건물매수청구권의 대상이 될 수 있다.

ㄴ. 기간이 정함이 없는 임대차에서 임대인이 해지통고를 한 경우에, 임차인은 바로(즉시 갱신 청구의 유무를 불문하고) 매수청구를 할 수 있다.

대판 2009. 11. 26. 선고 2009다70012 판결 (2024기)

건물 소유를 목적으로 한 기간약정 없는 토지임대차계약이 임대인의 해지로 종료한 경우, 임차인은 계약갱신 청구의 유무에 불구하고 건물매수청구권을 행사할 수 있고 이러한 임차인의 건물매수청구권이 인정된다면 그 대금지급과 상환으로 구하지 않으면 기각될 수밖에 없다고 한 사례.

ㄷ. 지상물매수청구권은 임차인을 위한 제도로, 그에 관한 제643조는 편면적 강행규정이다(제652조). 즉 임대차가 종료하기 전에 임차인이 임대인과 건물 기타 지상시설 일체를 포기하기로 약정하였더라도, 임대차계약의 조건이나 계약이 체결된 경위 등 제반 사정이 인정되지 않는 한 위와 같은 약정은 임차인에게 불리한 것으로서 효력이 없다[대판 2002.5.31. 2001다42080].(2013.2014.2018.2023기)

74. 민법상 계약의 유형과 성질에 관한 설명으로 옳은 것은?(특약은 고려하지 않음)

① 매매계약은 요물계약이다.

② 매매계약은 낙성계약이다.

③ 교환계약은 요식계약이다.

④ 임대차계약은 무상계약이다.

⑤ 임대차계약은 편무계약이다.

【해설】 ....

① ② 매매계약은 쌍무·유상·낙성·불요식계약이다.

③ 교환계약은 쌍무·유상·낙성·불요식계약이다.

④ ⑤ 임대차 계약은 쌍무·유상·낙성·불요식계약이다.

75. 甲이 2023. 6. 1. 乙로부터 乙소유의 X주택을 보증금 2억 원, 기간은 1년으로 정하여 임차하는 계약을 체결한 경우, 주택임대차보호법에 관한 설명으로 옳은 것을 모두 고른 것은?(다툼이 있으면 판례에 따름)

> ㄱ. 1년의 임대차 기간이 만료된 경우, 甲은 乙에게 보증금 2억 원의 반환을 청구할 수 있다.
>
> ㄴ. 임대차계약이 적법하게 묵시적 갱신이 된 경우, 그 존속기간은 2년으로 보지만 甲은 언제든지 乙에게 계약해지를 통지할 수 있다.
>
> ㄷ. 甲의 적법한 계약갱신 요구가 乙에게 2025. 2. 15. 도달한 경우, 갱신거절 사유가 없는 한 그 도달 시점에 계약갱신의 효력이 발생한다.

① ㄱ   ② ㄷ   ③ ㄱ, ㄴ   ④ ㄴ, ㄷ   ⑤ ㄱ, ㄴ, ㄷ

【해설】 ....

ㄱ. 주택임대차보호법 제4조에 의한 임대차 기간은 2년이지만 동법 제4조 제1항 단서에 의해 임차인 甲은 2년 미만으로 정한 기간이 유효함을 주장할 수 있으므로 甲, 乙 간 약정한 1년의 임대차계약기간이 만료된 경우, 甲은 乙에게 보증금 2억 원의 반환을 청구 할 수 있다.

ㄴ.

> **제6조의2(묵시적 갱신의 경우 계약의 해지)** ① 제6조 제1항에 따라 계약이 갱신된 경우 같은조 제2항에도 불구하고 임차인은 언제든지 임대인에게 계약해지(契約解止)를 통지할 수 있다.(2013.2017.2018.2019.2023기)
> ② 제1항에 따른 해지는 임대인이 그 통지를 받은 날부터 3개월이 지나면 그 효력이 발생한다.

임대차계약이 적법하게 묵시적 갱신이 된 경우 그 존속기간은 2년으로 보지만(주택임대차보호법 제6조 제2항) 甲은 언제든지 乙에게 계약해지를 통지할 수 있다.

ㄷ. 임차인 甲은 임대차기간 중 계약해지 통보를 받지 못하였으므로 묵시적 계약갱신으로서 기간을 정함이 없는 임대차계약이 된다. 이에 임차인 甲이 임대차 기간 내에 적법한 계약갱신 요구가 乙에게 2025. 2. 15. 도달한 경우, 갱신거절 사유가 없는 한 도달주의에 의해 그 도달 시점에 계약갱신의 효력이 발생한다.

> **대법원 2024. 1. 11. 선고 2023다258672 판결**

임차인이 주택임대차보호법 제6조의3 제1항에 따라 임대차계약의 갱신을 요구하면 임대인에게 갱신 거절 사유가 존재하지 않는 한 임대인에게 갱신 요구가 도달한 때 갱신의 효력이 발생한다. 갱신 요구에 따라 임대차계약에 갱신의 효력이 발생한 경우 임차인은 제6조의2 제1항에 따라 언제든지 계약의 해지통지를 할 수 있고, 해지통지 후 3개월이 지나면 그 효력이 발생하며, 계약해지의 통지가 갱신된 임대차계약 기간이 개시되기 전에 임대인에게 도달하였더라도 마찬가지이다.

76. 집합건물의 소유 및 관리에 관한 법률에 관한 설명으로 **틀린** 것은?(다툼이 있으면 판례에 따름)

① 구조상 공용 부분은 취득시효에 의한 소유권 취득의 대상이 될 수 없다.

② 전유 부분에 관한 담보책임의 존속기간은 특별한 사정이 없는 한 사용검사일부터 기산한다.

③ 관리단은 관리비 징수에 관한 유효한 규약이 없더라도 지분비율에 따라 공용 부분의 관리비를 그 부담 의무자인 구분 소유자에게 청구할 수 있다.

④ 구분 소유자가 10인 이상일 때에는 관리단을 대표하고 관리단의 사무를 집행할 관리인을 선임하여야 한다.

⑤ 구분 소유자는 규약 또는 공정증서로써 달리 정하지 않는 한 전유 부분과 분리하여 대지사용권을 처분할 수 없다.

【해설】 ··

① 공용부분에 대하여 취득시효의 완성을 인정하여 그 부분에 대한 소유권을 인정한다면 전유 부분과 분리하여 공용 부분의 처분을 허용하고 일정 기간의 점유로 인하여 공용 부분이 전유 부분으로 변경되는 결과가 되어 집합건물법의 취지에 어긋나게 된다. 따라서 집합건물의 공용 부분은 취득시효에 의한 소유권 취득의 대상이 될 수 없다고 봄이 타당하다[**대판 2013.12.12. 2011다78200**].(2023기)

②

> **집합건물의소유및관리에관한법률 제9조의2(담보책임의 존속기간)** ① 제9조에 따른 담보책임에 관한 구분소유자의 권리는 다음 각 호의 기간 내에 행사하여야 한다.
> ② 제1항의 기간은 다음 각 호의 날부터 기산한다.
> 1. 전유부분: 구분소유자에게 인도한 날(2020기)
> 2. 공용부분: 「주택법」 제49조에 따른 사용검사일

③

집합건물법상 관리단은 관리비 징수에 관한 유효한 관리단규약 등이 존재하지 않더라도, 집합건물법 제25조 제1항 등에 따라 적어도 공용 부분에 대한 관리비는 이를 그 부담 의무자인 구분 소유자에 대하여 청구할 수 있다(대판 2009.7.9. 2009다22266, 22273 판결 등 참조).(2010기)

④

집합건물의소유및관리에관한법률 제24조(관리인의 선임 등) ① 구분소유자가 10인 이상일 때에는 관리단을 대표하고 관리단의 사무를 집행할 관리인을 선임하여야 한다.

⑤

집합건물의소유및관리에관한법률 제20조(전유부분과 대지사용권의 일체성) ① 구분소유자의 대지사용권은 그가 가지는 전유부분의 처분에 따른다.
② 구분소유자는 그가 가지는 전유부분과 분리하여 대지사용권을 처분할 수 없다. 다만, 규약으로써 달리 정한 경우에는 그러하지 아니하다.

77. 甲은 2024. 5. 1. 乙에게 1억 원을 변제기는 1년 후, 이자는 연 5%로 정하여 대여하면서 그 대여금채권과 乙에 대한 물품대금채권 1억 원을 담보하기 위해 가등기담보계약을 체결하고, 이를 위해 乙 소유의 X토지(계약 당시 시가 2억 원)에 甲 명의로 가등기를 마쳤다. 그 후 乙은 변제기 지난 2025. 5. 7. 양 채권 중 물품대금채무만 甲에게 변제하였다. 이에 관한 설명으로 옳은 것을 모두 고른 것은?(다툼이 있으면 판례에 따름)

> ㄱ. 甲과 乙의 가등기담보계약에는 가등기담보 등에 관한 법률이 적용된다.
> ㄴ. 甲이 청산절차를 거쳐 X토지에 관하여 소유권이전의 본등기를 마친 경우, 본등기를 위해 지출한 절차비용은 청산금액에서 공제할 수 없다.
> ㄷ. 甲이 청산절차를 거치지 않고 X토지에 관하여 2025. 6. 15. 본등기를 마친 다음, 선의의 丙에게 2025. 8. 1. 소유권이전등기를 마친 경우, 2025. 8. 1부터 甲 명의의 본등기도 확정적으로 유효해진다.

① ㄱ   ② ㄷ   ③ ㄱ, ㄴ   ④ ㄴ, ㄷ   ⑤ ㄱ, ㄴ, ㄷ

【해설】 ···

ㄱ.

> **대법원 2004. 4. 27. 선고 2003다29968 판결**

가등기담보등에관한법률은 차용물의 반환에 관하여 다른 재산권을 이전할 것을 예약한 경우에 적용되므로 금전소비대차나 준소비대차에 기한 차용금반환채무 이외의 채무를 담보하기 위하여 경료된 가등기나 양도담보에는 위 법이 적용되지 아니하나, 금전소비대차나 준소비대차에 기한 차용금반환채무와 그 외의 원인으로 발생한 채무를 동시에 담보할 목적으로 경료된 가등기나 소유권이전등기라도 그 후 후자의 채무가 변제 기타의 사유로 소멸하고 금전소비대차나 준소비대차에 기한 차용금반환채무의 전부 또는 일부만이 남게 된 경우에는 그 가등기담보나 양도담보에 가등기담보등에관한법률이 적용된다.

따라서 지문에서 대여금채권만 남게 되므로 甲과 乙의 가등기담보등에관한법률이 적용된다.

ㄴ. 가등기담보권의 효력이 미치는 피담보채권의 범위에 대하여 저당권에 관한 제360조가 적용되어야 하는데. 원본, 이자, 위약금, 채무불이행으로 인한 손해배상 및 담보권의 실행비용 등이 피담보채권에 포함된다. 따라서 甲이 청산절차를 거쳐 X토지에 관하여 소유권이전 본등기를 위해 지출한 절차비용은 甲 자신의 필요한 소요비용으로서 청산금액에서 공제할 수 없다.

ㄷ.

대법원 2021. 10. 28. 선고 2016다248325 판결

가등기담보등에관한법률 제3조, 제4조의 청산절차를 위반하여 담보가등기에 기한 본등기가 이루어진 후 선의의 제3자가 그 본등기에 터 잡아 소유권이전등기를 마치는 등으로 담보목적 부동산의 소유권을 취득한 경우, 무효인 채권자 명의의 본등기가 그 등기를 마친 시점으로 소급하여 확정적으로 유효하게 되고, 다만 이 경우에 채무자 등과 채권자 사이의 청산금 지급을 둘러싼 채권, 채무 관계까지 모두 소멸하는 것은 아니고, 채무자 등은 채권자에게 청산금의 지급을 청구할 수 있다.

따라서 甲 명의의 본등기를 마친 2025. 6. 15. 확정적으로 유효해진다.

78. 甲은 2022. 7. 1. 자신의 X토지에 관하여 乙과 유효한 명의신탁약정을 체결하고, 乙 명의로 소유권이전등기를 마쳤다. 이에 관한 설명으로 <u>틀린</u> 것은?(다툼이 있으면 판례 따름)

① 甲과 乙이 부부인 경우, 甲이 사망하더라도 그 명의신탁약정은 甲의 상속인 丙과 乙 사이에 유효하게 존속한다.

② 甲이 丙에게 X토지를 매도한 경우, 그 매매계약은 민법 제569조의 타인 권리의 매매라고 할 수 없다.

③ 丙이 X토지를 무단점유하여 사용 수익할 경우, 甲은 丙에게 직접 그 소유권을 주장할 수 없다.

④ 甲은 乙에게 명의신탁의 해지를 원인으로 소유권에 기한 이전등기를 청구할 수 있다.

⑤ 丙이 X토지에 대해 점유취득시효를 완성한 후 소유권이전등기를 마치기 전에 甲이 명의신탁의 해지를 원인으로 소유권이전등기를 마친 경우, 丙은 특별한 사정이 없는 한 甲에게 취득시효를 주장할 수 있다.

【해설】 ....

①

> **대법원 1996. 5. 31. 선고 94다35985 판결**

명의신탁관계를 성립시키기 위한 신탁계약의 기본은 신탁자와 수탁자 사이의 내부관계에 있어서 그 목적물의 소유권은 언제나 신탁자가 보유하는 것이므로 그 목적물이 소유권과 관련되어 발생된 권리도 그들 내부 관계에 있어서는 신탁자에게 귀속되는 것이므로, 신탁자가 그 신탁계약을 해지하면 수탁자는 그 권리를 신탁자에게 이전하여 줄 의무가 있고, 명의수탁자가 사망하면 그 명의신탁관계는 그 재산상속인과의 사이에 존속하게 된다.

② 명의신탁자는 소유권에 기하여 명의신탁재산을 처분할 권한도 가지므로, "명의신탁한 부동산을 명의신탁자가 매도하는 경우에 명의신탁자는 그 부동산을 사실상 처분할 수 있을 뿐만 아니라 법률상으로도 처분할 수 있는 권원에 의하여 매도한 것이므로 이를 민법 제569조 소정의 타인의 권리의 매매라고 할 수 없"으며[대판 1996.8.20. 96다18656], 명의신탁자로부터

적법하게 명의신탁 된 주택을 임차한 경우에 주택임대차보호법이 적용된다[대판 1999.4.23. 98다49753].(2017기)

③ 명의신탁이 성립되면 제3자와의 관계에서 등기명의인인 명의수탁자만이 소유권을 가진다 [대판(전) 1979.9.25. 77다1079]. 따라서 丙이 X토지를 무단점유하여 사용 수익할 경우, 명의신탁자 甲은 丙에게 직접 그 소유권을 주장할 수 없다.

대법원 1979. 9. 25. 선고 77다1079 전원합의체 판결

재산을 타인에게 신탁한 경우 대외적인 관계에 있어서는 수탁자만이 소유권자로서 그 재산에 대한 제3자의 침해에 대하여 배제를 구할 수 있으며, 신탁자는 수탁자를 대위하여 수탁자의 권리를 행사할 수 있을 뿐 직접 제3자에게 신탁재산에 대한 침해의 배제를 구할 수 없다.(2010.2011.2017.2024기)

④ 명의신탁자는 유효한 명의신탁약정을 체결하였으므로 언제든지 명의신탁계약을 해지하고 명의수탁자에 대하여 명의신탁재산의 반환을 청구할 수 있다. 따라서 甲은 일방적 의사로 乙을 상대로 명의신탁약정 해지를 원인으로 소유권에 기한 이전등기를 청구할 수 있다.

대법원 1980. 12. 9. 선고 79다634 전원합의체 판결

명의신탁자는 명의수탁자에 대하여 신탁해지를 하고 신탁관계의 종료 그것만을 이유로 하여 소유 명의의 이전등기 절차의 이행을 청구할 수 있음은 물론, 신탁해지를 원인으로 하고 소유권에 기해서도 그와 같은 청구를 할 수 있고, 위와 같은 법리는 위 상호 명의신탁의 지위를 승계한 자와의 관계에 있어서도 마찬가지로 적용된다.

⑤ 丙이 X토지에 대해 점유취득시효를 완성한 후 소유권이전등기를 마치기 전에 甲이 명의신탁의 해지를 원인으로 소유권이전등기를 마친 경우라도 명의수탁자 乙은 대외적으로 소유자이므로 丙은 점유취득시효 완성 당시 소유자인 명의수탁자 乙에게 취득시효를 주장해야 한다.

대법원 2001. 10. 26. 선고 2000다8861 판결 (2011.2012.2020기)

명의신탁된 부동산에 대하여 점유취득시효가 완성된 후 시효취득자가 그 소유권이전등기를 경료하기 전에 명의신탁이 해지되어 그 등기명의가 명의수탁자로부터 명의신탁자에게로 이전된 경우에는 명의신탁의 취지에 따라 대외적 관계에서는 등기명의자만이 소유권자로 취급되고 시효완성 당시 시효취득자에게 져야 할 등기의무도 명의수탁자에게만 있을 뿐이므로, 그 명의신탁자는 취득시효 완성 후에 소유권을 취득한 자에 해당하여 그에 대하여 취득시효를 주장할 수 없다.

79. 甲이 그 소유의 X토지에 관하여 2025. 5. 3. 친구 乙과의 명의신탁약정에 따라 乙 명의로 소유권이전등기를 마쳤다. 이에 관한 설명으로 옳은 것은?(다툼이 있으면 판례에 따름)

① 甲은 乙에게 X토지에 관하여 부당이득을 원인으로 한 소유권이전등기를 청구할 수 없다.

② 乙이 丙에게 X토지를 적법하게 양도하였다가 다시 X토지의 소유권을 취득한 경우, 甲은 乙에게 소유물반환청구권을 행사할 수 있다.

③ 丙이 친구 乙과의 명의신탁약정에 따라 X토지에 관하여 소유권이전등기를 마친 후 명의신탁 사실을 알지 못하는 丁에게 X토지를 매도하고 소유권이전등기를 마친 경우, 甲은 丁에게 소유물반환청구권을 행사할 수 있다.

④ 乙이 丙에게 X토지를 처분하여 丙이 유효하게 소유권을 취득한 경우, 乙의 처분 행위는 甲에 대한 불법행위에 해당하지 않는다.

⑤ 만약 甲이 乙과 사이에 乙 명의의 X토지를 매수하면서 대외관계에서 甲을 위해 그 등기명의를 乙이 보유하기로 약정한 경우, 甲과 乙 사이에 명의신탁관계가 성립 할 수 없다.

【해설】 ··

① 양자간 등기명의 신탁에서 명의신탁약정과 명의신탁등기가 모두 무효이므로 甲은 여전히 소유권을 가진다. 따라서 甲은 乙을 상대로 소유권에 기한 방해제거청구권(제214조)을 행사하여 乙 명의 등기말소(또는 진정명의 회복을 원인으로 하는 소유권이전등기)를 구할 수 있다. 즉, 甲은

乙을 상대로 소유권에 기한 방해제거청구권(제214조)을 행사하여 乙 명의 등기말소를 구할 수 있을 뿐 乙에게 부당이득반환을 취할 수 없다. 예컨대 "(제741조 부당이득) 법률상 원인없이 타인의 재산 또는 노무로 인하여 이익을 얻고 이로 인하여 타인에게 손해를 가한 자는 그 이익을 반환하여야 한다" 하였으므로 乙은 甲에게 손해를 가하거나 이익을 얻은 바가 없으므로 부당이득을 취한 바 없다.

② 명의신탁약정은 무효는 제3자에게 대항하지 못하므로 乙이 제3자 丙에게 X건물을 적법하게 양도하였다면 丙은 소유권을 취득하고 명의수탁자 乙이 丙으로부터 다시 소유권을 취득한 경우, 乙은 적법한 소유자 丙으로부터 소유권을 취득하였으므로 甲은 乙에게 소유물반환청구권을 행사할 수 없다.

대법원 2013. 2. 28. 선고 2010다89814 판결 (2020,2024기)

양자간 등기명의신탁에서 명의수탁자가 신탁부동산을 처분하여 제3취득자가 유효하게 소유권을 취득하고 이로써 명의신탁자가 신탁부동산에 대한 소유권을 상실하였다면, 명의신탁자의 소유권에 기한 물권적 청구권, 즉 말소등기청구권이나 진정명의회복을 원인으로 한 이전등기청구권도 더 이상 그 존재 자체가 인정되지 않는다. 그 후 명의수탁자가 우연히 신탁부동산의 소유권을 다시 취득하였다고 하더라도 명의신탁자가 신탁부동산의 소유권을 상실한 사실에는 변함이 없으므로, 여전히 물권적 청구권은 그 존재 자체가 인정되지 않는다.

③ 부동산실권리자명의등기에관한법률 제4조 제3항에서 무효는 제3자에게 대항하지 못한다 하였으므로 丁은 소유권을 취득한다. 그러므로 甲은 丁에게 소유물반환청구권을 행사할 수 없다.

④ 명의수탁자가 명의신탁부동산을 제3자에게 양도하고 제3자가 동법 제4조 제3항에 따라 유효하게 소유권을 취득하는 경우에, 불법행위에 해당하므로 명의신탁자는 명의수탁자를 상대로 불법행위에 기한 손해배상 또는 부당이득의 반환을 구할 수 있다.

⑤ 양자간 등기명의신탁이 성립한다.

80. 甲은 상품판매를 위해 2025. 5. 1. 乙로부터 부산광역시 소재 乙 소유의 X상가를 보증금 6억 원, 월 차임 100만원에 임차하는 계약을 체결하였다. 계약 당일 甲은 乙에게 보증금을 지급하고 X 상가를 인도 받아 사업자등록과 확정일자까지 마쳤다. 위계약에 적용되는 상가건물임대차보호 법상의 규정에 해당하는 것을 모두 고른 것은?(다툼이 있으면 판례에 따름)

ㄱ. 임차인의 보증금에 대한 우선변제권에 관한 규정
ㄴ. 임차인의 임차권등기명령에 관한 규정
ㄷ. 차임연체에 따른 임대인의 해지권에 관한 규정

① ㄱ　　② ㄷ　　③ ㄱ, ㄴ　　④ ㄴ, ㄷ　　⑤ ㄱ, ㄴ, ㄷ

【해설】 ··

상가건물임대차보호법 제2조의 적용 범위에서 대통령령으로 정하는 보증금액을 초과하는 임대차에 대하여는 그러하지 아니하다 하였으므로, 상가건물임대차보호법시행령 제2조에 의해 보호받을 수 있는 부산광역시의 보증금액은 6억9천만 원이 된다. 지문에서 임차인 甲의 보증금은 6억 원에서 환산보증금(월차임 100만 원 × 100=1억 원)을 포함하여야 한다. 따라서 甲의 보증금 합계금액이 7억 원이므로 상가건물임대차보호법 적용 대상에서 제외된다. 그럼에도 불구하고 상가건물임대차보호법 제2조 제3항에서 제3조, 제10조 제1항, 제2항, 제3항 본문, 제10조의2부터 제10조의9까지의 규정, 제11조의2 및 제19조는 제1항 단서에 따른 보증금액을 초과하는 임대차에 대하여도 적용한다.

ㄱ. 상가건물임대차보호법 제5조(보증금의 회수) 적용되지 않는다.

ㄴ. 상가건물임대차보호법 제6조(임차권등기명령) 적용되지 않는다.

ㄷ. 상가건물임대차보호법 제10조의8(차임연체와 해지) 임차인의 차임연체액이 3기의 차임액에 달하는 때에는 임대인은 계약을 해지할 수 있다.

위 "ㄷ" 조문은 상가건물임대차보호법 제2조 3항 단서에도 불구하고 동법이 적용된다.

2025년 제36회 공인중개사 민법 정답

41	42	43	44	45	46	47	48	49	50
②	③	①	⑤	③	①	②	③	④	③

51	52	53	54	55	56	57	58	59	60
④	②	①	⑤	④	④	③	①	②	⑤

61	62	63	64	65	66	67	68	69	70
④	④	②	⑤	①	③	⑤	④	①	④

71	72	73	74	75	76	77	78	79	80
⑤	③	②	②	⑤	②	③	⑤	①	②